"十四五"职业教育国家规划教材 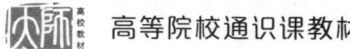 高等院校通识课教材

U0783492

DAXUESHENG
LAODONG JIAOYU JIAOCHENG

大学生
劳动教育教程

主 编◎褚 敏　　副主编◎毛 新 徐文越

华东师范大学出版社
·上海·

图书在版编目（CIP）数据

大学生劳动教育教程/褚敏主编. —上海：华东
师范大学出版社,2022
ISBN 978－7－5760－3079－2

Ⅰ.①大… Ⅱ.①褚… Ⅲ.①劳动教育—高等学校—
教材 Ⅳ.①G40－015

中国版本图书馆 CIP 数据核字（2022）第 139365 号

大学生劳动教育教程

主　　编　褚　敏
项目编辑　范耀华
审读编辑　张　婧
责任校对　董　亮　时东明
装帧设计　庄玉侠

出版发行　华东师范大学出版社
社　　址　上海市中山北路 3663 号　邮编 200062
网　　址　www.ecnupress.com.cn
电　　话　021－60821666　行政传真 021－62572105
客服电话　021－62865537　门市（邮购）电话 021－62869887
地　　址　上海市中山北路 3663 号华东师范大学校内先锋路口
网　　店　http://hdsdcbs.tmall.com

印 刷 者　常熟高专印刷有限公司
开　　本　787毫米×1092毫米 1/16
印　　张　11.25
字　　数　247 千字
版　　次　2022 年 8 月第 1 版
印　　次　2024 年 7 月第 4 次
书　　号　ISBN 978－7－5760－3079－2
定　　价　39.00 元

出 版 人　王　焰

前 言

马克思曾说过:"任何一个民族,如果停止劳动,不用说一年,就是几个星期,也要灭亡。"劳动是人类生存发展的前提与基础,劳动也是人类社会历史的根本决定力量,这正是历史唯物主义的理论根基所在。劳动的本原意义还在于,"劳动创造了人本身"。恩格斯的这句名言揭示了劳动在从猿到人的转变中的重要作用,而且还包含着劳动创造人的社会本质的原理。劳动活动不仅创造了我们熟知的物质财富和精神财富,人们还在劳动中形成了特定的社会关系,因此人的本质在其现实性上是一切社会关系的总和。从而人类解放的实质和核心是劳动的解放,通过生产方式的变革,劳动最终真正作为目的本身,成为"生活的第一需要"。马克思认为,将生产劳动同教育相结合,不仅是提高社会生产的一种方法,而且是造就全面发展的人的唯一方法。列宁则将教育与生产劳动相结合的原则阐述得更为明确:"没有年轻一代的教育和生产劳动的结合,未来社会的理想是不能想象的:无论是脱离生产劳动的教学和教育,或是没有同时进行教学和教育的生产劳动,都不能达到现代技术水平和科学知识现状所要求的高度。"因而,教育必须与生产劳动相结合,这一直是社会主义教育的基本原则。

习近平总书记指出:"劳动是财富的源泉,也是幸福的源泉。人世间的美好梦想,只有通过诚实劳动才能实现;发展中的各种难题,只有通过诚实劳动才能破解;生命里的一切辉煌,只有通过诚实劳动才能铸就。"习近平总书记高度重视青少年劳动教育,强调"把劳动教育纳入人才培养全过程"。高校承担着立德树人的根本任务,也是大学生开展劳动教育的重要场域。对培养应用型、技能型人才的职业高等院校来说,劳动教育成效更是直接决定了学生的劳动精神面貌、劳动价值取向和劳动技能水平。在全面贯彻落实习近平总书记关于劳动教育的重要论述,落实中共中央、国务院《关于全面加强新时代大中小学劳动教育的意见》和教育部《大中小学劳动教育指导纲要(试行)》的通知要求基础上,我们进行了"大学生劳动教育"课程建设的有益尝试,着手编写了这本《大学生劳动教育教程》。

本教程编写按照"了解劳动知识——认识劳动价值——习得劳动技能——参与劳动实践——养成劳动品质——明确劳动权益——弘扬劳动精神——面向未来发展"的逻辑顺序,专门设计了理论模块教学,围绕学习劳动理论知识,树立正确的劳动观念,深入劳动实践,继承和发扬劳动、劳模和工匠精神等主要理论内容展开,再附以典型实践活动和典型案例的剖析,构建了相对系统的专题化、模块化教学体系,并在方向内容定位、思想政治教育融通、职业教育实践育人等方面均着重体现了高等职业教育的性质和特色。

在内容定位上,旨在以马克思主义劳动观教育作为主线,向大学生传授马克思主义的劳动观和习近平新时代中国特色社会主义劳动观,突出劳动观教育特色,以理论引领和指导实践;在思想政治教育融通上,旨在实现劳动教育与思想政治教育相结合,突出职业高等院校特色、专业特点和行业实际,以体现职业院校的思想政治教育实践特色;在职业教育实践育人上,突出劳模工匠精神、实践育人特色,将"三教"改革精神贯穿始终,通过劳动实践项目设计、实施、评价来培养学生的实践能力,做到理实一体,知行合一。

为了充分体现劳动教育课程的实践性特色,每部分教学内容还分别设计动手动脑的实践项目,让学生运用所学专业知识和劳动技能为学校建设、社会发展提供新思路和设计新方案。专门设计的实践项目与课堂教学内容相配合,这既是学生学习劳动理论、接受思想政治教育的过程,又是参加实践锻炼能力的过程,学生可以在学习知识和参与实践的过程中,提升劳动认知、培养劳动情感、提高劳动素养。

本教材在上海城建职业学院党政领导的支持下,由学校马克思主义学院教师担纲,汇聚了校内外各方力量完成。编写的具体分工如下:第一章由陈志强编写,第二章由徐文越、刘严宁编写,第三章由毛新编写,第四章由李日升编写,第五章由朱千伟编写,第六章由刘素英编写,第七章由周利平编写,第八章由金阳编写。本教材在编写过程中,编写团队付出了艰辛的劳动。华东师范大学匡瑛教授、上海市教育科学研究院胡秀锦副研究员对教材篇章结构提出了专业性的修改意见和建议。上海第二工业大学刘文教授对教材的内容进行了悉心的指导。华东师范大学出版社的领导和编辑在教材规划等方面给予了大力的支持和帮助。没有大家的努力,就没有这本教材,在此向各位专家和老师们表示诚挚的感谢!

编写劳动教育教材虽然算是全国范围内的一次领先尝试,但不可避免存在着疏漏和不足,借此求教于方家,敬请谅解并不吝赐教!

褚敏

2022 年 6 月

目录

第一章
劳动与劳动教育

学习目标

1. 学习掌握劳动和劳动教育的内涵、发展历程以及在推动人类社会进步和个人全面发展中的作用；

2. 深入理解大学生树立正确劳动观、厚植劳动情怀、培养必备劳动知识与技能的重要意义。

内容导读

智能时代，为何还要提倡劳动教育？

《尚书·无逸篇》说："不知稼穑之艰难，乃逸乃谚。"的确，没有挥洒过劳动的汗水，没有体味过劳动的艰辛，就很难真正理解劳动的内涵，珍视劳动的价值。环顾我们周边，青少年"不识稼穑"的现象并不罕见。他们或许脱口就可吟出"田家少闲月，五月人倍忙"的诗句，或许也早已在网络世界中畅行无阻，但却因为"课业忙""没时间""不重视"等原因，越来越少有机会走进"实践的课堂"。也正因此，近年来在一些青少年中出现了不珍视劳动成果、不想劳动、不会劳动等现象，凸显着劳动教育被淡化、被弱化的现实。

"离开劳动，不可能有真正的教育。"教育家苏霍姆林斯基的话，至今依然能给我们以深刻启示。劳动教育是学生成长的必要途径，具有树德、增智、强体、育美的综合育人价值。如果劳动教育一再缺位，影响的是教育的多元性，损害的是学生综合素质的养成。也正因此，在系统的文化知识学习之外，有目的、有计划地组织学生参加日常生活劳动、生产劳动和服务性劳动，让他们在一蔬一食、一伸手一弯腰的家务劳动中提升生活技能，在学工学农等劳作中感受劳动成果的来之不易，在公益劳动、志愿服务中增进社会责任担当，才能真正培养起学生正确的劳动价值观和良好的劳动品质，一层层夯实成长的基石。

不过，也有人提出疑问，如今智能化时代已经加速到来，我们还有必要大力提倡劳动教育吗？其实，劳动教育对于我们人生的成长来说，不仅意味着劳动技能的提升，更意味着劳动精神的培育。从农耕社会"耕读传家久"的传统，到现代社会"劳动创造幸福"的箴言，时代在变，劳动的形式在变，但劳动的精神内核始终未变。路遥在《平凡的世界》中这样写道："劳动，是人生的第一堂课。只有劳动才可能使人在生活中强大。"今天，我们大力提倡劳动教育,就是要让广大青少年在动手实践、出力流汗中播撒崇尚劳动的种子,在接受锻炼、磨炼意志中涵养不懈奋斗的精神,因为"人世间的一切幸福都是要靠辛勤的劳动来创造的"。

伟大出自平凡,平凡造就伟大。很多时候,给我们最深感动的,正是那些最平凡的劳动者。疫情期间,武汉环卫工人李兰萍,凌晨4点就起床工作,她说这点儿苦不算啥,"干干净净,大家才不害病";社区封控时,快递小哥朱洪涛成为"流动的风景",每天60多公里,他不仅送包裹,还当社区采购员、给老奶奶买药,他说"只要我们还在跑,武汉就不会停下来"……在他们身上,"劳动最光荣、劳动最崇高、劳动最伟大、劳动最美丽"的道理是如此生动。这样的劳动精神,让人拥有面对困难的勇气和冲破黑暗的力量,正是我们每个人都应汲取的成长养分,也是我们的国家能够一次又一次穿越风雨的精神动力。

问题探究:为什么说智能时代仍需要劳动?如何看待疫情中环卫工人、快递小哥等普通劳动者的劳动?他们为战胜疫情发挥了什么样的作用?展现了什么样的精神?

智能时代所带来的只是劳动形态、劳动方式、劳动类型和产业分工、产业业态的变化,这些变化的到来本身就是大众创业、万众创新的结果。不论社会如何发展,科技如何进步,都是以实体经济为支撑的,如果所有的人都不从事制造和生产活动,社会就没有足够的物质生活资料可供消费和交换,人类社会和经济发展最终要受到阻碍。因而,任何时候,劳动都是人的第一需要,幸福都是奋斗出来的,大学生要坚决同不劳而获、坐吃山空、好逸恶劳的思想作斗争。

环卫工人、快递小哥这些普通劳动者爱岗敬业、尽职尽责,一不怕苦、二不怕死的"逆行"壮举源自他们对劳动的真爱和对生活的感恩,正是由于他们无私奉献,搭起了阻断疫情的生命线,才有了全国人民战胜疫情、安居乐业、正常生产的大好局面的到来。

社会的发展离不开每一位劳动者的创造,不论工人、农民或知识分子,他们都在自己平凡的岗位上从事着不同的劳动,为社会的发展增砖添瓦。不管他们从事的是体力劳动还是脑力劳动,是简单劳动还是复杂劳动,只要有益于人民和社会,他们的劳动同样是光荣的,同样值得尊重。

从他们身上,展现了生命至上、举国同心、舍生忘死、尊重科学、命运与共的伟大抗疫精神,和劳动最光荣、劳动最崇高、劳动最伟大、劳动最美丽的劳动精神。

第一节　揭开劳动的面纱

2018年4月30日,在"五一"国际劳动节来临之际,习近平总书记在给中国劳动关系学院劳模本科班学员的回信中激励大家勇做新时代的奋斗者,提出"劳动最光荣、劳动最崇高、劳动最伟大、劳动最美丽。全社会都应该尊敬劳动模范、弘扬劳模精神,让诚实劳动、勤勉工作蔚然成风"①。习近平总书记的回信鼓舞人心,激励斗志,标志着劳动教育发展到了一个新的阶段,同时也使我们进一步思考一系列问题:劳动是什么?劳动对于大学生全面发展起什么样的作用?劳动为什么还要教育?如何开展劳动教育?只有理解了这些问题,大学生们才能真正认识到劳动既是民族精神的文化传承,又是走向成功的必由之路,从而树立正确的劳动观,弘扬劳模精神、劳动精神和工匠精神。

一、劳动的内涵

劳动是人类生存和发展的基础,是人类创造物质财富和精神财富的过程,是人类特有的、有目的有计划进行的一种社会实践活动。广义的劳动指的是人的脑力和体力的使用,狭义的劳动指的是体力为主的劳动,是人们通过掌握一定劳动知识和技能并恰当使用劳动工具,为获取一定劳动成果而对外部对象进行的改造活动。由此可以看出,劳动不仅包括种植水稻、修建房屋、洗衣做饭等体力的付出,还包括人们的智力参与的劳动,如写作、设计、规划等,劳动所产生的成果不仅包括有形的物品,还包括无形的服务,如酒店服务、金融服务等。

劳动不仅创造了人,更创造了人类社会。任何社会形态都以物质劳动和劳动者在劳动过程中所处的地位和所发挥的作用为基础。在封建社会,地主阶级占有土地,客观上为支配和指使佃农为其劳作提供了客观条件,于是以土地和农耕文明为核心的封建社会形态就形成了。在资本主义社会,资产阶级占有大机器和生产资料,客观上为支配工人阶级通过出卖劳动力为其创造剩余价值提供了条件,于是以资本和工业文明为核心的资本主义社会形态就形成了。在社会主义乃至共产主义社会,实行生产资料公有制,人们共同占有生产资料,从而克服和避免了之前的所有社会形态所存在的剥削和压迫现象,赋予了劳动新的内涵,使劳动真正成为人的第一需要。

劳动一词具有丰富的内涵,它既反映了人的本质,又反映了人与自然、人与人的关系,而且其内涵不断随着时代的变化而变化。

(一)劳动反映了人的本质

劳动创造了人,把人同动物区别开,并把人从自然万物中凸显出来。劳动又是人类社会同自然界紧密联系的桥梁。人类社会之所以出现,是因为劳动在人类从猿转变到人的过程中发挥了决定性作用。恩格斯曾指出:"动物仅仅利用外部自然界,简单地通过自身的存在在自然界中引起变化;而人则通过他所作出的改变来使自然界为自己的目的服务,来支配自然界。这便是人同其他动物的最终的本质的差别,而造成这一差别的又是劳动。"②语言从劳动中产生,并随着人脑、感官、意识和抽象能力、推理能力的发展而不断完善。

人的本质不是单个人所固有的社会抽象物,而是一切社会关系的总和。正如人是社会的人一样,社会是人的社会。每个人只有获得一定的生活资料才能生存与发展,不同的人有

① 习近平.习近平给中国劳动关系学院劳模本科班学员的回信[N].新华社;2018-04-30.
② 马克思、恩格斯.马克思恩格斯文集(第9卷)[M].北京:人民出版社,2009:559.

不同的爱好和需求,人与人之间的差异性和物质资源的地区不平衡性决定了单个人不可能获得自身所需要的所有物品,这就需要将不同的人通过具体劳动创造的使用价值通过等价交换的方式互通有无,各取所需,也就是说没有其他人的共同劳动,就没有单个人的消费自由和生存发展的可能,这说明人类的劳动具有群体性和社会性,不同的劳动形态形成了不同的生产关系,生产力和生产关系的矛盾运动推动了社会形态的演变。

所以,劳动是人的社会本性与社会关系的基础,是人在社会中彼此相互联系、共同生活的特有实践形式。

(二) 劳动反映了人与自然的关系

人既是自然界的一部分,又是有着自身特殊发展规律的人类社会的一部分。在劳动中,人把自然界既作为自身的直接的生活资料来源,又作为自身生命活动的对象。因此,通过劳动协调人与自然的关系,实现它们的和谐统一,便成为人类必须面对的永恒主题。自然界是劳动的基础,人是劳动的主体,劳动所作用的对象是客体,它们都要受自然界的制约。就劳动主体而言,劳动者自身就是一种自然的存在,劳动就是人的肉体组织的运动,劳动者的劳动活动还要受到他所处的自然环境的制约;从劳动客体来看,天然劳动对象即未经劳动加工过的对象,如原始森林、土地等,本身就是自然界的一部分,当然要受自然规律的制约;另一种劳动对象是经过劳动加工过的东西,它也是来自自然,也必须服从自然规律。

(三) 劳动反映了人与人的关系

不同时代的劳动反映了不同时代的人与人的关系。在资本主义社会,劳动力变成了商品,劳动成为了雇佣劳动,工人只有出卖自己的劳动力才能拥有生存所必需的物质生活资料,在这种条件下,工人无法自由支配自己的身体和体力、脑力,因而工人劳动的根本功能就是作为资本家赚钱的工具和手段,人作为劳动主体自然而然地被异化了。正如马克思所说,劳动者所出卖的,是他的劳动力。当他的劳动在现实上开始时,那已经不是属于他的所有物。只有在社会主义公有制条件下的劳动才可能是出自劳动者的自由意志和自主支配。因此,我们需要致力于扬弃资本主义生产条件下的"异化劳动"和"雇佣劳动",实现劳动由劳动者自由支配的制度环境,保障人民群众的劳动权、休息权等基本权利。

(四) 劳动的内涵随时代而变化

劳动在发展形态上,从古至今经历了手工劳动、大机器生产和人工智能生产等不同阶段,其内涵随时代发展而变化。

在新石器时代,人类主要从事采集、狩猎活动,随着农耕和畜牧文明的出现,人类进入到封建社会,手工劳动成为人类改造自然的主要方式,人类摆脱了原始社会使用天然工具的本能阶段,进入到手工加工和制造工具时代。手工劳动是一种简单的劳动形式,如耕地、采摘、收割和编织等活动,具有灵活、便利和小型、分散的特点。

到19世纪30年代以后,随着蒸汽机、纺纱机的发明和电力的使用,人类开始进入到大机器生产时代。此时,先进的劳动方式是以工作机械来取代人在生产过程中握持与操纵工具,同时又以动力机械克服了在生产过程中对劳动力的过度使用。大机器工业使生产的规模大为扩展,劳动生产率迅速提高,为资本主义生产方式奠定了物质技术基础,最后战胜了封建经济和小商品经济,确立了资产阶级的经济地位。科技进步和生产自动化把劳动力从单调、沉重的体力劳动中解放出来,也促使资本家采取更隐蔽的方式对劳动力进行更多的压榨和剥削。机器制造业为主的第二产业催生了一大批产业工人,这批劳动者经历了由劳动密集型向资本密集型和知识密集型转移的历程,体力劳动逐渐让位于脑力劳动,手工劳动逐渐让位于机器劳动,传统工匠逐渐让位于技术工人。

第二次世界大战后,随着原子能和新材料的出现,人类开始思考如何让机器能像人一样灵活。1956年夏季,以麦卡赛、明斯基、罗切斯特和申农等为首的一批有远见卓识的年轻科学家在一起聚会,共同研究和探讨用机器模拟智能的一系列有关问题,并首次提出了"人工智能"这一术语。如何做出一台能够思考的机器?科学家们已经做出了汽车、火车、飞机、收音机等,它们能模仿我们身体器官的功能,但还不能模仿人类大脑的功能。计算机发明后,人类终于如愿以偿。于是人工智能(英文缩写为AI)登堂入室,成为研究、开发用于模拟、延伸和扩展人的智能的理论、方法、技术及应用系统的一门新的技术科学。人工智能从诞生以来,理论和技术日益成熟,涵盖了计算机、心理学和哲学等领域,应用范围也不断扩大,包括机器人、语言识别、图像识别、自然语言处理和专家系统等。由于人工智能可以对人的意识、思维的信息过程进行模拟,所以人工智能产品能像人那样思考,也可能超越人的智能。人工智能时代的到来,给人类社会也带来了挑战,比如持续性失业与不断加剧的贫富差距,也出现了马克思所预言的"机器排挤人"的现象。但人工智能在淘汰部分传统劳动力的同时,也创造了新的更高层次的劳动力需求。如会计电算化把财务人员、清算人员从繁重的"拨算盘"的账务处理中解放出来,农业机械化把农民从播种到收割等一系列沉重劳动中解放出来,不仅让工业化有了充足的农业原材料,也有了充足的产业后备军。

二、劳动的分类

马克思主义认为,劳动是社会发展的动力,没有劳动就没有人类社会的生存和发展,劳动不仅创造财富,劳动还创造了人自身。正是通过劳动,人的生命才得以延续,人的价值才得以体现。劳动在不同时代表现出不同的形态和特点,按照劳动的一般分类,劳动主要分为脑力劳动和体力劳动、具体劳动和抽象劳动、必要劳动和剩余劳动。

(一)脑力劳动和体力劳动

脑力劳动指的是主要运用大脑神经从事的劳动,体力劳动则指主要运用身体躯干从事的劳动。脑力劳动主要体现于劳动者科学文化知识、生产技能和经验的成果,体力劳动主要体现在劳动者所生产的生活资料和生产资料上面。在实际的劳动过程中,脑力和体力是统一不可分的。一个人如果不在头脑支配下使自己的肌肉活动起来,就不能对自然发生作用。

体力是脑力的基础,脑力劳动支配体力劳动,产生劳动价值。人的任何一种活动都是体力劳动和脑力劳动共同的成果。在未来理想社会中,人类劳动的耗费即体力和脑力也会呈现出有机融合状态,只不过这时的劳动由于脱离了必然性的盲目制约而成为自由而全面发展的劳动。

（二）具体劳动和抽象劳动

具体劳动是指在一定具体形式下从事的劳动,如做蛋糕和做家具,都是有形的看得见的劳动。不同的具体劳动产生不同样式和用途的产品,如做出的蛋糕和做出的椅子,样式和用途都不一样,蛋糕是用来吃的面食,而椅子是用来坐的家具,这种不同的用途就是不同的使用价值。既然不同的东西用途不同,为什么在集贸市场上经常可以交换呢?之所以能够交换,是因为不同的商品中凝结着一种无差别的可以量化的东西,即抽象劳动。也就是说,无论是做蛋糕还是做椅子,尽管劳动形态不同,但是都要付出一定量的体力和脑力劳动,这种无差别的可以量化的劳动可用以等价交换。正如马克思所言:"尽管缝和织是不同质的生产活动,但二者都是人的脑、肌肉、神经、手等等的生产耗费,从这个意义上说,二者都是人类劳动。"①由此可见,具体劳动产生使用价值,抽象劳动产生价值,二者存在于同一种劳动中,表现为劳动的二重性。

课堂讨论

如何理解一条毛巾可以换一块肥皂?

生产毛巾和肥皂尽管具体劳动的过程、劳动的形态和商品的样式不同,但如果二者都付出了等量的劳动(脑力和体力之和),前者是具体劳动,后者是抽象劳动,前者创造不同的使用价值,后者创造相同的价值,二者因付出了无差别的可以量化的抽象劳动而使交换成为可能。

（三）必要劳动和剩余劳动

必要劳动是指劳动者为维持和再生产劳动力所必需的劳动,通俗地讲就是劳动者为了维持自己和家庭的生活所必须付出的那一部分劳动。剩余劳动与必要劳动相对应,是指超过维持劳动力生产和再生产需要的劳动,亦即生产剩余产品所消耗的劳动。再生产劳动力本身价值的劳动是必要劳动,通过加班延长劳动时间榨取绝对剩余价值的劳动是剩余劳动。此外,在不加班的情况下,资本家经常通过技术改进提高生产效率从而缩短必要劳动时间,以此隐蔽方式榨取相对剩余价值的劳动也被称为剩余劳动。

此外,按照不同的划分标准,人们还经常将劳动分为重复性劳动和创造性劳动、简单劳

---

① 马克思、恩格斯.马克思恩格斯文集(第5卷)[M].北京:人民出版社,2009:57.

动和复杂劳动、技术性劳动和非技术性劳动、生产劳动和非生产劳动,等等。人类的大部分劳动都是重复性劳动,对人类科技革命发挥巨大作用的往往是创造性劳动。简单劳动是指不需要经过特别的专门训练,每个普通劳动者都能从事的劳动,而复杂劳动和技术性劳动则往往需要专门的学习训练才可习得。除了参加生产劳动外,在校大学生还要注重日常生活劳动和服务性劳动,在个人生活自理中强化劳动自立意识,体验持家之道,在公益劳动、志愿服务中强化社会责任,培养良好的社会公德。

三、劳动的价值

随着我国新型工业化、信息化、城镇化和农业现代化快速发展,我国社会结构出现深刻变动,产业格局深刻调整,利益需求日益多样,思想观念日益多元,我国的劳动内涵、劳动群体、劳动分工、劳动收入、劳动权益等概念和外延发生变化,劳动纠纷日益突出,这些问题是新时代我国社会主要矛盾,即人民日益增长的美好生活需要和不平衡不充分发展之间的矛盾的具体反映,如何看待新时代劳动的价值正在成为社会关注的焦点。

(一)劳动推动社会物质文明的发展

劳动创造文明。从社会发展史看,人类经历了农业革命、工业革命,正在经历信息革命。农业革命增强了人类生存能力,使人类从采食捕猎走向栽种畜养,从野蛮时代走向文明社会;工业革命拓展了人类体力,以机器取代人力,以大规模工厂化生产取代个体工场手工生产;而信息革命则增强了人类脑力,带来生产力又一次质的飞跃,对国际政治、经济、文化、社会、生态、军事等领域发展产生深刻影响。在这个过程中,正是劳动推动人类文明快速发展。

物质文明是人类通过劳动而创造的物质财富,是人类赖以生存的基础。在劳动生产过程中,人类通过发明、创造和技术革新,提高劳动生产率,促进物质文明的发展。在原始狩猎社会,人类只能茹毛饮血,食不果腹、衣不蔽体是这时最经典的时代标志;在封建农耕社会,人们春种夏长秋收冬藏,"一夫不耕,或受之饥;一女不织,或受之寒"。随着工业社会和信息社会的来临,人类从奴隶般地服从自然分工的状态中逐渐解放出来,物质资料的生产和消费日益成为人类社会赖以生存和发展的基础。

人类通过辛勤劳动,创造了吃穿住行等必需的生活资料以及从事政治、科学、文化艺术等活动所必需的物质前提。包括知识分子在内的劳动群众在生产过程中不断积累和传播生产经验,不断改进和发明生产工具,促进了社会生产力的发展。改革开放四十多年来"中国崛起""中国制造"的伟大成就,无不凝聚着广大劳动者的智慧和汗水;生活的美好、社会的进步,无不源于广大人民平凡艰辛的劳动。

(二)劳动推动社会精神文明的发展

人无精神不立,国无精神不强。精神文明是人类在改造客观世界和主观世界过程中所取得的精神成果的总和,是人类文化的进步状态。精神文明建设在社会主义建设中发挥着重要作用。精神文明主要表现为两个方面:一是科学文化方面,指教育、科学、文化、艺术、卫生、体育等各项事业的发展水平;二是思想道德方面,指社会的政治思想、道德面貌、社会风尚和人们的世界观、理想、情操、觉悟、信念以及组织性、纪律性的状况。

劳动是精神文明取之不尽用之不竭的源泉。在劳动过程中,人类不断积累丰富的经验,创立了多样的语言、法律、宗教、风俗习惯和科技文化,充实了人们的精神生活,规范了人们的社会秩序,形成了人类璀璨的民族文化。劳动形成了社会的经济基础,同时又打造了与经济基础相匹配的上层建筑。

劳动人民是精神财富的创造者。物质生产的主体是劳动人民,精神生产的主体也是劳动人民。劳动人民的生活、实践活动是一切精神财富、精神产品形成和发展的源泉。中国共产党自成立后,带领广大劳动人民在革命、建设、改革开放和新时代的百年进程中浴血奋战、披荆斩棘,正在实现由站起来、富起来到强起来的历史性飞跃,为中华民族的伟大复兴积累了雄厚的物质基础,赓续了丰富的红色血脉,构建起中国共产党人的精神谱系,在各行各业涌现出一大批英雄人物和时代楷模,他们不仅是劳模精神、劳动精神和工匠精神的代言人,其中的时代先锋以高度的政治和思想自觉与劳动人民同甘苦共患难,砥砺斗志,继承传统,认清国情,明确方向,形成了具有时代特点的劳动思想和治世理念,成长为坚定的共产主义者和伟大的革命家、思想家、科学家、艺术家和实干家,开创了千秋伟业。

(三)劳动促进人的全面发展

人的全面发展是人的德智体美劳全方面的发展,本质上指人的劳动能力的全面发展,即人的智力和体力的充分、协调发展和才能、志趣和道德品质的多方面发展。人的全面发展是马克思主义基本原理的重要内容。马克思主义认为,在未来的共产主义社会,劳动作为人的第一需要,是生产力高度发达的前提条件,人们通过劳动创造财富,体现人生价值,继而实现人的自由而全面的发展。

劳动的价值体现在劳动幸福的体验中。人人都有追求幸福的权利,然而幸福不是等来的,也不是要来的,而是通过劳动奋斗而来的。同样,中华民族的伟大复兴也绝不是轻轻松松、敲锣打鼓就能实现的,需要全体劳动人民付出更为艰巨、更为艰苦的努力,持续奋斗才能实现。如果我们的年轻一代没有正确的劳动观和艰苦奋斗、开拓创新的精神,"重智轻体","高分低能",劳动得不到尊重,技能得不到传承,传统得不到弘扬,斗志得不到激励,劳动能力退化,劳动意识淡薄,身体素质下滑,体能普遍下降,我们的国家就看不到希望,我们的民族就看不到未来。

(四)劳动是财富和幸福的源泉

热爱劳动是中华民族的优秀传统,绵延至今。"民生在勤,勤则不匮","夙兴夜寐,洒扫庭内",劳动是财富的源泉,也是幸福的源泉,已经成为全民族共同的认知。

现实生活中,一些大学生不理解劳动,不愿意劳动。有的说:"我们学习这么忙,劳动太占时间了!"有的说:"科技进步这么快,劳动的事,以后可以交给人工智能啊!"也有的说:"劳动这么苦,这么累,干吗非得自己干? 花点钱让别人去做好了!"之所以出现上述现象,是因为大学生们不懂得劳动是财富和幸福的源泉。人只有付出汗水,才会有回报,有了回报,才会产生幸福感。因为劳动,中国高速铁路飞速发展,总里程数跃居世界第一;因为劳动,嫦娥四号探测器登陆月球成功,为中国航天事业树立了新的里程碑;因为劳动,华为不断创新,在5G 时代独占鳌头。总之,正是因为千千万万中国人民的辛勤劳动,才会有中国综合国力的不断增强、人民生活水平的不断提高和幸福指数的不断上升。

习近平总书记指出:"劳动是财富的源泉,也是幸福的源泉。人世间的美好梦想,只有通过诚实劳动才能实现;发展中的各种难题,只有通过诚实劳动才能破解;生命里的一切辉煌,只有通过诚实劳动才能铸就。"①因而必须崇尚劳动,造福劳动者,让全体劳动人民进一步焕发劳动热情,释放创造潜能,通过劳动创造更加美好的生活。中国特色社会主义进入新时代,社会稳定、经济繁荣、国家昌盛的背后,是广大劳动者的付出与贡献。实现中国梦伟大目标,开创中国美好未来,必须依靠辛勤劳动、诚实劳动、创造性劳动,要让中国梦在劳动中落到实处,让中国梦通过劳动成为现实。

总之,劳动不仅创造了人,而且创造了人类社会。劳动不仅反映了人的本质,而且反映了人与自然和人与人的关系,其概念和内涵随着时代的发展而变化。劳动有脑力劳动和体力劳动、具体劳动和抽象劳动、必要劳动和剩余劳动等多种类型。劳动不仅推动了社会物质文明向前发展,而且推动了精神文明的发展,不仅有利于促进人的全面发展,而且是财富和幸福的源泉,因而具有重要的价值和深远的意义。

案例解读

习近平是如何参加艰苦劳动的?

采访组:除了日常生活方面的各种不适应,知青每天还要参加劳动。请您讲一讲,习近平是如何参加艰苦的劳动,并逐渐适应农村生活的?

武晖(梁家河村民):在当时农村那个环境,包括近平在内的知青,思想肯定还是有波动的。陕北农村的冬天是很冷的,没有电,农民一天的生活就是早上太阳出来了就上山劳动,太阳落山就回家,成天都在劳动,但是生产效率却很低下,一年到头累死累活,一亩地却打不了多少粮食。这个地区的发展也很不均衡,整个延安都没有什么副业,一切就是靠种庄稼。农民的生活基本都在贫困线以下,有些家庭能吃上饭,更多的是像我们这样的家庭,七八个娃娃,就吃不上饭,就靠吃山上的野菜度日。

---

① 习近平.人世间的美好梦想,只有通过诚实劳动才能实现[N].北京:中国青年报,2013-04-29.

对我们这些山里长大的娃娃来说，从小就在这小山村里生活，在窑洞里面住，出了窑洞，面对的就是黄土山，一抬头就只能看到山中间这么一点蓝天，这就是我们的世界，不觉得有什么不适应。但是近平他们从北京来，到这穷山僻壤的小山沟，在这里过陕北农民的艰苦生活，必须面对和接受这个现实，在这里生活下去。

春天，近平跟我们社员一样，用挑子挑着羊粪和牛粪往山上送。知青不习惯爬山，爬得高了，有时候重心不稳，粪就从粪筐子里洒出来。送粪的工作完成后，就是耕地、整地、播种。苗长出来了，主要的事就是锄地、追肥。地种不好，秋天就没有收成，就没有粮食吃，就会饿肚子，这是很现实的事情。

社员和知青们都是一起锄地。一开始他们把草和苗分不开，我们是当地的娃娃都懂得。我们跟他们说一下，他们就学会了。别看他们没干过农活，他们有文化，理解能力强，所以学得确实快。

锄地都是在春夏，天气很热，队长要求大家加紧时间干活，不让我们休息。我想偷懒，就以解手为借口，跑到沟里，休息三四分钟、五六分钟，队长不叫，我就不回去。我确实受不了那种苦，又饿又渴又晒，有时候觉得实在干不下去了。但是近平就一直坚持，从来没见过他偷懒。

收获的季节，我们一起去割麦子。我们到山上的耕地有五里地的距离，回来的时候社员和知青都是一人担一担。我们集体喂的牛和驴，饲养这些牲灵，需要用铡刀把草铡碎了喂给它们吃，知青不会铡草，不太容易掌握铡刀的技巧，铡刀压到一半就压不动了，后来慢慢掌握技巧，一刀就可以铡到底。

……

我印象中，1969 年到 1970 年这个阶段，近平还是一个比较稳重的普通知青，一开始很难适应高强度的劳动。但是经过一两年以后，近平就成了一个非常棒的壮劳力，基本上每天都能挣 10 分工。他不仅在劳动方面非常拔尖，而且逐渐和社员们在思想、语言上打成一片。谁家有困难，他都会尽自己的能力帮助。

（节选自《习近平的七年知青岁月》，中共中央党校出版社，2017 年 8 月第 1 版，第 238—242 页。）

问题探究：七年知青岁月对习近平的劳动价值观产生了什么样的作用？

这段艰苦岁月，培养了习近平对劳动和劳动人民的深厚感情，形成了正确的劳动观念和劳动品质。今天，习近平总书记提出"劳动最光荣、劳动最崇高、劳动最伟大、劳动最美丽"的理念，为新时代广大青年学生树立正确的劳动价值观提供了精神动力和方向指引。

第二节　感悟劳动教育的真谛

热爱劳动，崇尚奋斗是中华民族优秀文化的精神品格和传统教育的重要内容，也是民族精神的重要体现。《孟子》一书中就有"后稷教民稼穑，树艺五谷；五谷熟而民人育"的记载。知行并重、学以致用是自古以来人们一贯坚持的品行素质衡量标准。"纸上得来终觉浅，绝知此事要躬行"，"劳"与"学"从未分离过。只有将劳动教育融入大众改造自然、创造历史、发展自我的过程中,才能使教育真正起到立德树人的作用。

近年来在一些青少年中出现了不珍惜劳动成果、不想劳动、不会劳动的现象,劳动的独特育人价值在一定程度上被忽视,劳动教育被淡化、弱化。学校劳动教育存在"口头上重视、课程上忽视""有教育无劳动、有劳动无教育"等现象;社会和家庭对劳动教育在人的全面发展中的重要意义也认识不足。推动全社会重视劳动教育,就要使家庭劳动教育日常化、学校劳动教育常规化、社会劳动教育多样化,形成多方协同育人的格局。因而需要在了解了"劳动是什么"的基础上,进一步理解"劳动为什么"的问题,这一问题的解决就是"劳动教育"的意义所在。

一、劳动教育的内涵

劳动教育指的是有目的、有计划地向学生传授劳动知识和劳动技能,培养学生良好的劳动态度、劳动品质和劳动习惯,形成正确的劳动价值观和具有一定的劳动权益意识,提升学生劳动素养的教育实践活动。在高校,劳动教育是在系统的专业文化知识学习之外,教育学生参加生产、生活劳动和服务性劳动的活动,通过专门的劳动教育,鼓励学生动手实践,出力流汗,接受锻炼,磨炼意志,促进大学生德智体美劳全面发展。

由此可见,劳动教育并不是只有劳动,还是注重培养劳模精神、劳动精神和工匠精神的教育活动。劳动教育在传授学生基本劳动技能的同时,更侧重于劳动价值、职业道德、劳动精神的培育。可以说,劳动教育不只是传授技艺,也不同于专业实习,而是侧重培养劳动观、价值观的教育,具有立德、增智、强体和育美的综合育人功能,与德、智、体、美一起"五育并举",推动人的全面发展。新时代劳动教育旨在培养与新时代中国特色社会主义相适应的,德智体美劳全面发展的,具有高尚品德、创新思维、健康体魄和劳动精神的全面发展的时代新人。因而,劳动教育不同于一般性的社会实践和实习实训,也不同于体育锻炼。

劳动和教育相结合是人类社会发展的需要。人为了生存就需要通过劳动获取自己必需的生活资料,人类之所以能繁衍生息绵延至今就是因为劳动是人的首要需要。最初,人类从事的主要是简单劳动,但随着产业革命的兴起和大机器工业的出现,专业分工和科技创新日新月异,简单劳动逐步让位于以脑力劳动为主要特征的复杂劳动,从而导致以职业技能教育为核心的劳动教育和培训活动及相关机构迅速发展起来。

劳动教育的方式具有明显的时代性。手工劳动时代师徒在手工作坊里共同劳动,徒弟在师傅指导下习得知识或技能,学徒通过现场观察和操作学习,逐渐学会师傅的技能,于是催生了学徒制,即师傅带徒弟的学习形式。大机器时代,由于大机器生产过程被分割为不同的生产工序,劳动者需要经过学习和培训,熟练掌握所学专业的特定工序或环节,从而催生了技工学校、高职高专等职业教育形式。

进入 21 世纪的今天,人类正处在人工智能方兴未艾的新时代,虽然虚拟经济、数字经济的出现,使人类的劳动方式、劳动领域和劳动岗位等发生了巨大变化,人机协同、智慧校园等新技术对传统教育模式构成巨大冲击,但劳动精神和基本劳动技能仍然不可或缺。

(一)专业知识和劳动技能的结合

从劳动的演变过程可以看出,不同时代的劳动内容和劳动方式需要不同的劳动技能,而劳动技能主要通过专业教育和专业训练才能习得,因此生产劳动必须与教育相结合。人类迄今为止已经经历了四次产业革命,每次产业革命都是建立在科技取得重大突破的基础上的,从生产过程看,每次产业革命都会带来生产效率的迅速提高和生产成本的快速降低,这主要得益于现代科学技术和脑力劳动的参与,以及现代学校教育和科研机构的系统存在,从而使劳动者能够及时获得最新的科技知识和劳动技能,适应崭新的劳动形态。这说明科技和教育不仅是产业革命的重要形式,更是产业革命得以推动和完成的关键因素。正如列宁所认为的,没有年轻一代教育与劳动的结合,未来社会的理想是不可想象的,无论脱离生产的教育或脱离教育的生产,都不能适应现代科技和产业发展的需要。因而,教育和生产劳动相结合既是现代社会永续发展的基本要求,也是社会主义教育的根本原则。

(二)劳动价值观和教育的结合

劳动尽管是人的第一需要,但由于人在劳动过程中所处的地位和发挥的作用不同,导致不是所有的劳动都受到尊重和享有应得的劳动权益,尤其在生产资料私有制条件下,随着剩余产品的出现,由于占有生产资料的人在劳动中处于支配的地位,因而具有了支配他人劳动和分配劳动所得的权力,于是不劳而获的阶级开始出现,他们通过剥削劳动者的劳动,占有劳动者的剩余价值而获得超额利润,从而使人类出现了不平等不公正现象。社会主义制度就是为铲除这种现象而建立的,因而社会主义教育的方针是要培养"有社会主义觉悟的有文化的劳动者",就是要培养既有政治觉悟又有文化的,既能从事脑力劳动又能从事体力劳动的人。

另一方面,随着产业革命的推进,科技突飞猛进,劳动分工越来越细,劳动的种类和形态也发生了变化,体力劳动为主的时代开始让位于脑力劳动为主的时代,于是催生了从事体力劳动为主的蓝领阶层和从事脑力劳动为主的白领阶层的差别,蓝领阶层因为收入低、劳动强度高、劳动条件差而越来越不被人重视,重脑力轻体力的现象越来越普遍。因而,需要在不断改善产业工人待遇和实体经济发展环境的同时,开展正确的劳动价值观教育,在全社会形成劳动最光荣、劳动最崇高、劳动最伟大、劳动最美丽的良好风尚。新时代大学生通过劳动教育,要树立"以辛勤劳动为荣,以好逸恶劳为耻""以艰苦奋斗为荣、以骄奢淫逸为耻"的价值观,明白幸福是奋斗出来的道理。

案例解读

....

焊花绚烂　青春闪耀——世界技能大赛焊接项目金牌获得者赵脯菠

在四川省凉山彝族自治州会理县的一个小村庄长大的赵脯菠,2013 年初中毕业后直接进入了攀枝花技师学院就读,经过苦练,成功入选焊接精英班。由大名鼎鼎的国内焊接领域的领军人物"工人院士"周树春授课,他曾带出了多名世界技能大赛的焊接项目冠军。经过勤学苦练,赵脯菠通过了多次的选拔比赛,终于成功入选了世界技能大赛焊接项目国家集训队。

2019 年第 45 届世界技能大赛上有很多如云计算、移动机器人等时尚的项目,让技能脱离了高强度的体力劳动往技术方向发展。尽管焊接机器人的大量应用让焊接的劳动强度有所降低,可是焊接的底色仍是"苦累脏险"。赵脯菠曾多次打退堂鼓,但又觉得不能辜负老师和家人的期望,每天以不低于 15 小时、至少两万多次的焊接实训来强化锻炼。吃苦为赵脯菠的青春染上了一抹别样的亮色。

8 月 22 日,焊接项目比赛全面进入火热和焦灼状态。赛场内,"全副武装"的赵脯菠聚精会神,一丝不苟,每一个动作都行云流水,每一个模块都完成得恰到好处。焊接难度的提高、现场专家出的意外题加上东道主迟迟不公布竞赛设备、材料等信息,增加了比赛难度,赵脯菠遇到了自己完全没有训练过的模块。但他没时间慌乱,按照教练的备战要求和自己的技术实力努力去实现。每一个模块完成,从不去关心别人的结果,而是专心思考怎么突破下一个难点。在总时长 18 小时的比赛中,赵脯菠凭借丰富的实战经验、熟练的手法技巧以及稳定的心态节奏,完成了组合件、压力容器、铝合金结构和不锈钢 4 个模块的焊接,在来自各焊接项目参赛国和参赛地区的 35 名裁判评判下,以 93.53 分夺冠,实现了中国在世赛焊接项目上的三连冠。

问题探究:为什么说赵脯菠取得的成就来之不易? 对我们有何启发?

赵脯菠在世界技能大赛焊接项目上夺得了三连冠。这一成就的取得来之不易,是他克服了各种困难勤修苦练得来的。众所周知,焊接工作"苦累脏险",容易烫伤,从业队伍正逐步老化,甚至难以为继。但赵脯菠却干一行爱一行。从他身上我们看到了对劳动的挚爱和对成功的执着。他用自己的辛勤和汗水赢得了掌声和荣誉。他的事迹告诉我们,人世间的一切幸福都需要靠辛勤劳动来创造。世界上没有坐享其成的好事,要幸福就要奋斗。人世间的一切成就、一切幸福都源于劳动和创造。

二、劳动教育的发展历程

新中国成立以后,我国的劳动教育经历了从探索到发展到成熟的过程,出台了一系列劳动教育的文件,并在不同时期取得了一定的经验,体现出不同的教育风格。其中,比较可圈可点的是,1957 年毛泽东同志在《关于正确处理人民内部矛盾的问题》中明确提出,"我们的教育方针,应该使受教育者在德育、智育、体育几方面都得到发展,成为有社会主义觉悟的有文化的劳动者"。1995 年颁布的《中华人民共和国教育法》,规定"教育必须为社会主义现代化建设服务,必须与生产劳动相结合,培养德、智、体等方面全面发展的社会主义建设者和接班人"。世纪更迭之际,江泽民同志提出"坚持教育为社会主义现代化建设服务,为人民服务,与生产劳动和社会实践相结合,培养德智体美全面发展的社会主义建设者和接班人"①。党的十六大、十七大报告均提出"培养德智体美全面发展的社会主义建设者和接班人"的目标,在"德智体"的基础上增加了"美"。2018 年 9 月,习近平总书记在全国教育大会上指出:"要在学生中弘扬劳动精神,教育引导学生崇尚劳动、尊重劳动,懂得劳动最光荣、劳动最崇高、劳动最伟大、劳动最美丽的道理,长大后能够辛勤劳动、诚实劳动、创造性劳动",并在阐释教育目标时首次完整提出"培养德智体美劳全面发展的社会主义建设者和接班人"。

(一)新中国成立以来我国劳动教育的历史经验

从"德智体"到"德智体美"再到"德智体美劳",反映了党和国家对教育本质、教育规律和教育目标认识的逐渐深化。之所以将劳动教育作为全面发展的重要内容,主要是基于以下几点考虑:

1.认识到劳动教育是马克思主义认识论的内在要求

马克思主义认为,认识是对客观事物的反映,真理是对客观事物的正确反映。由感性认识上升到理性认识,由谬误上升到真理,需要通过不断的实践来完成。毛泽东同志由此得出"实践出真知"的结论。他在《人的正确思想是从哪里来的?》一文中指出:"一个正确的认识,往往需要经过由物质到精神,由精神到物质,即由实践到认识,由认识到实践这样多次的反复,才能够完成。这就是马克思主义的认识论,就是辩证唯物论的认识论。"②而劳动正是人们最为基本的实践活动,通过劳动教育,在劳动实践中人们才可获得对外部世界的正确认识。特别是青少年,可以通过劳动教育和实践活动来巩固和深化所学知识,并在社会实践中更深入地把握社会现实。

2.认识到劳动教育是社会主义核心价值的重要体现

在社会主义核心价值体系中,社会主义荣辱观中的"八荣八耻"之"以辛勤劳动为荣,以好逸恶劳为耻"将劳动态度作为社会道德标准之一。在社会主义核心价值观所提到的"敬业",就是把劳动态度作为职业道德的重要衡量标准。在大中小学教育中开展劳动教育,增加劳动课时,开设劳动课程,就是要让广大青少年弘扬勤俭、奋斗、创新、奉献的劳动精神,明白"谁知盘中餐,粒粒皆辛苦"的道理,就是要让广大青少年明白今天的美好生活来之不易,培养学生爱父母、爱家庭、爱社会、爱国家的家国情怀。

3.认识到劳动教育在培养学生全面发展方面具有独特的功能与作用

如果说德育侧重解决人生观问题,智育侧重解决心智开发问题,体育侧重解决身心健康问题,美育侧重解决陶冶情操问题,那么劳动教育则侧重解决劳动情感、劳动观念问题。在"五育"中,劳动可以树德、可以增智、可以强体、可以育美,因此可以说离开劳动教育就没有真正的教育。正如苏联教育家苏霍姆林斯基所言:劳动是一种极为复杂的现象,可以激发人

---

① 江泽民.江泽民文选(第 3 卷)[M].北京:人民出版社,2006:560.
② 毛泽东.毛泽东文集(第 8 卷)[M].北京:人民出版社,2009:321.

的思想、情感、智力、美感、心理状态和创造激情,贯穿于教育的全过程,体现在教育的成效上。2020年,教育部印发了《大中小学劳动教育指导纲要(试行)》(以下简称《指导纲要》)进一步明确了劳动教育目标框架:树立正确的劳动观念,具有必备的劳动能力,培育积极的劳动精神,养成良好的劳动习惯和品质,进一步明确了三类劳动教育的三种育人价值定位:日常生活劳动教育、生产劳动教育、服务性劳动教育,进一步明确了大中小学校劳动教育主要内容和具体要求,为"教什么、怎么教"提供了具体操作方案。

(二) 当前我国劳动教育的必要性和紧迫性

当前,我国劳动教育存在很多需要改进的地方,主要表现在:

1. 对什么是劳动教育没有形成清晰的认识

随着体力劳动和脑力劳动界限的打破,很多人在劳动的内涵上存有很大的误区,将劳动概念泛化,导致对劳动的认识混乱。有人认为劳动就是体力劳动,有人干脆将体育锻炼等同于劳动,甚至有人将偷盗等行为也视为劳动,还有人将劳动教育和实训画等号。那么,什么是劳动教育呢?《指导纲要》指出"劳动教育是发挥劳动的育人功能,对学生进行热爱劳动、热爱劳动人民的教育活动",它具有鲜明的思想性,强调劳动者的主体地位,无论是体力劳动还是脑力劳动,具有同等的尊严,旗帜鲜明地反对不劳而获、崇尚暴富、贪图享乐等错误思想;它突出社会性,要求引导学生知行并重,觉悟人生,奉献社会,培育家国情怀;它突出显著的实践性,提出以体力劳动为主,手脑并用,言行一致,最后实现树德、增智、强体、育美的目的。

2. 劳动教育在学校中被弱化、在家庭中被软化、在社会中被淡化现象仍未根本性扭转

当前,如何充分发挥劳动教育的树德、增智、强体、育美的综合育人价值,使大中小学生通过劳动教育正确看待劳动的价值,树立正确的劳动观,培养崇尚奋斗、无私奉献的劳动精神,实现人的全面发展,已经成为教育界最关切的问题。近年来一些青少年不珍惜劳动成果、不想劳动、不会劳动的现象比较突出。只有采取有效措施教育引导学生崇尚劳动、尊重劳动,懂得劳动最光荣、劳动最崇高、劳动最伟大、劳动最美丽的道理,长大后才能够辛勤劳动、诚实劳动和创造性劳动,才能够以辛勤劳动为荣、以好逸恶劳为耻,中华民族勤俭、奋斗、创新、奉献的优秀文化才能够继续发扬光大,这正是劳动教育的目标所在。

三、劳动教育的主要内容和意义

劳动教育在高校的开展首先体现在专门劳动教育课程的开设,劳动教育课程是融思想性、政治性、理论性、科学性、实践性于一体,针对高校各专业开设的公共必修课。职业院校劳动教育课程突出职业教育的实践育人特色和劳模工匠精神育人特色,紧密围绕新时代培养社会主义建设者和接班人对加强劳动教育的新要求,以劳动实践为导向,以职业教育和思政教育的融合为抓手,通过学习使学生们掌握马克思主义劳动观,树立正确的劳动意识,形

成科学的劳动价值取向,从而提升大学生的劳动精神面貌,塑造崇尚劳动、热爱劳动、尊重劳动的美德,继承和弘扬新时代劳模精神和大国工匠精神,成为有理想、有本领、有担当、奋力实现中国梦、建功新时代的青年。

(一)劳动教育的主要内容

高校的劳动教育课程主要讲授以下几方面内容:

1. 劳动理论和劳动观

从劳动和劳动教育的基本内涵及意义入手,详细阐述马克思主义劳动观和习近平总书记关于劳动的重要论述,帮助大学生理解劳动的丰富内涵和劳动教育的重要性,树立劳动最光荣、劳动最崇高、劳动最伟大、劳动最美丽的价值理念,弘扬劳模精神、劳动精神和工匠精神,正确看待劳动价值和劳动教育对于促进劳动价值回归和大学生全面发展的深远意义。

2. 劳动实践

劳动实践包括劳动能力的培育、劳动实践活动的组织、劳动品质的养成和劳动权益的保护。劳动实践是实施劳动教育的具体形式,主要包括日常生活劳动实践、生产劳动实践和服务性劳动实践,劳动实践的目的是通过参加日常生活劳动、生产劳动和服务性劳动,掌握必要的生产技术知识和劳动技能,为大学生未来职业发展打下坚实基础。大学生在劳动中要涵育吃苦耐劳、诚实守信、团结协作、敢于担当的劳动品质,同时还要认真学习保护劳动权益的重要法律法规,在劳动争议时懂得保护自身的劳动权益。

3. 劳动精神

劳动精神包括劳动成果的尊重和劳模精神、劳动精神、工匠精神的弘扬。劳动精神与劳模精神、工匠精神相互包容、相互依存,可以说是实现了劳动的事实与劳动的价值的融合统一。大学生要努力做到尊重他人劳动,尊重知识产权,坚守法律底线、遵守道德规范和遵循行业规范,深刻理解和认同劳模精神、劳动精神、工匠精神的科学内涵和内在逻辑,树立正确的劳动观和劳动态度。

4. 劳动展望

未来劳动包括智能革命时代下的未来劳动和未来劳动者应具备的能力素质。区别于传统劳动,未来劳动将会借助云服务、大数据、深度学习等技术手段,极大地丰富劳动的种类、提升劳动的效率、降低劳动的强度,让人们从繁重的劳动中解放出来,为人类带来更多自由、快乐和幸福。届时,人们可以按照自己的想法和兴趣,在未来劳动的过程中进一步提升认识和改造自然的能力,不断满足未来发展的需求,更好地实现自我价值。同时,面对未来科技对社会生活带来的巨大变革,劳动者应不断树立创新精神、提升数字素养,构建交叉融合的知识体系,与时代同向同行。

(二)劳动教育的意义

劳动教育是对学生进行热爱劳动和劳动人民、珍惜劳动成果、树立正确的劳动观点和劳动态度、通过日常生活培养劳动习惯和技能的教育活动。按照马克思主义劳动价值的基本观点,劳动和教育的早期结合是改造现代社会的最强有力的手段之一。党的十八大以来,习近平总书记高度重视劳动教育,认为劳动教育是努力培养德智体美劳全面发展的社会主义建设者和接班人的重要内容,并一再强调,贯彻新时代党的教育方针需要坚持教育"同生产劳动和社会实践相结合"[1],并将劳动教育作为新时代习近平关于劳动论述的重要内容。提出了新劳动主体论、劳动幸福论、劳动和谐论、劳动共享论、劳动发展论、崇尚劳动论,并在此基础上提出了劳动教育论。

劳动涵育品德,劳动增进智能,劳动强健体魄,劳动孕育美好生活,劳动是全面提升人才素质的基本要求和重要保障,也是实践教学的重要载体,是培养大学生正确的劳动意识、劳动态度和劳动习惯的重要途径。在大学生中开展劳动教育意义重大,主要表现在以下几个方面:

1. 开展劳动教育是培养学生正确的劳动价值观的需要

没有劳动的教育,影响最大的是青少年良好品德的养成和正确价值观的树立。缺乏劳动观念的学生很容易产生好逸恶劳、嫌贫爱富的价值观,对劳动者和劳动成果不尊重,不体恤父母的艰辛、生活的甘苦,缺乏感恩,成为家中的"小皇帝""小公主",容易患老儿童、巨婴等身心疾病。当前,青年人的"啃老"现象与缺乏劳动习惯有关。即使学生成绩分数再高,可能连最基本的生活自理都做不到,更谈不上树立正确的劳动观念;抗挫折能力差,遇事容易退缩,遇到挫败容易想不开;进入社会后,一个不愿意劳动的人总会希望别人多干一点,自己少干一点,久而久之形成一种自私观念,并缺乏责任担当。

面对这种形势,在 2018 年召开的全国教育大会上,习近平总书记强调:"要在学生中弘扬劳动精神,教育引导学生崇尚劳动、尊重劳动,懂得劳动最光荣、劳动最崇高、劳动最伟大、劳动最美丽的道理,长大后能够辛勤劳动、诚实劳动、创造性劳动。"随后,中共中央、国务院印发了《关于全面加强新时代大中小学劳动教育的意见》,教育部印发了《大中小学劳动教育指导纲要(试行)》,对构建德智体美劳教育体系进行顶层设计和全面部署,这是党中央、国务院和教育部立足建国 70 多年来劳动教育的理论和实践,充分把握全国大中小学生劳动教育的经验和教训、优势和不足,对症下药,切实改进我国教育体制,落实"培养什么样的人""怎样培养人"和"教什么、怎么教""学什么、怎么学"的重要举措,具有深远的理论意义和现实针对性。

2. 开展劳动教育是劳动育人、实践育人和协同育人的需要

开展劳动教育、培养劳动感情、提升劳动技能、锻炼劳动能力、体验劳动之美是高校进行德育、智育、体育和美育的重要途径。从劳动教育与品德教育、智力教育、体质教育、审美教育的联系来看,通过协同育人也更有利于促使学生形成正确的劳动价值观。就学生的全面发展来说,各类教育都有其自身的规律、特点和功能,同时,它们又相互制约、相互促进,共同构成人的教育的有机整体。而劳动教育独有的育人功能是全面发展的教育体系的重要组成部分,是发展德育、智育、体育、美育的重要支撑和有力抓手。

---

[1] 习近平.习近平谈治国理政(第 3 卷),北京:外文出版社,2020:328.

3. 开展劳动教育是培养大学生积极向上的就业观的需要

通过劳动教育,特别是通过引导大学生树立正确的劳动价值观,有利于促进大学生在大学阶段形成积极向上的就业观。当国家建设需要和个人价值实现出现矛盾的时候,大学生应当首先考虑国家建设的需要;当客观现实与主观认知产生分歧的时候,大学生需要立足现实,重新进行自我评估,并做出合理明智的选择。当就业和创业机会摆在面前的时候如何做出取舍,需要充分考虑创业前景、创业政策、社会关系、家庭背景、个人能力等多重因素,然后做出合适的选择。大学生确立起正确的劳动价值观,形成积极向上的就业创业观,也才会在就业创业选择时做出科学选择。

4. 开展劳动教育是培养合格的社会主义现代化建设者和接班人的需要

大学生作为我国社会主义的建设者和接班人,必须树立正确的劳动价值观,将来才能为我国社会主义现代化建设做出重大贡献。劳动教育是中国特色社会主义教育制度的重要内容,直接决定社会主义建设者和接班人的劳动精神面貌、劳动价值取向和劳动技能水平,劳动价值观则直接影响到大学生在校期间的学习和生活,还会影响他们将来走上工作岗位后的价值取向。

5. 开展劳动教育是实现中国梦和大学生青春梦的需要

中华民族伟大复兴是千百年来中国人民的伟大梦想,需要一批批大学生学有所成,报效祖国,矢志奋斗,砥砺奋进,发挥广大青年学生的主力军作用,把青春华章写在祖国的大地上。从国家层面,我国制定并实施了科教兴国战略、人才强国战略、创新驱动发展战略等,充分调动广大劳动者积极性、主动性、创造性,不断拓展人才成长空间,塑造一支有理想、有智慧、有技能、会创新的高素质劳动者队伍。作为新时代的青年学生,应将个人梦想与国家梦想紧紧相连,把人生理想、家庭幸福融入国家富强、民族振兴的伟大事业,形成"干一行、爱一行、专一行、精一行"的社会风尚,这样才能让一切劳动与创新的活力竞相迸发,让一切创造社会财富的源泉充分涌流。

劳动涵育品德、增进智能、强健体魄、孕育美好,是全面提升人才素质的基本要求和重要保障,是人获得全面而自由发展的基础。劳动也是实践教学的重要载体,是培养学生正确的劳动意识、劳动态度和劳动习惯的重要途径。劳动教育能够引导广大青少年认真做好校园生活劳动,积极参与社会劳动和专业实习,用志愿服务培育家国情怀、责任担当和奉献精神,提高创造性劳动能力,向英雄人物、劳模工匠和时代楷模看齐,在自我服务的劳动中实现个人成长,在集体互动的劳动中彰显担当,在专业实习的劳动中学以致用,做时代接棒人,最终让大学生实现自我价值和社会价值,成为真正全面发展的社会有用之才。

总之,劳动教育对于青少年全面发展具有不可替代的作用和地位,建成富强民主文明和谐美丽的社会主义现代化国家,实现中华民族伟大复兴,根本上靠劳动、靠劳动者创造。而只有通过劳动教育,才能培养出千千万万社会主义劳动者和建设者,落实立德树人根本任务,从这个意义上讲,劳动教育要贯穿大中小学整个教育时段,融入各个育人手段、环节和过程,不可或缺。

▤ 本章小结

　　劳动是人类创造物质财富和精神财富的特有的实践活动方式,具有涵育品德、增进智能、强健体魄、孕育美好生活的综合育人功能。劳动在推动人类社会进步和个人全面发展中作用巨大。劳动教育是有目的、有计划地组织学生参加日常生活劳动、生产劳动和服务性劳动,培养学生正确劳动价值观和良好劳动品质的教育活动。通过劳动教育,使学生树立正确的劳动价值观,积极弘扬劳模精神、劳动精神和工匠精神,促进人的全面发展。

▤ 拓展思考

勤劳是沙县小吃的最大"秘诀"

　　数据显示,如今沙县小吃已遍布 62 个国家和地区,全国沙县小吃门店超 8.8 万家,年营业额超 500 亿元,实现和带动 30 万人就业。

　　沙县小吃一路走来,"勤劳"是最醒目的标签。沙县小吃源远流长,在民间具有浓厚的历史文化基础,尤以品种繁多风味独特和经济实惠著称。改革开放之初,成百上千的沙县人,用扁担挑着小吃街头叫卖,用"第一桶金"开起了小作坊、夫妻店,靠着"一元进店,两元吃饱",第一批走出去的沙县人赚到了钱,回乡盖起了楼房,吸引更多的沙县人外出打拼,名不见经传的沙县小吃悄无声息地占领了中国的街头巷尾。扁肉是砖,拌面是钢,沙县人靠勤劳双手,将小吃开遍大江南北,闯出了一条富民之路。

　　在沙县人那里,"勤劳"不仅是舍得下力气,肯干、能干,也是要会用脑子,会干、干成。用木槌反复捶打猪腿肉上千次,是制作泥状扁肉馅的诀窍,也是沙县小吃自称"千锤百炼的美食"的由来。原来手工捶打 2 斤扁肉得花 1 个小时,如今用机器只要几分钟,口味、品质基本不变。物美价廉的沙县小吃,凭借现代化创新,"四大金刚"的制作方法均完成了升级。从起步阶段"小作坊、夫妻店"式的低端粗放经营,到新时代"品牌化、连锁化、规模化、信息化"的集约发展,沙县小吃靠的是勇于创新、不断创新,创新让沙县小吃实现从跳出"农门"到走出"国门"的华丽逆袭。

　　沙县小吃成为"国民美食",不是一个人在奋斗,而是一群人在奋斗。20 多年前,沙县就在县一级政府设立"小吃办",成员来自县委、县政府各个部门,同时还在下辖 12 个乡镇设立"小吃办",帮助开店老板解决实际问题。20 多年来,沙县经历了 5 任县委书记,历任县委领导班子都始终把小吃业当作富民强县大事来抓,出人出力出政策,既帮扶支持、加强培训,也推进标准化、连锁化、产业化转型升级,既为市场开拓的前沿"架桥铺路",也在产业服务的后端"夯基搭台"。正因为有了这样一群人,一任接着一任干,一棒接着一棒跑,沙县小吃从单打独斗到握指成拳,开到了全国各地甚至海外,创造了年营业额近 500 亿元的"国民小吃"品牌。

在波澜壮阔的时代画卷中,惟有勤劳能留下深深印记,惟有勤劳才能永葆青春朝气,勤劳是沙县小吃创造发展奇迹的最大"秘诀"。

(选自《大众日报》,2020 年 12 月 18 日)

思考题:沙县小吃是如何走向全国的? 为什么说勤劳是沙县小吃创造发展奇迹的最大"秘诀"?

 实践项目 ┈┈┈┈┈┈┈┈┈┈┈┈┈┈┈┈┈┈┈┈┈┈┈┈┈┈┈┈┈

将对劳动和劳动教育的认知与各自专业相结合,通过文字、幻灯片、图片等方式来展现你对劳动的理解,探索将劳动教育融入日常的专业学习中的路径与方式。

知识链接 ┈┈┈┈┈┈┈┈┈┈┈┈┈┈┈┈┈┈┈┈┈┈┈┈┈┈┈┈┈

央视新闻视频:《初心·梁家河篇》,央视网,2017 年 3 月 28 日。

第二章
劳动观的形成与发展

📍 学习目标

1. 了解劳动观的形成与中西方劳动思想的历史发展；
2. 掌握马克思主义劳动观的基本内涵及其在中国的发展成果；
3. 理解大学生树立正确劳动价值观的重要意义。

📝 内容导读

请大家思考回答："人为什么要劳动？"

试试看能得出多少种答案。可联系古今中外不同时代背景，也可从理论和实践等不同层面进行回答。对于这个问题的追问和不同回答，实际就是体现出不同的劳动观。

你的答案里是否可能包括：人的劳动是迫不得已，只是为了满足人的基本生存需要；因人类有一种原罪，通过劳动惩罚是来实现赎罪；劳动是人的一种天职，只有努力劳动才是道德的；劳动只是谋生的手段，根本目的是为了资本的增殖；通过参与劳动获得一种归属感，在集体中确立主人翁意识；劳动是人之为人的根本，只有通过劳动才能自我实现；劳动只是手段，但通过这个手段可以获得财富、尊严、幸福；劳动是出于个人兴趣，劳动本身能带来快乐与幸福；劳动可以锻炼人的能力，实现个人价值；劳动是为了给社会作出更多贡献，实现人的社会价值；不为具体什么原因，劳动是人们生活的内在需要等。

问题探究：这些答案里都包含了怎样的劳动观？怎么评价这些不同的劳动观？

劳动观就是人们对于劳动的总体看法，包含了对于劳动的本质、形态、作用等多方面的认识，也包含着人们对于劳动的情感态度和价值取向，是人们在劳动问题上的世界观、人生观、价值观的集中体现。不同的劳动观也反映着不同的历史发展阶段和社会结构，传统等级社会与现代社会也有着不同的劳动观。劳动观也直接与阶级立场相关，统治阶级与被统治阶级往往对于劳动有着不同看法。劳动观对于人们的劳动选择和劳动行为起着引导和支配作用。马克思主义劳动观是真正科学的劳动观，第一次将劳动与劳动者置于人与社会发展的中心位置，并真正为劳动"正名"。

第一节　中西方劳动思想的历史发展

人类正是在劳动中诞生,人类社会的形成和发展也是以劳动为基础。无论是在中国,还是在西方国家,在历史长河中都产生了极为丰富的劳动思想。这些思想为马克思主义劳动观、中国化马克思主义劳动观的形成提供了思想资源。

一、中国传统劳动思想的历史发展

习近平总书记强调,我们要善于把弘扬优秀传统文化和发展现实文化有机统一起来,紧密结合起来,在继承中发展,在发展中继承。中华民族是勤劳的民族,中国人民是勤劳的人民。在五千年的文明历程中,中国人民通过自己的聪明才智和辛勤劳动创造了举世闻名的文明成就,为人类发展做出了独特而巨大的贡献,也形成了影响深远的劳动观念。

(一) 中国古代劳动思想的萌发

盘古开天辟地、女娲造人补天、燧人钻木取火、精卫衔石填海等神话故事大家耳熟能详,无一不体现出劳动的伟大创造力量。据《史记》记载,中华人文初祖黄帝按照季节播种百谷草木,驯养鸟兽虫豸,饱受辛劳。炎帝神农氏就是中华农耕文明的开创者,"作陶冶斤斧,为耒耜锄耨,以垦草莽"。帝颛顼充分利用地力养殖各种庄稼牲畜,帝喾取地之财而节用之,舜曾耕田、打鱼、制陶器及各种家用器物。禹治水过家门而不入,周族的始祖弃"教民稼穑,树艺五谷"。周代统治者非常重视并参加农业生产,"籍礼"规定天子与诸侯在每年的立春前九日,都要亲执耒耜,耕于籍田。这些神话故事、历史记载体现了中国古代人民对劳动本身的肯定和赞美,也体现了劳动创造世界、创造人的朴素世界观。

(二) 丰富多彩的中国古代劳动思想

春秋战国时期被称为中国文化的"轴心时代",产生了儒、墨、道、法等诸子百家,极大丰富、发展了劳动思想,确定了中国古代劳动思想的基本价值取向。

1. 儒家的劳动思想

儒家站在统治阶级的立场上,注意到了劳动对于维护统治的重要性。孔子提出"劳而不怨","使民以时",就是要求统治者要合理地安排生产劳动,让老百姓愿意并且按农时从事农业劳动,遵循农业生产规律。孔子曾明确表示他自己也愿意从事生产劳动。此外,儒家也把家务劳动作为人格修养的重要途径。《朱子家训》开篇:"黎明即起,洒扫庭除,要内外整洁。既昏便息,关锁门户,必亲自检点。"[①]《尚书大传》等著述对青少年对从事劳动、学习的时间、

---

① 朱柏庐.朱子家训[M].李牧华注解.兰州:甘肃人民出版社,1990:1.

内容等都有详细、明确的安排,也是对劳动重视的具体表现。总体上看,儒家坚持"劳心者治人、劳力者治于人"的观点,注意到了脑力劳动和体力劳动的差异,具有轻视体力劳动的倾向,但并不否定生产劳动的必要性。

2. 墨家的劳动思想

墨子把劳动作为人与动物的根本区别,强调动物依赖自然条件而生,人要依赖于自身的劳动创造才能生存。墨子坚信人只有通过劳动才能免于饥寒。农夫之所以要早出晚归,努力耕种、植树、种菜,多产出豆子和粟米而不敢倦怠,因为他知道努力必能富裕,不努力就会贫穷;努力必能吃饱,不努力就要饥饿。墨子及其信徒和追随者多是直接从事劳动的手工业者等底层群众,站在劳动人民的立场上,把生产劳动作为人与动物的根本区别,强调物质生产劳动在社会生活中的重要地位,提出了劳动创造财富的思想,具有积极的进步意义。

3. 道家的劳动思想

以老庄为代表的道家强调道法自然、清静无为。《道德经》曰:"人法地,地法天,天法道,道法自然。"这一思想在生产劳动上就表现为"民有常性:织而衣,耕而食。"道法自然的生活就是,春天耕种田地,进行身体可以负担的劳作;秋天收获果实,可以满足自身的需要;太阳升起时开始劳动,太阳下山就休息,在天地之间逍遥、悠然自得地生活。道家讲的"无为"不是无所作为,而是要体察自然万物的内在规律,顺势而为,春种、夏耘、秋收、冬藏,要夜里休息,白天劳作,饮食起居做事功业都要顺应自然规律而为。道家的劳动思想强调了在劳动中尊重客观规律的重要性,但对劳动者的主动性没有给予充分的重视。

案例解读

庖 丁 解 牛

庖丁为文惠君解牛,手之所触,肩之所倚,足之所履,膝之所踦,砉然响然,奏刀騞然,莫不中音。合于《桑林》之舞,乃中《经首》之会。

文惠君曰:"嘻,善哉!技盖至此乎?"庖丁释刀对曰:"臣之所好者道也,进乎技矣。始臣之解牛之时,所见无非全牛者;三年之后,未尝见全牛也;方今之时,臣以神遇而不以目视,官知止而神欲行。依乎天理,批大郤,导大窾,因其固然。技经肯綮之未尝,而况大軱乎!良庖岁更刀,割也;族庖月更刀,折也;今臣之刀十九年矣,所解数千牛矣,而刀刃若新发于硎。彼节者有间而刀刃者无厚,以无厚入有间,恢恢乎其于游刃必有余地矣。是以十九年而刀刃若新发于硎。虽然,每至于族,吾见其难为,怵然为戒,视为止,行为迟,动刀甚微,謋然已解,如土委地。提刀而立,为之而四顾,为之踌躇满志,善刀而藏之。"文惠君曰:"善哉!吾闻庖丁之言,得养生焉。"

(选自《庄子·养生主》)

问题探究：《庖丁解牛》的故事阐明了怎样的深刻道理？

庖丁解牛的故事体现了劳动要把握事物内在规律，强调顺应规律的重要性，也是对物我两忘、出神入化的劳动境界和追求卓越的工匠精神的赞美。

4. 法家的劳动思想

法家历来重视耕战，重视农业生产劳动。商鞅说："国之所以兴者，农战也。"他认为，只有大力发展农业才能富国、强国。老百姓不能逃避租税，就会尽心从事农业生产，地里不会有荒草，国家就会富足，并逐渐强大起来。因此，他提出了"壹之农"的主张，就是让人民尽可能的都从事农业生产。他还提出以"重关市之赋"等制度和政策引导发展农业生产。法家之集大成者韩非子也反对"不事力而衣食"，反对发展工商业，提倡耕战，重视农业生产劳动。法家站在统治阶级立场重视农业生产劳动有其合理性，但否定工商业领域的劳动体现了其历史局限性。

知识拓展

有关劳动的诗词歌赋等文学作品赏析

〔晋〕陶渊明《归园田居》：

种豆南山下，草盛豆苗稀。晨兴理荒秽，带月荷锄归。

道狭草木长，夕露沾我衣。衣沾不足惜，但使愿无违。

〔唐〕白居易《观刈麦》：

田家少闲月，五月人倍忙。夜来南风起，小麦覆陇黄。

妇姑荷箪食，童稚携壶浆。相随饷田去，丁壮在南冈。

足蒸暑土气，背灼炎天光。力尽不知热，但惜夏日长。

复有贫妇人，抱子在其旁。右手秉遗穗，左臂悬敝筐。

听其相顾言，闻者为悲伤。家田输税尽，拾此充饥肠。

今我何功德，曾不事农桑。吏禄三百石，岁晏有余粮。

念此私自愧，尽日不能忘。

〔宋〕范成大《四时田园杂兴》：

昼出耘田夜绩麻，村庄儿女各当家。童孙未解供耕织，也傍桑阴学种瓜。

〔宋〕陆游《小园》：

小园烟草接邻家，桑柘阴阴一径斜。卧读陶诗未终卷，又乘微雨去锄瓜。

〔宋〕翁卷《乡村四月》：

绿遍山原白满川，子规声里雨如烟。乡村四月闲人少，才了蚕桑又插田。

〔清〕阮元《吴兴杂诗》：

交流四水抱城斜，散作千溪遍万家。深处种菱浅种稻，不深不浅种荷花。

二、西方劳动思想的历史发展

他山之石,可以攻玉。西方劳动思想既为马克思主义劳动观的历史性生成提供了直接的思想资源,也为我们理解马克思主义劳动观和构建中国化马克思主义劳动观提供了思想资源。

(一) 古代西方劳动思想

1. 古希腊罗马哲学中的劳动思想

由于劳动对于人类的生存与发展具有重要意义,几乎所有的古希腊罗马哲学家都对劳动问题作了阐述,形成了丰富多彩的劳动思想。苏格拉底认为塑造城邦守卫者的最好途径是农业劳动,应该让城邦里的人们既能够拥有土地劳动生活,又能够做好战斗守护的准备。他认为以劳动追求财富是正义的。"如果你要土地给你带来丰盛的果实,你就必须耕耘这块土地;如果你决心想从羊群获得财富,你就必须好好照管羊群。"①苏格拉底的弟子色诺芬肯定了劳动分工的必然性,但反对有损身心健康和人的发展的固化的分工。他非常推崇农业劳动,因为从事农业不但能够从土地上获得应得的产品满足劳动者的生活需要,而且还能获得惬意快乐的享受,能够培养正直、诚实、勇敢、刚毅等美德。伊壁鸠鲁强调,为了创造财富,劳心劳力就是不可避免的痛苦选择;只有劳动,才能获得生活所需。他阐述了快乐与痛苦、劳动与享受之间的辩证关系,肯定了劳动创造财富、带来幸福的意义与价值。西塞罗认为衣食住行乃人之所需,追求财富无可厚非。勤劳与忍耐、警觉都是美德。虽然劳动使得人们腰酸背痛,但比起衣不蔽体、食不果腹,劳动仍是明智的选择,只有劳动才能获得幸福生活。

古希腊罗马哲学的劳动思想从现实层面肯定了农业生产劳动的重要性,肯定了劳动创造财富的道理,但基于理论活动与实践活动的二分与对立的观念,对生产劳动的轻视则是错误的。

> **知识拓展**
>
> ──────────────────────────────────────
>
> #### 人生的快乐到底在哪里
>
> 一群学生向苏格拉底请教:"老师,我们每天都在被这些问题困扰着难以自拔,我们的快乐到底在哪里? 我们怎么才能寻找到人生的快乐呢?"
>
> 苏格拉底看着这些可爱的年轻人,轻松地说:"你们先不要急于寻找快乐,你们先帮我造一条船吧,然后我带着你们乘船去寻找快乐!"这群学生暂时把寻找快乐的事儿放在一边,锯倒了一棵又高又大的树,找来造船的工具,用了七七四十九天,挖空树心,造出一条巨大的独

───

① [古希腊]色诺芬著.吴永泉译.回忆苏格拉底[M].北京:商务印书馆,1984:49.

木船来。苏格拉底指挥着独木船下水了,然后与学生一起登上了木船。他带领着这群激昂慷慨的学生,一边合力划桨,一边欣赏着河流两岸的旖旎风光,一边齐声唱起歌来。青年学生们跟随在老师身旁,划船,唱歌,完全陶醉在这忘我的情景当中了。苏格拉底看着这群天真无邪的孩子问:"孩子们,你们快乐吗?"孩子们齐声回答:"老师,我们快乐极了! 我们正行驶在去天堂的路上!"苏格拉底说:"快乐就是这样,它往往在你为着一个明确的目的忙得无暇顾及其他的时候,突然来访。"

(选自《智慧不会衰老——人民日报 2010 年散文精选》,人民日报出版社 2011 年版)

2. 欧洲中世纪的劳动思想

中世纪,在欧洲占据统治地位的基督教神学中蕴含着的劳动思想,也有一些积极的、合理的成分,其代表人物有经院哲学家奥古斯丁、阿奎那、马丁·路德等。

基于上帝创世说的错误世界观,欧洲中世纪经院哲学把劳动看作上帝对人类的惩戒,也是人类获得救赎的希望和途径,这是完全错误的;宗教改革运动也没有从根本上改变劳动者受剥削、受歧视的社会地位。

(二)近现代西方劳动思想

1. 德国古典哲学中的劳动思想

德国古典哲学是马克思主义的思想来源之一,其本身所包含的实践传统与劳动辩证法对马克思主义劳动观的生成具有启示意义。

其中,黑格尔的劳动观对马克思的影响最大。黑格尔劳动观的主要贡献在于:一是首先将劳动看作人的本质力量的对象化;二是较早认识到劳动的双重属性,将劳动分为个人劳动与普遍劳动两个层面,并指出只有将个人劳动转化为普遍劳动才能得到社会的承认,实际揭示出通过劳动而实现的人的社会化过程;三是开创性地阐述了劳动辩证法,包含了对资产阶级社会劳动局限性的批判。

马克思在《1844 年经济学哲学手稿》中对黑格尔的劳动观有着辩证的态度:一方面,他肯定了黑格尔劳动观的贡献,认为"他抓住了劳动的本质,把对象性的人、现实的因而是真正的人理解为他自己的劳动的结果";另一方面,他又指出了黑格尔劳动观存在的根本缺陷,也就是黑格尔"惟一知道并承认的劳动是抽象的精神的劳动"。尽管黑格尔劳动观为马克思劳动观的生成奠定了理论基础,但黑格尔的这一切重要成果还都包裹在其观念论体系之中,劳动还只是作为精神发展中的一个环节。

2. 古典政治经济学劳动价值论

古典政治经济学在英国是从威廉·配第开始,到大卫·李嘉图结束,在法国是从布阿吉尔贝尔开始,到西斯蒙第结束。古典经济学最为显著的历史贡献就是形成了劳动价值理论。马克思的劳动价值论也正是在批判继承古典政治经济学理论基础上发展起来的。

古典政治经济学将劳动作为社会财富的源泉,并实际认识到利润、地租等剩余价值特殊形式的根源仍在于劳动。配第最早提出"劳动是财富之父,土地是财富之母"的论断,不仅说明了财富源于劳动,而且将劳动量作为商品交换的依据,为劳动价值论的形成奠定了基础。亚当·斯密集合了前人的理论成就,系统论述了劳动价值论,不仅明确区分了使用价值和交换价值,而且超越劳动的各种特殊形态提出了一般劳动的概念,认为任何生产部门的劳动都是国民财富的源泉,并强调了这种劳动对于衡量商品价值的普遍性。"只有劳动才是价值的普遍尺度和正确尺度,换言之,只有用劳动作标准,才能在一切时代和一切地方比较各种商品的价值。"①

古典政治经济学将劳动量决定商品价值作为根本的价值规律,劳动也成为唯一价值尺度,也就是将商品价值量的衡量依据本质地归为劳动量和劳动时间,并作为根本价值尺度予以贯彻。不过整个古典政治经济学更多还是在交换价值意义上来谈论价值概念的,并未能澄清商品价值的科学内涵。李嘉图在价值学说上始终坚持劳动时间决定商品价值的原理,并将这一原理彻底贯彻到整个经济理论之中,甚至其终生都在寻求一种价值不变的商品,以用这一不变的内在尺度解决经济分配中的种种矛盾,却丝毫没意识到这些矛盾正是资本主义生产方式内在矛盾的反映。

3. 空想社会主义对未来劳动图景的描绘

空想社会主义者在批判当时资本主义社会制度的基础上,提出了种种改造社会的方案,特别是对未来的劳动图景进行构想,对于马克思主义劳动观的形成具有积极的启示作用。空想社会主义始于托马斯·莫尔,圣西门、傅立叶、欧文是代表性人物。

空想社会主义主张人人参与劳动,反对不劳而获,强调人人权利平等,反对劳动剥削和压迫。空想社会主义者大都有着优越的社会地位和生活条件,却选择站在普通劳动者的立场,以真正追求社会公平正义。莫尔和康帕内拉分别在《乌托邦》和《太阳城》中描绘了一个人人参与劳动并接受教育的理想社会,同时对于专制制度下的不劳而获进行了深刻批判。圣西门提出了一切人都要参与劳动的"普遍劳动"原则,并放弃了贵族身份以身体力行。傅立叶认为劳动既是每个人固有的情欲,又是一种最主要的天赋权利,所以人天生就有劳动的需要和权利。欧文在未来社会的构想与实践中要实现人人劳动、全民就业,不再有失业。

空想社会主义还主张通过协作劳动,共同占有劳动成果,进行按需分配,反对私有制条件下的商业竞争和贫富分化,鼓励通过劳动竞赛提高生产。另外还主张通过劳动促进人的全面发展,将生产劳动与教育相结合,实现一种自主自愿的自由劳动。空想社会主义者对未来劳动目标的描述表达了人类对资本主义条件下劳动片面性及其后果的反思,展现了劳动的未来前景,但他们没有找到实现这一美好前景的现实路径,因而只能是无法实现的想象。

知识拓展

....

欧文的"新和谐公社"实验

英国空想社会主义者罗伯特·欧文在 1824 年,变卖了所有家产,与家人和一批朋友从英

---

① [英]亚当·斯密.国富论[M].郭大力、王亚南译,北京:商务印书馆,2015:31.

国来到了美国,他们在印第安纳州购买了 3 万英亩的土地,筹划建立了一个名为"新和谐公社"的理想社会。在这个公社里,全体成员共同劳动,共享劳动成果,按照年龄大小从事不同的劳动。其中儿童一律无条件入学,同时也参加一些力所能及的劳动。12 岁以上的青少年以半工半读的方式参加学习和劳动。成年人按照不同年龄段以及不同分工来承担实际的工作。60 岁以上的老人则组成护宪队,主要来维护宪法并监督宪法的实施和落实。

"新和谐公社"在当时引起了全世界的关注,人们从世界各地纷纷前来观摩。但好景不长,"新和谐公社"很快便遇到了一些难以解决的问题。比如,因为公社成员的生产只是为了满足本社成员的需要,这就导致公社产品品种少、数量小,分配非常艰难。而且,公社成员中很多人竞争轻松的脑力工作,逃避重体力工作,工厂中严重缺乏技术工人和普通体力工人,导致经常停工关门,地里的庄稼也因为没有人耕种而导致粮食歉收。因此,"新和谐公社"每年都会产生亏空。为了弥补亏空,欧文不得不将自己的钱拿来补贴亏损,但这并不是长久之计。4 年之后,"新和谐公社"因为资金链断裂而宣告破产。欧文的实践最后是以失败告终,不过也为后来的社会主义实践提供了启示,同时也留给我们更多思考。

4. 马克斯·韦伯和托斯丹·凡勃伦的劳动思想

韦伯通过对西方文明的历史考察发现,劳动方式演变及其所引发的社会经济结构的变化推动着古代西方文明的兴起和演进。他提出古代西方社会并存着两元劳动方式:自由劳动和非自由劳动。自由劳动就是城邦内自由民所从事的劳动;非自由劳动就是由奴隶所从事的劳动。当自由劳动占上风时,经济的进步首先要求市场的扩张;当非自由劳动占上风时,经济的进步要靠劳动人口的稳定积累来达到。韦伯认为资本主义精神的实质就是把劳动看作美德和义务,强调了自由劳动作为资本主义精神的基础性作用在现代西方资本主义发展中的重要作用。

制度经济学的鼻祖凡勃伦在劳动与社会文化的变迁中阐明了劳动地位的历史性变化。在野蛮时代,劳动是个体谋生的手段,劳动被视为光荣的事业。随着生活资料的富余,私有制的出现,不通过劳动而以掠夺和抢占获得财富的有闲阶级产生、兴起,从事生产劳动成为贫困和屈从的象征,而摒弃劳动成为财富的证明和体面的象征。资本主义私有制文化的重要组成部分就是对生产劳动的厌恶和对炫耀性消费的迷恋。

无论是韦伯对资本主义条件下自由劳动的肯定,还是凡勃伦对资本主义文化厌恶生产劳动这一现实的揭示,都只是对资本主义条件下劳动境遇的描述与解释,而问题在于改变,在于对劳动、劳动者在人类社会历史发展中主体性作用的全面揭示。

三、中西方劳动思想的当代启示

习近平总书记在党的十九大报告中强调,"不忘本来、吸收外来、面向未来,更好构筑中国精神、中国价值、中国力量,为人民提供精神指引。"这就要求我们既要"不忘本来",深入理解中华民族历史上有关劳动思想的精华,又要"吸收外来",积极借鉴西方文明中有关劳动思想的精华,在此基础上创新发展21世纪马克思主义劳动观、新时代中国特色社会主义劳动观。

（一）树立重视劳动、尊重劳动者的社会观念

劳动是人类社会赖以生存和发展的根本性活动，这就决定了劳动始终是千百年来中西方许多思想家思考的重要问题，产生了极为丰富的劳动思想，成为人类知识宝库的重要组成部分，也为我们今天更加科学地理解劳动提供了思想资源和反思对象。但不可否认，无论是在中国传统文化中，还是在西方社会，都存在轻视劳动、轻视劳动者的倾向。我们必须摒弃传统劳动思想中的消极因素，反对一切不劳而获、崇尚暴富、贪图享乐的错误思想，树立劳动是一切财富和价值的源泉、劳动者是国家主人的观念，通过诚实劳动创造美好生活、实现人生梦想。

（二）辩证看待脑力劳动和体力劳动的关系

中西方传统中对劳动的重视，特别是对农业生产劳动的重视具有共同性，都具有朴素唯物主义的特点。中国传统文化中存在轻视体力劳动的倾向。《论语》中"樊迟问稼"一事反映了孔子对稼圃之类体力劳动的轻鄙。"劳心者治人，劳力者治于人"的观点是孟子对孔子轻视体力劳动观点的进一步发展。西方传统形而上学重精神、轻物质的观念也导致了当时人们对精神活动的推崇和对劳动活动的鄙视。实际上，这些观点都是有偏颇的。脑力劳动和体力劳动分工是人类社会生产发展的必然。随着生产力、科学技术的不断发展，分工越来越细，新的劳动形态不断出现，从事脑力劳动的人会越来越多，比重不断增大。我们必须明确：劳动者之间只有分工不同，没有高低贵贱之分，一切劳动和劳动者都应该得到鼓励和尊重。

马克思主义是人类精神的精华，是对人类一切文明成果的积极扬弃。马克思主义劳动观也是对人类劳动思想的积极扬弃。中西方劳动思想既是马克思主义劳动观、中国化马克思主义劳动观的思想来源，也是我们理解马克思主义劳动观、中国化马克思主义劳动观的重要理论资源。

第二节　马克思主义劳动观及其发展

马克思主义劳动观是由马克思、恩格斯在批判继承前人思想成果基础上生成的，后又在实践中不断丰富和发展。马克思主义劳动观将物质生产劳动看作人类社会发展的根本决定力量，劳动创造了人本身和人类历史，劳动决定着商品价值和剩余价值，劳动最终获得解放并实现为自由劳动。马克思主义劳动观在中国的革命、建设、改革过程中获得了进一步发展，形成了新的理论成果，树立正确劳动价值观对于当代大学生的成长成才有着重要意义。

一、马克思主义劳动观的基本内涵

马克思主义劳动观在内涵上包含了多重意蕴，在哲学层面主要阐释了劳动的创造原则，

在政治经济学层面阐明了科学的劳动价值论及剩余价值论,在科学社会主义层面阐述了通过劳动解放以实现人的自由全面发展。

(一)劳动创造了人本身与人类历史

1. 劳动创造了人本身

这不仅是指人类通过劳动摆脱了最初的动物状态,而且通过劳动还创造了人的社会本质。恩格斯在《劳动在从猿到人的转变中的作用》一文中,详尽阐述了劳动在人类进化中的决定性作用,正是劳动使人从自然界中分离出来,使人有了不同于一般动物的语言和肢体结构,进而促进了思维的发展。"劳动是整个人类生活的第一个基本条件,而且达到这样的程度,以致我们在某种意义上不得不说:劳动创造了人本身。"[1]一当人开始生产自己的生活资料,人本身也就把自己同动物区别开来。人们在生产劳动过程中既改变自然界,同时也形成人与人特定的社会关系。正是通过劳动,人才从生物人转变为社会人。正如马克思所说,人的本质在其现实性上是一切社会关系的总和。人总是处于一定社会关系中的现实人,而这特定的社会关系也正是在人自身的生产劳动中所创生的。所以,劳动正是人之为人的根据,没有劳动就没有人的产生,更谈不上人的发展。

2. 劳动创造了人类历史

这不仅指生产劳动是第一个历史活动,而且在根本上决定和制约着历史发展,从而阐明只有人民才是历史的创造者。马克思在早年就曾说过,整个所谓世界历史不外是人通过人的劳动而诞生的过程,所以人正是通过物质生产劳动才创造了整个人类历史。整个唯物史观就在于从直接生活的物质生产出发阐述现实的生产过程,并将生产力与生产关系的发展作为理解整个历史的基础,由此再阐明这个基础之上的上层建筑和意识形态。这与唯心史观的以精神或某种神秘力量来解释人类社会的发展是完全相对立的,由此也破除了一切意识形态对于历史真相的遮蔽。而这也正是对于劳动创造人类社会历史的坚持,有着怎样的劳动方式也就决定了有着怎样的社会性质和形式。所以正是在劳动发展史中找到了理解全部社会史的锁钥。劳动创造人类历史的观念也在根本上决定了群众史观,就是坚持只有人民才是历史的真正创造者,因为只有物质劳动才是社会历史的根本决定力量,同时也只有人民才是历史的真正主体。所以,劳动正是历史决定之根据,生产劳动产生了人类历史,并在根本上制约和决定着历史,也是推动人类历史不断向前发展的根本动力。

课堂讨论

马克思主义劳动观从根本上阐明了劳动的创造原则,劳动不仅创造人本身,还创造整个人类社会和历史,你对此有着怎样的理解,这对于树立劳动崇高、劳动伟大的理念又有着怎样的重要意义?

---

[1] 马克思、恩格斯.马克思恩格斯文集(第9卷)[M].北京:人民出版社,2009:550.

3. 劳动是社会存在和发展的基础，推动着人类社会历史的进步

物质生产劳动是整个社会存在和发展的前提和基础，劳动创造了社会，同时也是社会生活、政治生活及精神生活等其他生活的根本制约。正如马克思指出的，任何一个民族，如果停止劳动，不用说一年，就是几个星期，也要灭亡，这是每一个小孩都知道的。生产劳动满足了人类的衣食住行等基本生活需要，构成了人类基本经济生活，在此基础上才从事其他方面的活动。只有随着生产劳动的发展，人们的普遍交往才能建立和发展起来，同时发展起来的还有人们其他方面的生活。"宗教、家庭、国家、法、道德、科学、艺术，等等，都不过是生产的一些特殊的方式，并且受生产的普遍规律的支配。"[①]劳动的这种创造和决定关系并不是只体现在结果中，还体现在生生不息的劳动过程中，随着劳动的发展，整个社会和人本身都获得发展，并从中收获价值和幸福。所以，劳动正是社会和人之发展的根据，不仅是社会存在和发展的前提，而且也决定着社会的形式和性质，并由内在矛盾的作用在根本上推动着社会的发展。

（二）劳动是商品价值和剩余价值的源泉

1. 劳动被科学地区分为具体劳动和抽象劳动

古典政治经济学已确立起劳动价值理论，将劳动作为交换价值和社会财富的源泉，并以劳动时间作为价值尺度，却始终未能将表现为价值的劳动与表现为使用价值的劳动区分开，因为其并未能澄清劳动的二重性。这样就不可能确立其科学的价值概念，而总是将价值与交换价值混同在一起。马克思第一次明确了劳动二重性，将劳动区分为具体劳动和抽象劳动，但这又并非两种完全分离的不同劳动，"而是同一劳动看它是同作为它的产品的商品使用价值相联系，还是同作为它的单纯对象化表现的商品价值相联系，而得到不同的甚至对立的规定。"[②]也就是说，拥有不同形式的具体劳动主要决定使用价值，而凝结在商品中的一般的、无差别的抽象劳动则形成商品价值。所以商品具有价值，因为它是社会劳动的结晶。真正衡量商品价值的也就并非商品本身所包含的个别劳动量或耗费的具体劳动时间，而是由整个社会必要劳动时间来决定。由此也就为解开剩余价值和劳动剥削的秘密奠定了科学基础。

2. 劳动是商品价值和剩余价值的唯一源泉

在科学劳动价值理论基础上，马克思主义劳动观明确了形成商品价值的是抽象劳动。在马克思看来，商品价值体现的是人类劳动本身，是一般人类劳动的耗费。而且商品价值本质上是社会关系，并不包含任何使用价值的原子。所以不应将商品价值与社会财富混同起来，社会财富对应的是使用价值和具体劳动，除了劳动还包含物质资源条件。正如恩格斯所说，劳动和自然界在一起才是一切财富的源泉。同样对于剩余价值，也不应像古典经济学家那样将剩余价值与作为其特殊形式的利润和地租等混同起来。马克思主义劳动观澄清了剩

---

① 马克思、恩格斯.马克思恩格斯文集(第1卷)[M].北京：人民出版社，2009：186.

② 马克思、恩格斯.马克思恩格斯全集(第42卷)[M].北京：人民出版社，2016：34.

余价值的唯一源泉是活劳动,生产资料只是转移价值而并不独立带来价值增殖。这里的关键又是将人的劳动能力作为商品,在生产过程中由工人创造出了比其本身的劳动力价值更大的价值,由此也揭示了在商品平等交换掩饰下对于工人劳动的实质剥削。而资本家不过是资本的人格化,资本的本性就在于无止境追求剩余价值增殖,由此澄清了资本主义条件下劳动剥削的本性。

案例解读

没能赚取剩余价值的皮尔先生

马克思在《资本论》第1卷中给我们转述了这样一个故事:"皮尔先生把共值5万镑的生活资料和生产资料从英国带到新荷兰(澳大利亚的旧称)的斯旺河去。除此以外,皮尔先生非常有远见,还带去了300名工人阶级成员——男人、妇女和儿童。可是,一到达目的地,皮尔先生竟连一个替他铺床或到河边打水的仆人也没有了。不幸的皮尔先生,他什么都预见到了,就是忘了把英国的生产关系输出到斯旺河去!"[1]皮尔先生是英国的资本家,本觉得斯旺河物产富饶,再加上带去的生产资料和劳动者,就可以轻松地获得剩余价值。但当真正到达那里,正因为当地物产富饶、极易谋生,所以这些劳动者很快就纷纷离开了皮尔先生,不用给他打工也可以依靠各自的劳动很容易地生活下去。

问题探究：剩余价值的实现需要哪些社会条件,是否有了生产资料和人的劳动就一定能产生?

这个故事告诉我们资本并不仅仅是生产资料这些物,在本质上是一种生产关系。正如马克思所言:"黑人就是黑人。只有在一定的关系下,他才成为奴隶。纺纱机是纺棉花的机器。只有在一定的关系下,它才成为资本。"所以价值和剩余价值也并不是单靠劳动就可直接带来的,它们同样也是一定生产关系下的产物。在资本主义生产方式下是劳动产品的普遍商品化,特别是劳动力也成为商品,还有整个国家机器的保障等条件,才导致了剩余价值的不断获取。

3. 商品价值只是特定历史阶段的财富形式

劳动产品并不天然就是商品,也并不始终受商品价值的规制,只是特定历史阶段的产物。商品价值并不同于产品的有用性,其本质是社会关系。"劳动产品的价值形式是资产阶级生产方式的最抽象的,但也是最一般的形式,这就使资产阶级生产方式成为一种特殊的社会生产类型,因而同时具有历史的特征。"[2]马克思主义劳动观实质包含了对于资本主义生产方式的批判,除了正面肯定劳动创造价值和财富的贡献,更有着社会批判的维度。特别是在资本主义生产方式下,以普遍商品交换为基础会形成一种抽象统治,以及其自身难以克服的

---

① 马克思、恩格斯.马克思恩格斯文集(第5卷)[M].北京:人民出版社,2009:878.
② 马克思、恩格斯.马克思恩格斯文集(第5卷)[M].北京:人民出版社,2009:99.

内在矛盾,最终会推动生产方式变革,使劳动从异化状态和外在支配中真正解放出来。生产结构和方式又从根本上决定了分配的结构和形式。在商品价值被最终扬弃之前,按劳分配仍是我们要坚持的主要原则,尊重劳动的付出和价值,这也是实现特定历史阶段社会正义的重要原则。特别是在我们社会主义国家不能完全实行按资分配,不能任由资本的无序扩张。我们在最终阶段要实现的是按需分配,超越"得其应得"的原则,实现按照每个人的真实需要分配生活资料。根本上还是坚持生产劳动的根本决定,充分体现我们对于劳动的尊重,反对不劳而获。

(三)劳动是实现人的自由全面发展的根本途径

1. 人的解放与劳动的解放相一致

实现人类解放是马克思主义的根本立场和诉求,马克思很早就确立为人类解放而奋斗的伟大志向,后在理论上阐明了实现人类解放的现实路径。人的解放就是对于人的自由的真正实现,这归根又是劳动的解放,也就是在根本上实现生产方式的变革,使人的劳动不再受外力的支配和压迫,而并不是将人的解放只停留于精神解放、政治解放或个体解放的层面。比如黑格尔哲学同样追求人类的解放和自由,但其在根本上仍是精神解放,劳动只是归为精神发展中的一个环节,在实质上仍是精神劳动。而单纯政治解放归根还是个体政治权利、形式自由的实现,并不是人类解放和真正自由的实现,仍受制于经济权力的支配。马克思对于政治解放和人的解放曾作出明确区分,并从政治批判推进到政治经济学批判,而根本点正是扬弃异化劳动,实现社会革命。劳动解放既不只是一个地方的问题,也不只是一个国家的问题,而是涉及到存在于现代社会的一切国家的社会问题。所以劳动解放只有在生产方式的变革中才能实现,由此才能带来真正的社会解放,并通过自由人的联合而真正实现人类解放。

2. 劳动最终将成为目的本身和生活的第一需要

在资本主义生产方式下,劳动的性质在根本上还是异化的,是作为谋生手段或作为资本增殖的手段,还并未成为目的本身。"也就是说,只要分工还不是出于自愿,而是自然形成的,那么人本身的活动对人来说就成为一种异己的、同他对立的力量,这种力量压迫着人,而不是人驾驭着这种力量。"①马克思在《哥达纲领批判》中设想在未来社会里劳动将成为它自身的目的,成为"生活的第一需要"。实质就是指劳动不再受外力支配和强迫,不再受强制分工的制约。劳动不再仅仅是人用于谋生的外在需要,而是成为以生活和劳动本身为目的的内在需要,是生命活动本身的需要。在这个前提下,才可各尽所能、按需分配。这个"需"又是人的真实需要,而不再存在虚假需要。在资本主义生产方式下,需要往往是被制造出来以服从于资本增殖的目的,而并非完全为了人的自由全面发展。只有扬弃了这种生产方式,劳动才能回归其本真意义,实现真正的社会解放,并与人的自由全面发展根本一致起来。

---

① 马克思、恩格斯.马克思恩格斯文集(第1卷)[M].北京:人民出版社,2009:537.

课堂讨论

马克思在《哥达纲领批判》中说道:"在共产主义社会高级阶段,在迫使个人奴隶般地服从分工的情形已经消失,从而脑力劳动和体力劳动的对立也随之消失之后,在劳动已经不仅仅是谋生的手段,而且本身成了生活的第一需要之后,在随着个人的全面发展,他们的生产力也增长起来,而集体财富的一切源泉都充分涌流之后,——只有在那个时候,才能完全超出资产阶级权利的狭隘眼界,社会才能在自己的旗帜上写上:各尽所能,按需分配!"你对于马克思所说的劳动最终成为人们生活的第一需要,而不再仅仅作为谋生手段而存在,有着怎样的理解?到那时劳动是不是一定就是很轻松的?

3. 自由劳动是人的自由全面发展的根本体现

自由劳动并不是不劳动,而是解除了外力强迫和压制的劳动,成为满足自身内在需要的自主劳动。比如马克思将作曲描述为"真正自由的劳动",它能构成"吸引人的劳动,成为个人的自我实现"。所以这种自由劳动完全可能是更紧张的劳动,但与之关联的是自我实现,而并不是为资本带来多少增殖。这时劳动的目的也就是更好促进人的自由全面发展。自由劳动的实现是人类从必然王国向自由王国的跃迁,但这不是截然的跳跃,而是在必然王国中实现的超越。这个过程是漫长的,也是历史发展的必然阶段,在于生产力与生产关系的共同发展,以及由其内在矛盾的激化而实现的生产方式变革。"只有当社会生活过程即物质生产过程的形态,作为自由联合的人的产物,处于人的有意识有计划的控制之下的时候,它才会把自己的神秘性的纱幕揭掉。但是,这需要有一定的社会物质基础或一系列物质生存条件,而这些条件本身又是长期的、痛苦的发展史的自然产物。"①所以自由劳动并非自然而然地发生,而是在经历这样的客观历史过程后,实际也是人类在经历艰苦劳作后,在劳动之中的一种实现,使劳动成为一种自由自觉的活动,由此也成为自由全面发展的人。

二、马克思主义劳动观在中国的发展

中国共产党人立足时代特点和中国实际,继承和发展了马克思主义劳动观,形成了中国化马克思主义的劳动思想。毛泽东同志在关于劳动的主要论述中,强调劳动践行的基础作用,发出"自己动手,丰衣足食"的号召;主张劳动面前人人平等,注重劳动的教育改造功能;坚持教育和生产劳动相结合原则,明确社会主义教育方针是要培养有社会主义觉悟的有文化的劳动者。邓小平同志非常注重科学技术在生产力发展和社会主义建设中的重要作用,重视知识分子的脑力劳动,反对一味抬高体力劳动而贬低脑力劳动的做法。江泽民同志在党的十六大报告中指出:"必须尊重劳动、尊重知识、尊重人才、尊重创造,这要作为党和国家的一项重大方针在全社会认真贯彻。"胡锦涛同志在社会主义荣辱观中倡导"以辛勤劳动为

---

① 马克思、恩格斯.马克思恩格斯全集(第42卷)[M].北京:人民出版社,2016:61.

荣,以好逸恶劳为耻",首次提出"体面劳动"的概念,体现了以人为本的要求,也标志着我国的劳动保护体制机制建设新阶段的开启。

党的十八大以来,习近平总书记多次围绕劳动的价值、弘扬劳动精神、构建和谐劳动关系等内容进行深刻阐述,内涵丰富、思想深邃。习近平关于劳动的主要论述既是对中华优秀传统文化中劳动思想的创造性转化,也是对中国化马克思主义劳动观的创新性发展,逐步形成了以"劳动最光荣、劳动最崇高、劳动最伟大、劳动最美丽"为基本内涵的劳动价值观,并论述了劳动创造幸福的思想,还强调了对于劳模精神、劳动精神、工匠精神的弘扬,这些都具有重大的理论和实践意义。

1. 提出"劳动最光荣、劳动最崇高、劳动最伟大、劳动最美丽"的理念,深刻阐明劳动和劳动者的根本地位和意义

2015 年"五一"劳动节前夕,习近平总书记指出,"让劳动光荣、创造伟大成为铿锵的时代强音,让劳动最光荣、劳动最崇高、劳动最伟大、劳动最美丽蔚然成风。要教育孩子们从小热爱劳动、热爱创造,通过劳动和创造播种希望、收获果实,也通过劳动和创造磨炼意志、提高自己。"[1]此后,习近平总书记在多个场合反复强调劳动的"四个最"的理念,这是对于劳动前所未有的褒奖,而这种高度评价正是源于对劳动的重要地位和意义的深刻洞见。

习近平总书记强调,劳动是人类的本质活动,劳动光荣、创造伟大是对人类文明进步规律的重要诠释。无论是埃及的金字塔,还是我国的万里长城,无论是荷马史诗,还是诗经,都是劳动人民的辛勤劳动和聪明才智的结晶。所以"人类是劳动创造的,社会是劳动创造的",我们正在从事的中国特色社会主义事业是全体人民的共同事业,根本上靠劳动、靠劳动者创造。也只有在社会主义社会,劳动人民作为国家和社会的主人,劳动者才能受到如此高度的赞美。例如我们所颁发的共和国勋章、"七一"勋章,都是对在平凡岗位上做出不平凡业绩的劳动者的褒奖。所以无论时代条件怎样变化,我们始终都要崇尚劳动、尊重劳动者,并始终重视发挥工人阶级和广大劳动群众的主力军作用。同时不管人们从事的是体力劳动还是脑力劳动,是简单劳动还是复杂劳动,只要有益于人民和社会,他们的劳动就是光荣的,同样值得尊重。

2. 提出劳动创造幸福的思想,将劳动与人的幸福生活联结起来,进一步丰富了劳动观的内涵和意义

实现中华民族伟大复兴是中华民族近代以来最伟大的梦想,但幸福不会从天而降,梦想不会自动成真,必须付出辛勤劳动。2012 年 11 月 15 日,习近平总书记在十八大后与中外记者见面时就申明:人世间的一切幸福都需要靠辛勤的劳动来创造。这不仅指明了劳动与幸福的关系,也是对广大人民群众通过劳动创造幸福的伟大号召。无论是实现中华民族伟大复兴,还是开创美好的未来,都离不开每个人的辛勤劳动。"空谈误国,实干兴邦",实干首先

---

[1] 习近平.在庆祝"五一"国际劳动节暨表彰全国劳动模范和先进工作者大会上的讲话[N].人民日报,2015 - 04 - 29(02).

就是要脚踏实地劳动。"劳动是财富的源泉,也是幸福的源泉。人世间的美好梦想,只有通过诚实劳动才能实现"。① 幸福不是免费午餐,一切成就、一切幸福都源于劳动和创造,也只有通过劳动才能开创未来,个人只有在奋斗中才能实现真正幸福。

习近平的劳动创造幸福思想是对马克思主义劳动幸福观的继承和发展,是同中华民族伟大复兴的中国梦和美好生活的实现紧密联系起来的,同时也体现着通过劳动而获得自我实现的理念。这一思想又包含着两方面内涵,一方面,劳动过程就是创造幸福的过程,幸福并不是随便轻易得来的,也并不是可以通过别人施舍赠予的,真正的幸福只有通过自身的辛勤和诚实的劳动来获得,是在奋斗中实现的;另一方面,劳动是实现幸福生活的根本途径,这里的幸福并不是纯粹主观的感受,而是有着客观的物质基础和社会条件,这些只有依靠实干和辛勤劳动才能获得,而不是靠空想和投机取巧。习近平总书记曾在新年贺词中为快递小哥深情点赞,而这对于普通劳动者的礼赞正折射出了社会对劳动和奋斗的崇尚。不仅幸福是通过奋斗而实现,而且奋斗本身就是一种幸福。在新时代,人们更加把劳动看作实现自我价值的重要方式,更加注重劳动过程中的体验和感受。

课堂讨论

你如何理解劳动创造幸福? 人世间一切成就和幸福都源于劳动和创造的思想,对此你有着怎样的看法或体会?

3. 注重榜样示范和精神激励,强调弘扬劳模精神、劳动精神、工匠精神,营造人人皆可成才的良好环境

2020年11月24日,习近平总书记在全国劳动模范和先进工作者表彰大会上的讲话中对劳模精神、劳动精神、工匠精神的核心内涵作了集中概括与阐释:"在长期实践中,我们培育形成了爱岗敬业、争创一流、艰苦奋斗、勇于创新、淡泊名利、甘于奉献的劳模精神,崇尚劳动、热爱劳动、辛勤劳动、诚实劳动的劳动精神,执着专注、精益求精、一丝不苟、追求卓越的工匠精神。"②这三种精神正是以爱国主义为核心的民族精神和以改革创新为核心的时代精神的生动体现,也是中国共产党人精神谱系的内容之一,是鼓舞全党全国各族人民风雨无阻、勇敢前进的强大精神动力。全社会都应该尊敬劳动模范、弘扬劳模精神,让诚实劳动、勤勉工作蔚然成风。特别是对于职业院校的学生而言,更应大力弘扬工匠精神,练就高超技能,服务奉献社会。无论从事什么劳动,都要干一行、爱一行、钻一行。在工厂车间,就要弘扬"工匠精神",精心打磨每一个零部件,生产优质的产品。在田间地头,就要精心耕作,努力赢得丰收。在商场店铺,就要笑迎天下客,童叟无欺,提供优质的服务。只要踏实劳动、勤勉劳动,在平凡岗位上也能干出不平凡的业绩。

所以我们要在全社会大力提倡"通过诚实劳动来实现人生的梦想、改变自己的命运,反

① 习近平.在同全国劳动模范代表座谈时的讲话[N].人民日报,2013-04-29(02).
② 习近平.在全国劳动模范和先进工作者表彰大会上的讲话[N].人民日报,2020-11-25(02).

对一切不劳而获、投机取巧、贪图享乐的思想。"①同时要开展以劳动创造幸福为主题的宣传教育,把劳动教育纳入人才培养全过程,真正贯通于大中小学各学段和家庭、学校、社会的各方面。劳动教育是关涉培养德智体美劳全面发展的社会主义建设者和接班人的重大问题,由此形成五育并举的新格局,对于实现民族伟大复兴和青年学生的全面发展都具有深远意义。同时习近平总书记还强调营造人人皆可成才、人人尽展其才良好环境的重要性,努力培养数以亿计的高素质劳动者和技术技能人才。提出了要完善现代职业教育制度,创新各层次各类型职业教育模式,为劳动者成长创造良好条件,以此激励更多劳动者特别是青年学生走技能成才、技能报国之路。

三、大学生树立正确劳动观的重要意义

作为新时代的大学生,肩负实现民族伟大复兴的历史重任,是社会主义现代化建设者和接班人,树立怎样的劳动观,有着怎样的劳动精神风貌和劳动技能水平,就不仅关乎自身成长,也是事关战略全局的重要问题。

案例解读

部分青少年劳动价值观异化五大怪象

《半月谈》记者调研发现,当前,一些青少年产生了好逸恶劳、嫌贫爱富、不劳而获等不良心态,折射出当前劳动价值观的缺失和异化。如何教育引导学生崇尚劳动、尊重劳动,长大后能够辛勤劳动、诚实劳动、创造性劳动,成为亟待解决的问题。

现象一:好逸恶劳、嫌贫爱富,不尊重劳动和普通劳动者。受社会不良风气以及家庭教育不当影响,一些孩子从小形成了"劳动分贵贱"的错误价值观。

现象二:"老儿童""巨婴"越来越常见。某高校女大学生,一上大学就带妈妈过来陪读,妈妈白天在外面打工,早中晚过来送饭,给孩子洗衣服,还承包了宿舍的卫生。除了这种陪读的,还有大学生定期寄脏衣服回家洗,或者花钱雇钟点工去宿舍打扫卫生,大学生生活自理能力堪忧。

现象三:不劳而获、坐享其成在青少年中存在苗头倾向。当前,大中小学生超前消费的苗头已经显现。

现象四:不思进取,青年"啃老"现象日益凸显。有些青年宁可回家"啃老",每天在家上网打游戏,或者拿着父母的钱周游世界,吃喝挥霍。

现象五:"年轻人宁送外卖不进工厂"。职校毕业生不愿进工厂,青年择业就业观扭曲,工匠流失严重。记者采访中发现,珠三角、长三角企业频现"用工荒"。大量产业工人从制造

① 习近平.在知识分子、劳动模范、青年代表座谈会上的讲话[N].人民日报,2016－04－30(02).

业流失,而这些技术工人恰恰又是中国制造业转型升级最缺的人才。

(选自微信公众号"半月谈",2019年6月6日)

问题探究:你在现实生活中是否遇到过类似现象,你认为这几种现象分别反映了在劳动价值观上存在着怎样的问题? 由此你认为树立正确劳动观又有着怎样的重要意义?

这些现象应是青少年劳动价值观缺失和异化的典型表现,在我们一些青年学生身上也或多或少地存在着。现象一反映着劳动平等观的缺失,鄙视劳动,不尊重劳动;现象二反映着劳动习惯的缺失,不会劳动,更不热爱劳动;现象三反映着对于辛勤劳动观念的缺失,好逸恶劳,追求一夜暴富;现象四反映出不劳而获的思想,试图"躺平"的观念和行为;现象五反映出错误劳动观所造成的社会后果,对于技能成才观念的淡漠。如果没能形成正确的劳动观,就会产生这样一些社会怪象,影响到我们青年学生自身的成长成才,更关系到我们时代新人的培育和民族伟大复兴中国梦的实现。所以大学生们应切实加强劳动教育,特别是要将马克思主义劳动观贯彻始终。

(一)形成对于劳动的科学认知

大学生并非天然就会对劳动形成科学的认识。随着社会现代化进程和市场经济的发展,人们越来越远离直接的劳动实践,并且在普遍商品化的社会也滋生着一些不劳而获、崇尚暴富、好逸恶劳的观念,人们在一味追逐财富的过程中产生了轻视劳动、鄙视普通劳动者的态度。无疑这些观念对于当代大学生有着一定程度的影响。这在根本上也反映了正确劳动价值观的缺失,所以也会出现种种社会怪象。对于正处在价值观形成和发展关键时期的大学生而言,特别需要科学正确的劳动观的引导,才能形成对于劳动的科学认知,能够辨析并自觉抵制各种错误思想观念的侵蚀。而这在根本上是要大学生确立起马克思主义劳动观,深入理解其基本内涵,并特别重视其在中国实践中所获得的发展及取得的成果,用于指导自身的思想和实践。

马克思主义劳动观揭示了劳动的本原地位,真正确立劳动崇高、劳动伟大的理念;还将劳动看作自我实现的本质活动,阐明劳动幸福论、劳动平等论;又以人类社会规律的探寻为依据,深入剖析具体社会形态的劳动方式,具有客观性与科学性;还具有鲜明的价值立场,有着坚定的人民性。思想是行动的先导,青年大学生深入学习马克思主义劳动观及其在中国的发展成果,就是要在理论上弄清劳动在人类社会发展中的决定性作用,在情感上尊重劳动、崇尚劳动,从而树立起劳动光荣、创造伟大的正确观念。在行动上热爱劳动、勤于劳动,在劳动中锻炼自己、提高自己,确立起为社会创造财富、贡献力量的崇高人生目标。

课堂讨论

你认为我们对于劳动模范的评选是否生动体现了一种劳动平等观,你怎样看待"劳动不分贵贱""三百六十行,行行出状元"这样的观点?

（二）决定劳动教育目标的实现

劳动教育是新时代党对教育的新要求,是中国特色社会主义教育制度的重要内容,是全面发展教育体系的重要组成部分,是所有学校都必须开展的教育活动。劳动教育也是学生成长的必要途径,具有与其他"四育"互为支撑的综合育人价值。劳动教育的总体目标是使学生树立正确的劳动观念、具有必备的劳动能力、培育积极的劳动精神、养成良好的劳动习惯和品质,在这其中,正确劳动价值观的树立处于核心和关键的地位,并保障劳动教育目标的切实实现。

知识拓展

劳动教育的异化

学者谈劳动教育的异化。教育学者檀传宝将劳动教育的异化和边缘化概括为三种表现:第一种情况是把劳动看成是一种惩罚,比如迟到了就罚做一周的值日等,这样当劳动同惩罚等负面心理体验建立联系的时候,实际上就变为反劳动教育,而不是劳动教育;第二种情况是把劳动教育异化为只是学习一种技能,比如花时间去学会怎样剪纸,但当劳动仅限于技能的学习,而这技能又不是高考的科目,在现实中劳动教育也就更易被边缘化;第三情况是将劳动教育异化为一种娱乐,比如为了缓解平时学习的辛苦,组织参观一下工厂、农村,作为生活的调剂,这样同样没有实质意义。[①] 而这些现象在根本上还是对于劳动所蕴含着的最重要的教育价值没有清醒的认识,也没有将劳动价值观的教育真正作为核心并予以落实。

劳动教育是个系统工程,就其内容本身来看,可包括外显的部分,比如在劳动中学会了一些劳动技能,或制作出了一些劳动产品等;同时在这外显部分之内还隐含着劳动价值观念及劳动精神品质的培养等。而这内在的东西应是劳动教育更为根本的目标,并决定着外在的行为表现。正确劳动价值观的确立才可真正保障劳动教育其他方面目标的实现。很多不劳而获、崇尚暴富、投机取巧的社会乱象,以及大学生身上不爱劳动、轻视劳动的现象在根本上都与其劳动价值观念有着内在关联。所以劳动教育最为重要的成效也就是要真正确立起正确劳动价值观,有了这样的保障才真正有利于正确的劳动态度、良好的劳动品质和劳动习惯等的养成,才能真正促进劳动技能的培养,劳动成果的产出。如果没有确立正确劳动观,哪怕是学到了一些劳动技能或劳动知识,也很难说是实现了真正的劳动教育。

课堂讨论

你认为对于劳动教育而言,是树立正确劳动价值观重要,还是学到劳动技能更重要? 这

---

① 檀传宝.劳动教育论要[M].北京: 北京师范大学出版社,2020: 68－69.

二者又可怎样更好地结合？

（三）培育堪当民族复兴大任的时代新人

坚持和发展中国特色社会主义的总任务就是实现社会主义现代化和中华民族伟大复兴，在全面建成小康社会的基础上，分两步走在 21 世纪中叶建成富强民主文明和谐美丽的社会主义现代化强国，以中国式现代化推进中华民族伟大复兴。在这一前提下赋予教育的根本使命就是要培养堪当民族复兴大任的时代新人，由此劳动教育不仅不可缺失，而且重要性日益凸显，其中尤为关键的又是正确劳动价值观的养成。

着眼于培养时代新人的劳动教育有着鲜明的社会主义属性，所以要以马克思主义劳动观贯彻始终，并成为开展劳动教育的根本遵循。正是通过马克思主义劳动观对于劳动与劳动者本原地位的揭示，才可根本确立起人民立场，并将劳动技能用于更好地服务社会和人民。同时马克思主义劳动观还有利于我们澄清资本主义劳动与社会主义劳动的本质差别，从而超越资本逻辑确立起社会主义劳动原则。在社会主义条件下，劳动并非只是作为资本增殖的手段而存在，而是要让劳动真正服务于社会主义建设，劳动者成为社会建设的真正主人。包括在社会主义市场经济条件下，也要更好地驾驭资本，更加弘扬劳动崇高、劳动平等的理念，让劳动创造幸福切实能够实现，并让劳动真正有利于人的全面发展。马克思主义劳动观的确立为大学生成为时代新人提供根本保证，青年大学生要秉持实干兴邦的理念，做新时代的实干家。做到真正崇尚劳动，认识到劳动的光荣与伟大，进而才会真正热爱劳动、辛勤劳动、诚实劳动，由此学习劳模、工匠身上体现出的爱岗敬业、精益求精的精神，并成为真正优秀的劳动者。也只有在正确劳动观的引领下，通过实干才可真正成为担当民族复兴大任的时代新人。

（四）实现个人自由全面的发展

马克思主义劳动观是将劳动看作人的自我实现的本质活动，揭示了只有通过劳动才能通向人的自由全面发展，劳动也是创造幸福生活的根本源泉，只有辛勤诚实的劳动才可以给我们带来真正的快乐。大学生确立起马克思主义的科学劳动观，才能在根本上认识到劳动并非只是作为手段，而是可以成为目的本身，作为人的内在需要，由此在劳动中成就自身，在奋斗中收获幸福。树立正确的劳动观，也将更有助于大学生练就劳动技能，培育劳动品质，涵养劳动情怀，并更好地实现理论与实践、教育与生产劳动的统一。

正确劳动观的树立，将促使大学生练就素质过硬、高超精湛的劳动技能。要在激烈的国际经济、产业竞争中抢占先机、赢得主动，要实现中华民族伟大复兴的中国梦，就要造就一大批技能精湛、精益求精、追求卓越的大国工匠。正确劳动观的树立也将促使大学生锤炼诚实劳动、辛勤劳动的劳动品质。只有脚踏实地、勤勤恳恳，坚持不懈、持之以恒，才能够集腋成裘、聚沙成塔，创造一个又一个人间奇迹，让伟大梦想成真。正确劳动观的确立还将使大学生涵养服务人民、报效祖国的劳动情怀，真正尊重劳动成果，尊重劳动人民。新时代大学生生逢伟大时代，今天，要积极参加志愿服务、专业实习见习、家务劳动、班级值日、义务劳动等劳动活动,在日常劳动、自我磨炼、服务他人、无私奉献中感受劳动的快乐和奉献的幸福,涵养服务人民、报效祖国的劳动情怀。明天,告别校园、走上工作岗位、融入社会,要自觉把个人的梦想主动融入实现中华民族伟大复兴的实践中,争做堪当时代大任的奋斗者,在职业生活中弘扬劳模精神、劳动精神、工匠精神,以自己的真才实干、踏实苦干为祖国建设贡献青春力量。

总之,劳动观的形成和发展有着深厚的思想渊源,学习古今中外的劳动思想加深了大学生对于劳动观本身发展脉络的认识,特别是对于马克思主义劳动观有了深入理解,明晰了科学劳动观的真正内涵,确立起正确的劳动观,并真正有利于大学生自身的全面发展,使其成长为堪当民族复兴大任的时代新人。

本章小结

树立正确的劳动观是劳动教育的核心与关键,在人类发展历史长河中产生了极为丰富的劳动思想,这些都为马克思主义劳动观、中国化马克思主义劳动观的形成提供了思想资源。马克思主义劳动观阐明了劳动与劳动者在人类社会发展中的中心位置,劳动不仅创造了人本身和人类社会历史,而且还是社会财富与价值的源泉,并最终指向劳动的解放,具有重要的当代价值。中国共产党人结合中国革命、建设、改革的实践,坚持并发展了马克思主义劳动观,为实现中华民族的伟大复兴提供了不竭的精神动力。特别是习近平总书记关于劳动重要论述中包含着最新的劳动观成果,提出了劳动最光荣、劳动最崇高、劳动最伟大、劳动最美丽的价值理念;论述了劳动创造幸福,劳动开创未来的原理;强调了劳模精神、劳动精神、工匠精神的弘扬;这些对于青年的成长成才都具有重大意义。

拓展思考

列宁所称赞的“共产主义星期六义务劳动”

共产主义星期六义务劳动是在俄共(布)领导下,俄国工人阶级进行的具有伟大历史意义的创造。1919 年 5 月 7 日,在莫斯科—喀山铁路分局共产党员和同情分子大会上,提出了一个建议:“为了对阶级敌人取得优势,共产党员和同情分子应当更加鞭策自己,从休息时间内抽出一小时,也就是把自己的工作日延长一小时,将这些时间集中起来,在星期六这天进行一次六小时的体力劳动,以便立即创造出实际的价值。”5 月 10 日,星期六,晚上六点,共产党员和同情分子开始了共产主义星期六义务劳动,抢修机车。这一次,205 个工人以 1 014 个工时,修好了 4 台机车和客货车 16 辆,装卸了 9 300 普特材料。工作总值按正常工资计算为 500 万卢布。很快,这一活动就在全国蔓延开来,变成了百姓自发参加的公益性活动。它持续了 70 多年,一直到 20 世纪 90 年代苏联解体前。随着时间的流逝,人们重新开始认识这一活动的价值,恢复这一传统并使之发扬光大。

列宁高度关注共产主义星期六义务劳动这一新生事物。他不仅撰写了一系列文章论述这一活动的伟大意义,而且亲自参与其中,推动这一活动制度化。列宁在会议上专门做了《关于星期六义务劳动的报告》。1920年5月1日(星期六),举行了全俄共产主义星期六义务劳动。列宁在克里姆林宫参加了这一运动。列宁认为:"共产主义星期六义务劳动付诸实践后就有了特殊的价值,因为就在这种极小的事情中开始出现了某种共产主义的东西。"在列宁看来,"共产主义的东西"只是在出现星期六义务劳动的时候才开始产生的,这种劳动是个人为社会进行的、规模巨大的、无报酬的、没有任何当局即任何国家规定定额的劳动。这不是农村中常见的邻舍间的帮忙,而是为了全国需要进行的、大规模组织起来的、无报酬的劳动。

列宁认为,星期六义务劳动是共产主义劳动方式的试验室。他还指出,从比较狭义和严格意义上讲,共产主义劳动是一种为社会进行的无报酬的劳动,这种劳动不是为了履行一定义务、不是为了享有取得某些产品的权利、不是按照实现规定的法定定额进行的劳动,"而是自愿的劳动,是无定额的劳动,是不指望报酬、不讲报酬条件的劳动,是按照为公共利益劳动的习惯、按照必须为公共利益劳动的自觉要求(这已成为习惯)来进行的劳动,这种劳动是健康的身体需要。"

(选自辛向阳,《共产主义星期六义务劳动及其当代价值》,《思想理论教育导刊》,2019年第5期)

思考题: 列宁为何会高度称赞星期六义务劳动,这种劳动在哪些方面体现了共产主义劳动性质? 你认为星期六义务劳动体现了怎样的劳动观,在中国特色社会主义建设中又有着怎样的价值?

 实践项目

进行劳动观调查问卷的设计,开展实际的社会调研并撰写调研报告。可分成小组,根据所学并查阅相关资料,先设计出关于劳动观的调查问卷,再开展实际的社会调研。调查问卷的内容可包括对于劳动本质、形态、作用等方面的总体认识,也包括对于马克思主义劳动观、新时代劳动观的认识与理解,还可包括对于不同类别劳动观的分析与辨识。在问卷发放和实际调研中应注意不同类型人群的选取,并开展实际的访谈。在调研报告中应注重不同劳动观间的差别分析,探究形成差别的原因和条件。

知识链接

1. 求是网"英模人物"栏目。
2. 人民网"榜样在身边"栏目。

第三章
劳动能力的培育

学习目标

1. 通过对劳动工具的认识和使用，了解劳动能力的培育条件和过程；

2. 通过对劳动能力的内涵、分类、培育和习得等内容的学习，理解劳动能力的培育对个人、社会和国家发展的重要性。

内容导读

技能报国正当其时

世界技能大赛每两年举办一届，被誉为"世界技能奥林匹克"。2019 年 8 月在俄罗斯喀山举行的第 45 届世界技能大赛上，我国选手共获得 16 金 14 银 5 铜和 17 个优胜奖，位列金牌榜、奖牌榜、团体总分第一名。其中，来自云南技师学院 22 岁的郑棋元和来自广州市机电技师学院的胡耿军组队，在第 45 届世界技能大赛移动机器人项目比赛上获得金牌。郑棋元出生在农村，从小生活艰辛，2012 年考入云南技师学院电气自动化专业，2014 年参加第 43 届世界技能大赛机电一体化项目被淘汰。他静下心努力提升自己的专业知识和技能实力。2016 参加第 44 届世界技能大赛移动机器人项目又被淘汰。第二次失败让他的信心受到了很大的打击，2017 年他离开学校到企业当实习生，开始学习编程，在学中做、做中学，竞技水平不断提高。2018 年郑棋元参加了第 45 届世界技能大赛移动机器人项目选拔赛，获得了代表中国参加该项目比赛的资格。备战中他和伙伴不断提高自主学习能力，创新思路，解决多种难题。为了将加快机器人速度和提升机器人精确度同时做到最好，他们制定攻坚方案，优化升级机器人的效率，不分昼夜地刻苦训练，终于完成了对机器人硬件的改进。2019 年 8 月在俄罗斯喀山举办的第 45 届世界技能大赛的比赛现场，他们面对失误和身体问题导致比分一度落后的局势，奋力拼搏到最后一刻，最终以 95.5 分的总成绩击败了"五冠王"韩国队，获得移动机器人项目第一名，实现了中国队该项目金牌零的突破。赛后郑棋元拒绝企业高薪聘请，选择留校做一名普通教师。他说："我要以身示范，学技能大有可为，技能报国正当其时。"

问题探究：第 45 届世界技能大赛移动机器人项目冠军郑棋元的案例给我们大学生带来了什么启示？

对于一个大学生来说，从学习专业知识，在实践中反复打磨淬炼，到习得过硬的技能本领,不但能实现个人价值,成就个人未来发展,而且能为社会和国家的发展争得荣誉,做出自己应有的贡献,实现技能成长、技能报国,这正是我们大学生的奋斗目标。

第一节 劳动工具的认识和使用

自人类诞生以来就离不开劳动,而劳动是与制造劳动工具同时发生的。人类在对大自然进行改造的过程中,通过对劳动工具的创造、认识和使用,习得一定的劳动知识和技能,不断地通过劳动实践获取维持人类生存需要的劳动成果。所以要想了解劳动能力的形成,必须要从劳动工具的认识和使用说起,因为劳动能力就是在劳动实践中通过对劳动工具不断地认识和使用,在熟悉劳动的过程中反复实践得以形成的。

一、劳动工具的认识

认识和使用劳动工具是人区别于动物的重要标志,是劳动者必须具备的能力,也是促进社会发展和时代进步的不竭动力。人类使用的工具是在劳动中创造出来的,并通过劳动不断得到改造、完善和创新,又进一步促进劳动的发展。所以,要想认识和使用劳动工具,首先要回顾一下人类社会劳动工具的发展历程。人类社会劳动工具的发展历程同时也是人类劳动能力的发展历程。

(一)劳动工具的出现和发展

恩格斯说:"劳动是从制造工具开始的……,最古老的工具是些什么东西呢?是打猎的工具和捕鱼的工具,而前者同时又是武器。"[①]人类劳动发展与工具演化具有紧密的关系,近200万年的人类劳动史就是人类工具的演化史。200万年前,我们的祖先与动物区别不大,但在发明石器、铜器和铁器等一系列劳动工具后,人类依次经历了石器技术、铜器技术、铁器技术、机械技术、电子技术和信息技术时代,人类劳动方式发生了翻天覆地的变化,人类劳动与动物活动也明显区分开来。

旧石器时代,人类的衣食住行所需都来源于自然界,人类的居所不固定,采取穴居或洞居的生活方式,使用的工具并不多,所需的工具主要来自自然界的石头或动植物。主要的技术仅仅与生存、狩猎和采集食物有关,这个时期最重要的技术就是使用火、制作石器器具和武器等。石器的使用使原始人类极大地提高了生产生存的能力,从而开创了人类成为地球主宰的时代。

新石器时代,人类用以制作工具的材料逐渐丰富起来,从狩猎、采集模式逐渐转向了农业模式,从而带动了农业和畜牧业的发展,人类也逐渐开始定居生活。因为青铜工具比石制

---

① 恩格斯.自然辩证法[M].北京:人民出版社,2018:308.

工具更易于制造和使用,可获得更高的劳动效率,而铁器的性能比青铜器更易于锻造,且更加坚硬和锋利,更利于制作农业工具,所以人们改进了生活工具,人类社会依次进入了铜器时代和铁器时代。从石器到青铜器,再到铁器,制造工具材料的变革提高了劳动工具的使用性能,并相应地提高了劳动效率。

制造工具材料的变革虽然引导了生产方式的变革,但工具的动力仍来自人力,属于无动力工具时代。直到蒸汽机的发明引发产业革命,机器的创造和使用开创了人类有动力的工具时代。动力工具的使用极大地加快了生产力发展,使人类的劳动效率比之前的任何时期都有了更大的提高。人类社会进入到更快、更高的发展阶段,一部分人脱离体力劳动,转而专门从事脑力劳动。随着人类劳动创造能力的提升,科学发明也极大地促进了现代科学技术的发展。因此,习近平总书记曾指出劳动工具与产业革命间的核心关系:"历次产业革命都有一些共同特点:一是有新的科学理论作基础,二是有相应的新生产工具出现,……"①

科学技术水平的快速提高有力地促进了生产力的发展,随着电子技术和信息技术的发展,智能技术的开发和应用使人类逐步进入了智能化社会。智能机器人时代人类从商品生产的劳动中逐步脱离出来。要想借助这些日益复杂化的智能化工具开展生产劳动,自然也就要求人类具备更高水平的劳动知识和技能。

从以上内容,我们可以看到,在劳动工具的发展过程中离不开动手和动脑相结合,动手中体力的运用是让人类能够便利地运用工具,而动脑中智力的进步则能让人类适当地改造和创新工具。

知识拓展

....

人类劳动工具的发展历程

石器时代:主要以岩石为原料制作工具,是人类最初的主要生产工具。从人类出现直到青铜器出现前,石器时代共经历了二三百万年,属于原始社会时期。根据不同的发展阶段,又可分为旧石器时代和新石器时代。

铜器时代:青铜时代是主要以青铜为材料制造工具、用具和武器的发展阶段,是金石并用的红铜时代后的一个时期,处于新石器时代和铁器时代之间。

铁器时代:主要以铁为材料制造工具、用具和武器的发展阶段。人们在冶炼青铜的基础上逐渐掌握了冶炼铁的技术,是人类发展史中极为重要的时代。

蒸汽时代:十八世纪六十年代人类开始了工业革命,并创造了巨大的生产力。随着蒸汽机的发明和应用,人类进入了"蒸汽时代",不同于以往的以人力为动力的时代,蒸汽时代开启了以机器为动力的时代。

电气时代:十九世纪六十年代后期开始的第二次工业革命,使人类社会生产力的发展又

---

① 习近平.习近平关于科技创新论述摘编[M].北京:中央文献出版社,2016:24.

有了一次重大飞跃,电器开始代替机器,电力成为补充和取代蒸汽动力的新能源。电灯、电话、电车等被发明出来,人类由此进入"电气时代"。

电子信息时代:二十世纪四五十年代开始兴起的第三次科技革命,以原子能技术、航天技术和电子计算机的运用为标志,将人类社会带入了电子信息时代。

智能时代:二十世纪末二十一世纪初以来,以物联网或称传感网为标志的新一场科技革命兴起,能够执行各种拟人任务的智能机器人将把人类从劳动中解放出来,人类从电气时代走向了智能时代。

(二)劳动工具的认识和分类

工具指的是工作时需要用到的器具,后来引申为达到、完成或者促进某一事物的手段。大多数工具都是简单的机械,是便于人们完成工作的器具。工具的种类很多,不同类型的劳动需要不同的工具。

1. 常用的劳动工具

在日常生活中,我们会根据不同的场合用到不同的常用工具,这些工具主要用来解决人们日常生活中的衣食住行问题。一般可分为以下几种:一是在生活中常会用到的手工工具,主要是用来解决日常工作生活中的修理和安装等问题,如钳、斧、凿、夹、锉、锤、刀、刨、锯、铲、标尺、剪刀、扳手、改锥等。二是在农村常会用到的农业工具,主要是借用人力、畜力、电力等来协助从事农事的劳动工具,包括镰刀、耙、犁、耧、锄、杈、拖拉机、播种机、收割机等。三是在家里或工作场所会常用到的生活工具,有用来解决居住场所的清洁和个人卫生问题的日常清洁工具,如扫帚、簸箕、抹布、拖把、盆子、洗衣机、吸尘器等;还有用来解决人们一日三餐问题的日常厨房工具,如锅、碗、瓢、盆、盘、筷子、勺子、叉子、电饭煲、洗碗机、榨汁机、粉碎机、微波炉、煤气灶、抽油烟机等。我们日常生活中要用到的常用劳动工具还有很多,学会使用这些工具,不仅能帮助大学生树立良好的劳动意识,增强日常的生活自理能力,也能培养良好的劳动习惯,培育和提升生活劳动能力。

2. 专业的劳动工具

如今人们从事的劳动日益专业化和规范化,劳动工具也相应地越来越精细化和复杂化。不同的行业需要使用不同的专业工具,以与我们工作生活密切相关的行业为例:医学行业中单独或者组合使用的仪器、设备、器具、材料等劳动工具,用于对人体进行检查、诊断和治疗疾病,以保障人类的身体健康,如体温计、血压表、显微镜、测听计、各种生理记录仪等。交通行业中一切人造的用于人类代步或运输的劳动工具,如马车、轮椅、轿子、自行车、汽车、摩托车、火车、船只、飞机、潜水艇、宇宙飞船等。教育行业用于教师向学生传授知识的劳动工具,普通教具如黑板、板擦、白板、粉笔、激光笔、翻页笔、扩音器等;模拟教具如地球仪、人体模型、工程设备模型等;能再现教学过程的现代化设备如幻灯机、投影仪等;线上教学工具如教育教学工具类软件、教育网络平台等。通信行业中在人与人或与媒介之间进行传递信息的通信工具,如电话、电脑、手机、传真机等。不同的行业要求从业者学会使用不同的专业工具,拥有越高水平的专业劳动知识和技能水平,发明和创造的劳动工具也更复杂先进。在不同专业劳动工具的认识和使用的过程中,大学生的劳动能力也在逐步养成。

二、劳动工具的使用

认识劳动工具的目的是为了学会使用劳动工具,在使用不同的劳动工具过程中习得和提升不同的劳动技能。

(一)常用劳动工具的使用

日常工作生活中最常用的手工工具,一般有锤子、锉、钳子、改锥、扳手、钢锯、测电笔等,学会使用这些常用的手工工具,在工作和生活中碰到需要修理的小问题基本都能靠自己动手解决,这也是我们必须具备的基本劳动技能。如表3-1所示。

表3-1　常用手工工具的用途

工具名称	工具图片	工具功能	使用方法
锤子		由锤头和握持手柄两部分组成,用于敲击或锤打物体的手工工具。	用手按住需要处理的工件,另一只手对着需要锤打的地方敲击。
锉		用于对金属、木料、皮革等表层做微量加工,锉光工件的工具。	用条形的锉对着需要锉光的工件,来回反复摩擦,直至工件的表面变得光滑。
钳子		用于夹持、固定加工工件或者扭转、弯曲、剪断金属丝线的工具。	用手拿住钳柄,用钳嘴去夹住需要处理的部位,固定、扭转、弯曲或剪断金属线。
改锥		又称螺丝刀,是将螺丝钉拧紧固定或拧松拆卸的工具。	插入螺丝刀头的槽缝内,用手将改锥朝同一个方向旋转,可将螺丝钉拧紧或拧松。
扳手		用于拧转螺栓、螺钉、螺母和其他螺纹,坚固螺栓或螺母的开口或套孔固件的工具。	用手按紧调节口大小圆旋钮,卡住要旋的固件,用手握住把柄往下按再上提,反复操作。
钢锯		将木制工件锯开的工具。	把应锯的木料放平固定后,左手搭在锯前,右手握住把手,向前推再往后拉,来回反复操作。

续　表

工具名称	工具图片	工具功能	使用方法
测电笔		用于检测测量低压导体和电气设备外壳是否带电的常用工具。	用手拿住测电笔的笔尖触及物体,如果带电,测电笔中的氖泡会发光。
卷尺		用于测量尺寸的工具。	用卷尺卡住要丈量的物体开端,拉开卷尺至测量物体的末端,读取卷尺上的刻度。
美工刀		用来裁剪质地较软物品的工具。	抽拉出刀片,握住刀柄使用刀尖部分进行切割、雕饰、打点。
角磨机		用于切割、打磨、抛光的工具。	接通电源后用于切削打磨小型的金属部件、切割石材进行加工等。

（二）专业劳动工具或技术的使用

随着科技的发展,专业工具也在不断地更新换代。以传送信息的通信工具为例,现代化的通信方式有发电报、打电话、图文传真、数据传输等,电报机、对讲机、传真机、电脑、手机等工具和互联网、人工智能技术的发展,使人类逐步掌握了音频、文字、图片、视频传输以及物联网、虚拟现实(VR)或增强现实(AR)、无人驾驶、远程医疗、智慧城市等技术。现代通信工具和技术应用范围非常广泛,已经成为人们日常生活中必不可少的一部分。如表 3-2 所示。

表 3-2　专用通信工具及技术的用途

工具或 技术名称	工具或技术图片	工具或技术功能	使用方法
电报机		用电流的"通""断"和"长短"来代替人类的文字,用以发送和接收电报的设备。开创了人类利用电来传递信息的历史。	按电键可将电路接通或断开,以不同排列顺序的"点"和"划"的电码组合来传递不同的字母或数字。接收器接收到后经过译码,再转换成字母或数字。

续　表

工具或 技术名称	工具或技术图片	工具或技术功能	使　用　方　法
对讲机		双向移动通信工具，不需要使用网络，就可以通话且不产生话费，适用于相对固定且频繁通话的场合。	通过长按对讲机侧面的 PTT 键开机，将需要对讲的两部机子的调谐式设置成相同的数字，当频率一致时即可实现对讲。
传真机		把文件、图标、照片等静止图像转换成电信号传送到接收端，以记录形式进行复制的工具。	打开传真机开关按钮，把需要传真的文件，文字图片页面朝下放置，拨打接收人的传真号码，在对方接通后，点击传真机上面的传真按钮发送。
载波电话		利用频率分割的方法，在一条线路上同时传输多路电话信号，并使各话路互不干扰的通信设备。	用于传输多路电话信号外，还可二次复用传送载波电报、传真、电视、广播和数据等信号。
卫星电话		卫星中继通话器，一般在没有数字通讯信号，不能使用手机正常通话时，可使用卫星通信进行通话。	在户外能看到天空的地方，远离高的建筑物，将天线旋转及延伸至定位，输入电话 PIN 码，搜索到卫星信号后，即可通话。
互联网技术		又称网际网路或音译为因特网、英特网，是将广域网、局域网及单机按照一定的通信协议组成的国际计算机网络。	将两台以上的计算机终端、客户端、服务端通过计算机信息技术的手段互相连接，让信息做到了远距离、实时、多媒体、双向交互传输，实现了网络通信，也改变了商业模式、业务模式和人类的生活娱乐方式。
人工智能技术		由人类制造出来的通过设计计算机程序呈现人类智能的机器人工具。	人类设计系统，发出命令，使其具备灵活运用知识并实现特定目标和任务所需的推理、规划、学习、交流、感知、移物、使用和操控的能力。

随着生产技术的提高,劳动的创造能力得到极大发展,当今很多的劳动工具逐步实现了自动化、信息化和智能化,例如家用自动洗碗机、扫地机器人、无人机等。这些高智能的劳动工具的诞生并不意味着劳动不需要人的参与了,相反它需要劳动者具备更高水平的知识和技能,只有这样才能驾驭好日益先进的劳动工具,更高质量、高效率地完成工作。

课堂互动

你在日常生活、学习和工作中还认识和使用了哪些劳动工具?它们能培育你哪方面劳动技能?

三、劳动安全的防护

劳动安全是保护劳动者安全健康和保证国民经济持续发展的基础,大学生在劳动的过程中也要习得必备的劳动安全知识,养成劳动安全意识,为以后走上工作岗位成为劳动者做好准备,这同样也是培育大学生劳动能力的有机组成部分。

(一)劳动安全的内涵

安全是人类生存与发展的最基本要求,是生命与健康的基本保障。劳动安全是指在生产劳动过程中,防止中毒、车祸、触电、塌陷、爆炸、火灾、坠落、机械外伤等危及劳动者人身安全的事故发生。在我国指劳动者享有的在职业劳动中人身安全获得保障、免受职业伤害的权利。在实际的生产劳动过程中产生安全问题的原因有人为因素、环境因素,或者是二者兼有的多种因素综合作用的结果。

一般来说,可能存在的安全事故有以下几类:一是在矿井中可能发生的瓦斯爆炸、火灾、水灾等;二是在机械加工过程中可能发生的绞碾、电击伤;三是在建筑施工过程中可能发生的高空坠落,物体打击;四是在交通运输中可能发生的车辆伤害事故;五是在有毒有害作业过程中可能发生的职业病害等。除了上述因生产劳动的直接因素导致的劳动安全问题之外,还有由间接因素导致的安全问题,如劳动者因工作时间过长过度劳累导致猝死、女性从事有害生理卫生的劳动、未成年人从事过于繁重的劳动对身体造成危害等。

(二)劳动安全的防护

劳动防护是指保护劳动者在劳动过程中的安全与健康,劳动安全法指的是国家为保护劳动者在生产过程中的安全和健康制定的各项法律、法规,包括对女工和未成年工特殊保护的管理制度。用人单位应遵照国家法规制定各项安全技术规程,劳动卫生规程和劳动保护管理制度等。大学生作为劳动者,在日常工作岗位中要做好的安全防护有以下内容:

1. 树立安全意识

劳动者要积极参加相关安全生产教育和培训,提高自我安全防护意识。主要培训内容包括日常的安全常识、防护知识和事故发生时的应急处理措施等;个人在安全生产方面的权利和义务,如有权获知工作过程中可能产生的职业危害及后果、防护措施和待遇等;熟悉国家职业卫生相关法律、法规知识,可运用法律手段来维护自己的合法权益;还要知悉用人单位相关的职业卫生管理制度和操作规程等。

2. 履行安全行为

劳动者在生产过程中,要严格执行国家和用人单位的劳动安全卫生规程和标准,遵守劳动安全规程、劳动法规、工作纪律,及有关的安全生产规章制度和安全操作规程,熟练掌握本岗位的安全操作技能,避免因无证上岗、违法违规操作等不当行为酿成危及生命和财产的安全事故。在劳动过程中切实做到不让自己和他人受伤害或被伤害。

3. 掌握安全技能

(1)掌握必要的安全常识

主要指学会识别安全色与安全标志。安全色一般按照常识可分为红、蓝、黄、绿这四种:红色表示禁止、停止或防火;蓝色表示指令或必须遵守;黄色表示警告和注意;绿色表示安全状态或可以通行。根据安全色的颜色分类,安全标志也依次分为红色的禁止标志、蓝色的指令标志、黄色的警告标志和绿色的提示标志这四种,一般会放在醒目位置,用于安全提醒。如表 3-3 所示。

表 3-3　日常安全标志

安全标志分类	安全标志作用	安全标志含义
红色标志	禁止、危险	禁止不安全行为。其基本形式为带斜杠的圆形框。圆环和斜杠为红色,图形符号为黑色,衬底为白色。
蓝色标志	指令、执行	强制必须做某种动作,或采取防范。一般形式为圆形边框,图形符号为白色,衬底为蓝色。
黄色标志	注意、警告	提醒注意周围环境的危险。一般形式为三角形边框,图形符号为黑色,衬底为黄色。
绿色标志	提示、安全	提供或标明信息。一般形式为正方形边框,图形符号为白色,衬底为绿色。

(2)学会正确使用安全防护用品

劳动防护用品是指为防止一种或多种有害因素对自身的直接危害所穿用或佩戴的各种器具。学会正确使用劳动防护用品可以保证员工避免生产过程中的直接危害,是预防职业病危害的最主要的防护措施,对员工的身体健康及生命安全有着极其重要的作用,也是劳动过程中必不可少的生产性装备。常见的劳动防护用品有安全帽、防护服、防护手套、防护眼镜、防毒面具等。如表 3-4 所示。

表 3 - 4   个人安全防护用品

防护用品分类	防护用品名称	防护用品作用
身体防护用品	防护服	有防火、隔热、防脏、防雨、防酸碱的作用,且有耐磨、透气等特点,以保护作业人员身体避免受伤害。
头部防护用品	防护帽	戴在头部,避免头部受到坠落物、硬质物件的撞击、挤压等伤害。
眼部、面部的防护用品	防护面罩、防护眼镜	保护眼、面、颈,避免受辐射、烟雾、化学物质、金属火花、飞屑和尘粒等的伤害,同时又可以观察外界。
手、足部的防护用品	防护手套、绝缘鞋、防砸鞋等	防止弧光、金属溶渣、触电、坠落物品对手部、脚部的伤害。
防坠落物品	安全带、安全绳	防止高处作业人员坠落冲击受伤。

（3）学会常用的应急技巧

劳动过程中常见的事故有火灾事故、触电事故、物体打击、车辆伤害、机械伤害、中毒和窒息事故等。为应对突发的紧急事故,劳动者应积极参加用人单位组织的应急培训和应急预案演练,熟练掌握火灾、触电、中毒和窒息等多发事故的应对方法,并能在事故发生时有效实施应急措施。如表 3 - 5 所示。

表 3 - 5   日常应急技巧

应急分类	应急状况	应 急 措 施
火灾事故	火灾中对人体危害最大的是烟和各种燃烧物中的有毒成分。	火灾发生时要及时向他人呼救,并拨打火警电话 119。 火灾的初期尽早采取灭火措施,防止火势蔓延。 快速找到安全通道和出口。 尽量走楼梯,切忌乘坐电梯。 身上着火,应立即脱掉衣物或就地打滚。 火灾逃生方法有湿毛巾捂鼻法,毛毯隔火法,棉被护身法,被单拧结法、卫生间避难法等。若无法逃出火场也可以选择到阳台或窗口等比较容易让人看到的地方,在低楼层的也可以采取跳楼求生法。
触电事故	触电可否获救取决于能否迅速脱离电源。	发生触电事故时,应立即关闭电源。无法关闭电源时就使用木制物体或绝缘工具切断电源。 若触电者神志清醒,呼吸心跳均自主,应就地平卧,严密观察,暂时不要站立或走动,防止继发休克或心衰。 若触电者丧失意识,尝试唤醒并立即拨打 110 叫救护车。
伤口处理	伤口处理主要在于快速止血。	直接压迫法适用于头面部及肢体无异物的伤口出血,将干净的纱布垫或手帕放在伤口的出血部位,或用绷带及类似的条状物用力缠绕伤口,然后直接用手指按压伤口或者将手指压在伤口近心端的动脉之上,向骨骼的方向用力施压,保持压力 15 分钟以上,不要时紧时松。

续　表

应急分类	应急状况	应　急　措　施
伤口处理	伤口处理主要在于快速止血。	间接压迫法适用于有异物的伤口出血,首先在伤口周围垫上干净的纱布垫,再用绷带加压包扎。 填塞止血法适用于严重的伤口出血及大动脉、大静脉出血,先将纱布垫及类似物直接塞到伤口内,再用绷带加压包扎。 抬高伤处法指将伤处抬高至心脏位置以上,可减慢出血速度。 止血带止血法适用于四肢大动脉出血。 冷敷法能促使血管收缩并减少流血,可以用碎冰或冰毛巾冷敷患处,适用于鼻子等部位出血。
紧急救护	因急性心肌梗死,严重创伤、电击伤、挤压伤、中毒、溺水等而引起的呼吸心搏骤停者,在生命垂危时需采取行之有效的急救措施。	对呼吸停止而心搏存在者,应就地平卧,解松衣扣,通畅气道,并立即进行口对口人工呼吸。做法是将病人仰卧,松开衣物,然后清理病人口腔阻塞物,让病人鼻孔朝天,头后仰,贴嘴吹气,放开病人嘴鼻换气,如此反复进行,每分钟吹气 10—12 次,即每五秒钟吹气 1 次。 对心搏停止而呼吸存在者,应立即做胸外心脏按压。做法是将病人仰卧硬板上,然后抢救者手掌正对病人胸口,掌根用力向下按压,放松,这样连续操作,每分钟进行 100—120 次,每秒 1 次。 对于心跳、呼吸均停止者,立即同时进行口对口人工呼吸和胸外心脏按压等心肺复苏措施,一般抢救时间不得少于 30 分钟,直到恢复呼吸心跳或确诊已无生还希望时为止。心肺复苏的做法是先拍打肩部,判断意识,再保护好头颈部,翻转体位为仰卧位,然后再检查静动脉,判断心跳。用胸外心脏按压 30 次与人工呼吸 2 次为一周期进行操作。

课堂互动

....

你在日常学习、工作和生活劳动实践中,可能存在的安全问题还有哪些?

通过以上内容的学习,大学生了解了在劳动过程中如何认识和使用劳动工具,学会了如何做好安全防护,目的都是为了将来更好地投入劳动,领悟劳动的价值和意义。那么,大学生如何在劳动中更好地发挥主体作用呢? 2021 年 3 月 25 日习近平总书记到福建省闽江学院考察调研时语重心长地说:"社会需要的人才是金字塔形的。高校不仅要培养研究型人才,也要树立应用型办学理念,培养青年一代适应社会需要的技能。"作为新时代的大学生,只有通过积极参与劳动,掌握劳动知识,不断地提高劳动技能水平,才能更充分地实现个人和社会的价值,承担起未来"强国有我"的使命与责任。

第二节　劳动能力的培育和习得

人类的劳动多种多样,每天的生活离不开劳动所提供的产品和服务。不同的劳动需要不同的劳动能力,如日常生活中我们需要生活能力,工作中需要专业能力,社会中需要服务能力等。劳动能力是人类生存和发展必须掌握的能力。作为新时代大学生,掌握必备的劳动能力是立身之本,更是以后成长为高素质技术技能人才的发展之基。只有习得必备的劳动能力才能更好地适应工作岗位,在为国家和社会的服务中实现个人价值。劳动能力如此重要,那我们到底需要培育哪些劳动能力以适应社会的需要,助力人生的发展呢?又可以通过哪些方式来历练本领,展现风采呢?

一、劳动能力的内涵和分类

劳动能力是在认识和使用劳动工具、熟悉劳动的过程中,经过反复锻炼、摸索和总结逐渐形成和发展起来的。而随着人类劳动的日益复杂化,劳动工具的日益智能化,劳动能力也从远古时代的体力技能更多地转向今天的知识技能和智力技能,劳动的内涵也日益丰富,这需要我们掌握更多的新知识和新技能才能更高效地从事劳动,因而需要加深对劳动能力的内涵的理解。

(一)劳动能力的内涵

劳动能力是指人进行劳动工作的能力,包括体力劳动和脑力劳动的总和。劳动能力的习得需要学习劳动知识,并具备运用劳动知识的生理和心理上的基本条件,它强调的不仅是熟练记忆相关知识,更多的是在此基础上根据劳动要求的变化,更加高效地完成劳动任务。比如厨师,不仅要记忆食谱,还要能够根据多样的需求,灵活运用已掌握的知识,更高质量地完成食物的制作,使顾客享受到更好的劳动成果。厨师的劳动能力体现为将食物与需求联系起来并进一步思考和行动的能力,而只有这种内生性、发展性的能力才是劳动能力。所以,劳动能力是通过学习劳动知识形成的思维活动能力和应用实践能力的总和。

(二)劳动能力的分类

针对大学生开展的劳动教育主要就是日常生活劳动、生产劳动和社会服务性劳动中的知识、技能和价值观的教育。因此,劳动能力也可据此分为日常生活劳动能力、生产劳动能力和服务性劳动能力。

1. 日常生活劳动能力

日常生活劳动能力是指劳动者在日常生活中从事为自己和他人服务的简单体力及脑力劳动所需要的劳动能力,主要通过家庭、学校或社会中的日常生活劳动实践得到提升。大学生掌握生活中必备的生活技能和劳动技能,可以提高动手能力和解决实际问题的能力,有助于树立正确的劳动观和劳动态度,养成热爱劳动、辛勤劳动的习惯,增强责任意识。

2. 生产劳动能力

生产劳动能力是指劳动者经过专业训练能运用知识和技能产生劳动价值的能力,是劳动者能够胜任一定的工作角色所必需的知识、技能、和素养的整合,主要是通过专业的学习和训练所获得的专业劳动能力。这是大学生将来实现个人就业、创业和服务社会经济发展所需要的技术和能力,它需要在专业劳动知识中获得,也必须在专业技能的实践中得到强化和发展,是大学生成为高素质劳动者和技术技能人才的立身之本。练就职业技能,发挥专业特长,有助于大学生做到辛勤劳动,诚实劳动和创造性劳动,为以后步入社会,成为合格的社会人做好充分的准备。

3. 服务性劳动能力

服务性劳动能力是指劳动者利用自己的知识、技能、工具和设备等服务于他人和社会的劳动能力,主要是通过参加公益活动、志愿服务等各种社会实践活动而得到提升。大学生积极参加各种服务性劳动,可以发挥专业特长,在劳动中锻炼才干,练就职业技能,提升个人生存本领。在服务人民、奉献社会中,培养吃苦耐劳、勇敢担当的品质。在以自身劳动成果造福社会过程中,增强公共服务意识,展现社会责任担当。

由此可见,通过培育日常生活劳动能力使自我需求得到满足,通过培育生产劳动能力取得劳动报酬,通过培育服务性劳动能力满足社会需求,从中实现个人成就和自我价值,这些都是大学生必须具备的综合劳动能力。

二、劳动能力的培育途径

劳动能力的培育就是要使大学生具有从事一定劳动所必需的知识、技术、技巧和运用它们的能力,这是提高大学生综合素质、促进大学生全面发展并更好地服务于社会的重要举措之一。因此,对大学生进行劳动知识学习和劳动技能培育是开展劳动教育的应有之义。

(一) 劳动知识的学习

知识是能力的基础,是静态的技能。大学生劳动能力的培育是涵盖知识学习、思维养成再到技能训练的一个完整的学习和提升过程,各环节紧密关联、彼此促进,互相制约。能将学得的知识运用于实践中,发挥中间作用的是劳动思维的培养,即通过对人的思维的锤炼,在实践中实现动手和动脑的紧密结合,从而实现知识创造价值的功能。

1. 掌握知识内核

劳动知识的学习是掌握劳动能力的基础,也是实现创新的前提。随着现代劳动工具的日益精细化和智能化,对人的劳动知识和技能水平的要求也不断提高。只有刻苦学习劳动知识,才能在劳动实践中举一反三,运用自如,劳动能力的教育才能不断完善。所以要充分利用校内校外、课堂上下多方位多渠道对大学生开展劳动知识的教学。对大学生来说,在日常生活、工作和社会交往中逐渐积累获得的是基本劳动常识,在学校学到的更多的是专业劳动知识,这些劳动知识构成了大学生劳动能力的知识基础和发展方向。

2. 养成劳动思维

在通过学习劳动知识获得劳动技能的过程中,劳动思维的形成是关键一环。通过日常的生活、生产和服务性的劳动实践,大学生要在实践中培养劳动意识,掌握劳动思维方式,尝试不同的劳动方法,不断培育和提升解决实际问题的劳动能力。尤其是通过各类生产劳动实践,大学生要养成主动运用专业知识看待、思考和解决某类问题的专业习惯,学会用专业的眼光来看待事物,用专业思维来思考问题,将专业技能用于解决实际工作,这对生产技能的培养至关重要。还要善观察、勤思考、多讨论,学会用眼睛看到的现象去印证书本中学到的专业知识,用启发交流的方式打开专业思维的空间。多参加不同的专业交流会议,不断提升专业敏感度,持续强化专业思维习惯,实现将专业知识转化为生产技能的更好效果。

(二)劳动技能的培育

能力是知识的延展,是动态的知识。大学生需要通过实践巩固理论知识,通过实践掌握劳动技能,只有在劳动实践中习得过硬的劳动技能,才能提升个人的综合素质,才能在劳动实践中营造崇尚劳动、主动创新和乐于创新的文化氛围,更好地继承和弘扬劳动精神。

1. 历练劳动技能

列宁指出:"没有年轻一代的教育与生产劳动的结合,未来社会的理想是不能想象的。无论是脱离生产劳动的教学和教育,或是没有同时进行教学和教育的生产劳动,都不能达到现代技术水平和科学知识现状所要求的高度。"[1]劳动技能的提升需要将教育与生活劳动、生产劳动相融合,为大学生提供更多"边学边干"的劳动实践机会,这也是引导大学生进行创造性学习的重要方式。只有通过参加各种专业的或社会的劳动实践,才能发挥出"劳动助力技能落地,技能推动劳动升华"的双向互促效应,更好地在劳动实践中将知识和技能统一起来,最终实现技能成才和技能报国。大学生肩负实现国家富强、民族复兴的重任,也只有把国家需要、自身兴趣和个人特长有机结合起来,个人的发展才能符合国家经济社会发展的总体趋势和未来人才发展的需要,才能确保职业规划的现实性和合理性。

2. 激发创造潜能

创造能力是指善于运用前人经验并以新的内容和形式来创新性地完成工作任务的能力。它是人类由远古时代进化到智能时代的决定性因素,也是经济社会发展的主要动力。具备了创造性能力,人类终将从体力劳动中解放出来,在创造性劳动中实现幸福和自由的最高需求。大学生要想成为创造性人才,除了掌握创造性劳动必要的知识和技能,构建完整的知识体系,注重新知识,新技术,新工艺,新方法的应用外,还要在实践中培养创造性劳动意识,掌握创造性劳动思维方式,尝试不同的创造性劳动方法,在做中学,做中思,做中行,才能不断提高创造性解决实际问题的能力。正是在这层意义上,习近平总书记指出:"广大青年一定要勇于创新创造。创新是民族进步的灵魂,是一个国家兴旺发达的不竭源泉,也是中华民族最深沉的民族禀赋,正所谓'苟日新,日日新,又日新'。……青年是社会上最富活力、最具创造性的群体,理应走在创新创造的前列。"[2]

---

① 列宁.列宁论教育[M].北京:人民教育出版社,1990:26-27.
② 习近平.在同各界优秀青年代表座谈时的讲话(2013年5月4日)[M].北京:中央文献出版社,2014:279.

案例解读

广西汽车集团首席专家郑志明：　冲在最前头　干在细实处

1997 年职高毕业后,郑志明进入广西汽车集团生产一线当钳工。他 24 年如一日始终坚守奋战在生产现场。从高级技师、专家、高级专家、首席专家,到广西"五一劳动奖章"获得者、国务院特殊津贴专家、国家级技能大师、全国劳动模范等,他一路奋斗一路成长,用辛勤的汗水和精湛的技术阐述了"追求卓越、精益求精"的工匠精神。细节往往决定成败。在肉眼难以觉察的微观领域,郑志明练就游刃有余的本领。手工锉削平面,他能将零件尺寸精度控制在 0.005 毫米以内;手工划线钻孔,他能将孔的位置度误差控制在 0.05 毫米以内。这个精准水平目前国内无人能及。这些精湛的技能为他设计制造各种生产线、机器人工作站,以及解决生产和设备出现的各种问题,提供了有力保障。凭着丰富的现场经验和精湛的技术,郑志明设计制造出减速器噪音检测设备,成功将减速器噪音由 3% 降低至 0.007% 以下。20 多年来,经郑志明手解决了各种难题,创造了巨大的经济效益和社会效益。他瞄准前沿新技术,勇于创新。带领"国家级技能大师工作室"成员,从机器人编程、控制技术学起,再到机器人设计制造,从不懂到懂,从懂到专、精,从模仿到自主设计制造,闯出了一条自力更生之路。每年自主设计制造各种工艺装备,创新优化设计制造,先后带出多名优秀技能人才并多次获得省部级以上的技能竞赛大奖。

问题探究：通过广西汽车集团首席专家郑志明的案例,分析在劳动过程中如何培养创造能力?

创造能力不是天赋异禀,更不是一蹴而就习得的,而是来自郑志明师傅几十年如一日在工作一线的执着坚守;来自他从不懂到懂,从懂到专、精,从模仿到自主设计制造的自力更生;来自他时刻瞄准前沿新技术,追求卓越、精益求精的工匠精神,来自己于他作为一名共产党员的"艰苦创业、自强不息"的责任和担当。他"干一行、爱一行、钻一行",不断激发出创造能力,不但为国家做出了杰出的贡献,也使个人价值得到了体现。

新时代条件下,知识经济和科技创新已经成为时代的主流。未来信息化时代人工智能的广泛应用更加需要智慧的劳动者。时代在进步,科技在创新,变的是形式,唯一不变的只有能力。大学生想要在未来成为一个德智体美劳全面发展的高素质劳动者,不论是掌握何种劳动能力,都需要在不断学习当中,掌握知识内核,养成劳动思维,历练劳动技能,激发创造潜能,让自己成为无可替代的技能人才,这才是培育劳动能力最大的价值所在。

三、劳动能力的习得方式

2020 年颁布的《大中小学劳动教育指导纲要(试行)》指出,当前实施劳动教育的重点是在系统的文化知识学习之外,有目的、有计划地组织学生参加日常生活劳动、生产劳动和服务性劳动,让学生接受劳动锻炼,而这些劳动正是大学生习得劳动能力的主要方式。

(一)日常生活劳动实践

日常生活劳动是指劳动者开展的可以直接满足生活需求的实践活动,能够培养劳动者解决日常生活中各种实际问题的生活能力。一般与大学生联系比较密切的日常生活劳动主要有家庭生活劳动、学校生活劳动和社会生活劳动。

1. 家庭生活劳动

家庭生活劳动是指在家庭里参加家务劳动的实践活动,主要包括洗衣做饭、打扫卫生、修补衣服、购置用品、花草养护、宠物饲养、家电维修、照顾家人等。家庭是第一社会群体,家长是孩子的第一任老师,孩子就是最先接受家庭教育才逐渐走入社会的。作为当代大学生,家庭生活劳动实践是锻炼自己生活能力最重要的方式,应当提升家庭生活劳动素养,增强生活自理能力,树立勤劳节俭意识,培养家庭责任感。

2. 学校生活劳动

学校生活劳动是指在校园里开展日常性的生活劳动。主要包括校园、教室和宿舍卫生保洁,绿化和美化校园,物品保养和维修,同学间相互照顾等。学校是大学生步入社会的开始,校园、宿舍和教室是大学生日常生活和学习的地方,通过学校生活劳动可以增加大学生对劳动的认识,培养正确的劳动观,养成良好的劳动习惯和行为习惯,更好地了解社会和适应社会,锻炼与他人的沟通与协调的能力,培养团队精神、增强个人的集体主义观念。

3. 社会生活劳动

社会生活劳动是指大学生参加实习、见习或工作时开展的生活劳动实践。主要包括打扫卫生、绿化环境、整理设备、修理器具、为他人提供生活或专业服务等。大学生要使所掌握的理论知识能够得到运用、发展乃至创造,就需要参加各种生活劳动实践,这样可以深入地了解社会,增强劳动意识,提高技能、增长才干,协调人际关系,这也是提升生活劳动技能的必经途径。

案例解读

....

劳动教育实现大学生生活中的自我管理

开学伊始,作为"楼长",西北师范大学大三学生小萍就开始考虑到即将回归校园的整栋楼的同学们了。马上能回归校园,回到热爱的管理岗位上,全方位地呵护同学们共同的"家",小萍感到有点儿迫不及待。西北师大的学子自己成了自己的"管家",全面参与公寓楼宇的管理,合理有序的分工、各尽其职的管理,让学生能够在平凡的校园生活中锻炼独立生活能力、自我管理能力和人际交往能力,为以后学生们从学校这个"小社会"自然过渡到工作这个"大社会"提前做好思想准备,提高适应能力,更好地做好不同人生阶段的衔接,投入到工作和生活中。

这就是西北师范大学开展的劳动教育实践,让每位学生在校园生活范围内,从身边人身边事做起,从生活中的点滴小事做起,从学生的宿舍、教室和校园着手,公寓不养"懒人",楼管学生自己聘用,西北师大的学子自己当起了楼长、层长、楼管员,培养主人翁意识,作为学校的一员承担整个"大家庭"的管理。

谈到采取学生自我管理模式的初衷时,西北师范大学党委学生工作部部长李勇如是说:"把校园打造成劳动教育的大课堂,让学生自己服务自己的公寓、教室、餐厅、校园,引导学生实现'自我管理、自我服务、自我教育、自我监督',让教育回归初心使命,就从生活小事中培养学生成长成才"。让人人都成为劳动参与者,个个都成为劳动生活能手,这是该校在构建"五育"并举,全面发展培养劳动教育大格局方面下的"真功夫"。

西北师范大学 7 000 多名学生走上了学校设置的 22 类劳动育人岗位。从自我做起,从点滴做起,带动周围的人共同行动起来,这是西北师大"自律咖"们的"宣言"。在这一宣言的感召下,全校学生参与其中,以此全面推进劳动教育常态化,带动每个学生都成为学校的主人,为以劳树德、以劳增智、以劳强体、以劳育美的劳动教育机制开辟了新途径。

问题探究:从西北师大学生在生活中实现全过程自我管理的案例中,分析在日常劳动中如何培养生活能力。

大学生们培养生活能力,要从自我做起,从生活点滴做起,在校园的生活实践中践行"自我管理、自我服务、自我教育、自我监督"的"四自"理念,帮助他人的同时,也为自己的人生打好底色,在参与校园公共事务的过程中积累经验、提升生活劳动能力,养成独立自主好品格。

除了以上日常校园劳动、家庭劳动和社会劳动等实践活动外,学校或社会还会组织大学生参加一系列的生产劳动实践,这是提升大学生专业技能的最重要途径,是开展生产劳动教育的重要形式,对全面提升大学生的专业劳动素质起着不可替代的作用。

(二)生产劳动实践

生产劳动实践是指大学生在校内外参加的生产性、技术性的劳动实践,能够培养艰苦奋斗的精神和实干兴邦的职业素养。一般与大学生联系比较密切的生产劳动实践主要有专业实践、社会实践和创新创业等。

1. 专业实践

专业实践是指大学生参加的专业实验、实训、实习等活动,这是教师深化课堂教学,将专业知识转化为专业技能,培育学生劳动能力最直接的实践方式。专业实验是指在专业课程教学过程中,需借助实验手段完成的部分教学环节,可以加深大学生对课堂上所学知识的理解,实现感性知识与理性知识的融会贯通;专业实训是指依托相关部门对大学生开展的实践教学活动,是校内实验课程教学的延伸,可以掌握所从事专业领域的基本操作技能和技术应用能力;专业实习是指大学生在有一定专业劳动能力的基础上,参加企业等生产性定岗实习,熟悉专业劳动流程和规范,取得生产经验,学习企业文化,养成正确劳动态度,提升专业劳动技能和就业创业的能力。同时,可以结合企业的发展特色有针对性的推进产教融合,调动大学生开展专业研究的积极性,帮助企业解决技术创新等难题,开发实用的"1+X"培训项目,满足新时代行业企业的人才需求。

除了以上专业实践活动外,要想在学习中潜移默化地融入劳动教育,还可以利用双休日、寒暑假等课余时间,组织大学生参加各种社会实践活动,进一步提升专业技能,锻炼社会人际交往中的沟通、交流和合作的能力,这些都是对专业实践活动有益的补充。

2. 社会实践

社会实践是高校按照人才培养目标的要求,有目的、有计划地组织大学生深入社会,积极参加社会政治、经济和文化等一系列活动,这是学校课堂教育的必要延伸,也是大学生开展劳动教育的重要环节。一般与大学生联系比较密切的主要有社会或学校提供的社会实习见习、勤工助学、社会调查、挂职锻炼、军政训练、红色基地参观考察和走访劳模等众多活动形式,这些社会实践能够促进大学生了解社会、了解国情、增长才干、奉献社会、锻炼毅力、培养品格,增强社会责任感。

社会实习见习是指大学生利用日常课余时间、寒暑假或在学校规定的毕业实习期间,在与所学专业相关的实务部门从事的短期或长期的社会生产实践活动。这是大学生接触社会工作的一种重要方式,能够锻炼职业技能,培养良好的人际交往能力,得到社会的认同,实现与职业发展的融合,提高学生的专业就业能力和社会责任感。勤工助学是指大学生在学校的组织下利用课余时间参加的,可以取得合法报酬用于改善学习和生活条件的社会实践活动。这是学校提高学生综合素质和资助家庭经济困难学生的有效途径,有利于培养大学生的劳动观念,自主意识和吃苦耐劳的习惯和品质。社会调查是指大学生运用科学的研究方法,围绕当前热点问题,结合所学专业开展调查研究,在调研中找出问题、分析问题并提出有价值的解决方案。将社会调查与服务社会相结合,更能得出有价值的实践成果。挂职锻炼是指大学生根据基层工作实际,以一定的村、社区、乡、镇、街道的职务等身份开展挂职工作的社会实践活动。通过基层锻炼,丰富知识,增长才干,养成踏实苦干的劳动品质和习惯,成长为基层干部中的骨干力量。军政训练是指大学生通过参加军事训练,提高思想政治觉悟,加强组织纪律观念,增强国防观念和国家安全意识,培养爱国主义精神。红色基地参观考察是指大学生到革命纪念地、改革开放前沿和经济社会发展成效卓著的地方参观学习,走访英模,了解中国革命、建设和改革开放的历史和成就,增强大学生对党的感情,对中国特色社会主义的热爱,激发实现中华民族伟大复兴的责任感和使命感;走访劳模是指组织大学生参加劳模进课堂、大国工匠进校园等宣讲报告会,近距离接触劳模工匠、观摩精湛技艺,感受并领悟其勤勉敬业的劳动精神,培育工匠精神。

除了为大学生提供以上社会实践的机会之外,要想全面提高大学生的综合素质,更高质量地推动高校劳动教育的发展,还可鼓励大学生参加创新创业活动。随着国家的号召,大众创业、万众创新等一系列利好政策不断出台,近些年来创新创业活动得到了在校大学生的积极响应,这成为培育大学生创造性劳动能力的新途径。

3. 创新创业

大学生通过科技创新、专业技能大赛、创新创业项目等方式,可以切实感受专业知识转化为职业技能再激发为创新创业能力的发展过程,从中加强创业道德教育,促进创新创业的成果转化。

科技创新是指以获得创新精神和创新能力为主要目的专业性实践教学活动,其中科技发明是大学生科技创新最重要的内容。调动大学生学习创新的积极性,提高大学生的动手操作能力、实践应用能力、团队合作能力、创新创业能力,使研究成果服务于地方经济建设及社会发展。专业技能大赛是指大学生利用学习型、创新型、研究型、大赛型的专业社团或兴趣小组,参加行业主管部门、行业协会、大型企业、高校专业联盟等组织的各类专业技能大赛,在竞争中提升自己的专业创新能力。与创新创业融合可以满足学生个性化,差异化,层次化的创新能力的发展需求。创新创业项目是指大学生充分利用现有的创新基地和各类青年创新创业基金提供的平台,重视新知识、新技术的应用,开展创新创业的社会实践项目,高起点开展专业技能训练,提升就业创业能力。通过开展以上实践活动,可以提高大学生的科学素养,培养良好的学术道德,弘扬求真务实、开拓创新的科学精神,为经济社会发展献策献力。

案例解读

"知识工人"邓建军: 由一名普通工人成为技术总监

邓建军毕业于常州市轻工技术学校(现常州工业职业技术学院),现为江苏黑牡丹(集团)股份有限公司技术总监,党的十八大、十九大代表,中国工会十六届执委,中共江苏省第十三届委员会候补委员,江苏省总工会副主席(兼职)。从一名中专毕业的普通工人到一名高级工程师,邓建军在学习与创新中持续奋斗30年,被誉为"知识型产业工人的领跑者"。在2013年召开的全国劳模代表座谈会上,习近平总书记在讲话中称其为"知识工人邓建军"。1988年邓建军初入职就立志要在岗位实践中自学成才,不断提高学习力,需要什么就学什么。现已取得工程硕士学位,从容统筹着企业技术研发、工艺创新等重要的环节。1992年,企业从国外引进一批剑杆织机,他每天蹲在机器边14个小时以上,从最基本的制图做起,最终"训服"了这些机器。1999年,公司从比利时进口了一批喷气织机,其中一个关键的部位是张力传感器,安装时外国厂商拒绝提供相关的技术资料,出现故障难以维修。结果邓建军从市场上找到了只要一分钱的替代配件。之后,邓建军解决问题的领域不局限在电气和机械方面,开始设计工艺流程,他更以"专、精、创"的新时代工匠精神,带动人、引领人,为建设知识型、技能型、创新型劳动者大军不懈奋斗,形成了劳模的"扩散""积聚"和"品牌"效应,一大批邓建军式的知识型员工迅速成长起来。

问题探究：从知识工人邓建军的案例中,分析在生产劳动过程中如何培养生产劳动能力。

通过不断地提高学习力、钻研新技术,邓建军从一名普通中专毕业生,成为一名普通的技术工人,成为一名高级工程师,成为集团公司技术总监,直至成为知识广博、技术过硬、道德高尚的全国劳模,证明一个普通人只要通过坚持不懈的努力,也能发挥出巨大的劳动潜能,并能最终获得成功。

除了以上的生产实践活动外,学校或社会还会组织大学生参加各种志愿服务和社会公益活动,强化学生的公共服务意识和面对危机主动作为的奉献精神,这些是提升大学生服务劳动能力的有效途径,对培养大学生运用专业知识和专业技能回馈社会、奉献社会、服务大众的劳动价值观发挥着极其重要的作用。

课堂讨论

不同的专业要求大学生掌握的劳动技能有所不同。你对习得劳动技能的方式还有什么想法和建议吗?

(三) 服务性劳动实践

服务性劳动是指大学生利用自己的技能、资源和善心,为改善和促进社会进步而提供非营利性、非职业化服务的公益行为。一般与大学生联系比较密切的服务性劳动主要分为专业服务实践活动和非专业服务实践活动。

1. 专业服务实践活动

专业服务实践活动是指对专业性技术技能要求比较高的服务性实践活动,如大学生以兴趣爱好为载体,发挥社团优势作用,运用专业知识和专业技能回馈社会,为社会提供个性化的服务等。一般与大学生联系比较密切的有促进教育、科学、文化、卫生、体育事业全面协调发展的"三支一扶",大学生志愿服务西部计划、"三下乡"、"四进社区"等社会实践活动。

参加边远山区支教,为困难群众提供医疗服务,为孤寡老人、留守儿童奉献爱心,可以帮助大学生拓展关于社会的知识,培养劳动精神;通过参与遍布全国的社区服务、环境保护、社会管理、文化建设和国际赛事服务等志愿活动,大学生可以更深入地了解中国的国情、社情和民情,积累社会经验,完善自身知识结构;参加农村扶贫开发、城市社区建设、环境保护、大型活动抢险、恤病助医和海外服务等活动,可以帮助大学生养成艰苦奋斗的精神,培养团结协作和改革创新的精神等;参加志愿服务西部计划等活动,可以为国家分忧解难,展现着当代青年的风采;参加"四进社区"和"三下乡"活动,提供理论科技宣讲、历史成就参观服务、依法治国宣讲、科技支农帮扶、教育关爱服务、文化艺术服务、爱心医疗服务、美丽环境治理等专业服务,可以在社会实践中受教育,长才干,做贡献;参加青年大学生学习行动专项计划,投身脱贫攻坚专项计划,投身乡村振兴专项计划等,可以发挥大学生专长,展现奉献和担当,弘扬社会正能量。大学生通过参加专业服务性劳动实践,能够增强专业服务意识,强化社会责任,提升专业技术技能,培养个人为人民、为公众服务的道德追求。

2. 非专业服务实践活动

非专业服务实践活动是指对专业性技术技能要求不高的,劳动者都可以参加的服务性实践活动。与大学生联系比较紧密的活动主要有文明风尚普及、环境保护、公共秩序维护和社会保障等服务,以及送温暖献爱心、慈善捐助、应急救援等。

参加环境保护活动,维护公共秩序和加强社会公共设施建设,可以增强大学生的安全意识和环保意识,培养主人翁意识;参加救济贫困群体、结对帮扶社区或敬老院老弱病残人员、困难家庭子女义务家教、扶助残疾人等面向困难社会群体的社会公益劳动实践,可以使大学生奉献爱心,贡献资源,给予弱势群体、特殊群体和贫困群体人文关怀;参加救助灾害、慈善捐助、应急救援等社会公共和福利事业的社会公益劳动实践,可以促进社会公平,使大学生增强面对重大疫情、自然灾害等危机主动作为的奉献精神。大学生通过参加非专业服务劳动实践活动,能够增强个人的公益服务意识,培育个人的志愿精神,培养自我奉献精神。

大学生参加以上各类的志愿服务等公益活动,可以运用所学知识和技能服务人民,奉献社会,培养为人民服务的道德观,弘扬社会主义道德风尚,强化公共服务意识,这些都是提升大学生劳动能力的有益途径。随着志愿服务的深入开展,大学生不断拓展社会服务的新领域、新载体、新形式,使奉献、友爱、互助、进步的志愿精神内涵更加入脑入心。

案例解读

刘锦华：坚持做公益的最美大学生

刘锦华在甘肃兰州读大学期间,积极参加多项公益活动,如借助微博大力宣传当地公益图书馆,利用多个假期参加暑运志愿服务,到条件艰苦的山区支教等。中央电视台、人民网等对其事迹进行了报道,他曾获"最美大学生""好青年""甘肃十大新闻人物"等荣誉称号。2011年10月,19岁的刘锦华考入西北师范大学,开始了志愿服务之路。当地创办的纯公益的民间图书馆绿云书庵多年来坚持免费开放,是附近农民工子女和留守儿童的读书天堂。当了解筹办者多年坚持的不易后,刘锦华决心尽己所能提供帮助,每个周末带领志愿者来打扫卫生,整理书架,装订报刊,登记新书等。他还借助微博宣传书庵,网友纷纷寄书捐赠,刘锦华也成了最活跃的志愿者。2012年的暑假,刚读完大一的刘锦华留在兰州,报名参加了火车站暑运志愿服务活动,同时还找了一份收银员的工作,并用闲暇时间前往书庵帮忙。假期里他一边用真诚的笑脸、热情的服务帮助旅客,一边热心回复网上爱心捐书者,通过打工在千里之外的异乡学会了自强自立。此后的几个假期他都用来做了志愿服务。2012年寒假,他报名参加《中国青年报》主办的关爱西部留守儿童志愿服务,来到甘肃武威市留守儿童较多的中山育英小学支教,并迅速启动微博募捐。孩子们的学习生活条件虽然非常艰苦,但勤奋好学,天真可爱,眼里满是求知的渴望,这些都深深触动了他。刘锦华的行为在网上受到了众多网友的关注,带动了更多的人加入志愿者队伍,而热心志愿服务的刘锦华则入围了"中国大学生年度人物"。

问题探究:从最美大学生刘锦华的案例中,分析如何在服务性的劳动实践中培育服务性劳动能力。

作为一名普通的大学生,刘锦华运用自己所学的知识和技能,长期主动地奉献时间、精力和善心,为他人、为社会提供力所能及的专业或非专业服务,在实践中锻炼了过硬的劳动技能,培养了公益服务意识和自我奉献精神,彰显了一名当代大学生的主动作为和社会责任担当,弘扬了社会的正能量。

综上所述,在对大学生开展理论学习和劳动实践过程中,全面培育大学生生活、生产和服务性领域的劳动能力,促使其掌握劳动知识和劳动技能,为未来职业发展打下坚实的基础,成为社会和国家的优质劳动人才。习近平总书记指出:"一切劳动者,只要肯学肯干肯钻研,练就一身真本领,掌握一手好技术,就能立足岗位成长成才,就能在劳动中发现广阔的天地,在劳动中体现价值,展现风采,感受快乐。"①技能型人才是我国人才大军重要的组成部分,大学生应掌握多种技能,历练本领,展现会生活、有本领、乐奉献的良好劳动风貌,走入社会后这也一定会成为迈向幸福生活的坚实之基。

本章小结

本章通过对劳动能力发展历程的学习,了解劳动能力的培养可以在对劳动工具的认识和使用中进行;通过对劳动能力的内涵和分类的学习,了解培育劳动能力对于个人自身的成长、对国家和社会发展的重要意义;通过对劳动能力培育途径和习得方式的学习,了解劳动知识是大学生培育劳动能力的基础,日常生活、生产和服务性的实践活动则是锻炼和提升了大学生劳动能力的必要途径。在学习如何培育劳动能力的过程中,使大学生们深刻地领会"历练技能,技行天下"的道理。

拓展思考

"做工人要做到最好"

——2021年"七一勋章"获得者湖南华菱湘潭钢铁有限公司焊接顾问艾爱国

一把焊枪,能在眼镜架、金项链上"引线绣花",能在紫铜锅炉里、电机轮骨架上"修补缝纫",也能给导弹、战车、潜艇"把脉问诊"……不管什么材质的焊接件,不管多么复杂的工艺、

---

① 习近平.在庆祝五一国际劳动节暨表彰全国劳动模范和先进工作者大会上的讲话[M].北京:人民出版社,2015:10.

多么严苛的标准，只要艾爱国出马，就基本没有拿不下的焊接活儿。"做事情要做到极致、做工人要做到最好。"在焊工岗位上辛勤工作半个多世纪，艾爱国用深厚的理论素养和精湛的操作技能，展现了共产党人的拼搏奉献精神。

能吃苦、勤苦练、意志强。　五米宽厚板连铸项目冷却水循环系统管道安装现场，艾爱国手搭墙壁用力一蹬，两步就下到一米多深的坑道。戴上手套，举着遮光面罩，他比划着给正在焊接管道的同事们做指导。三四十厘米宽的作业空间，把艾爱国卡在很靠前的位置。焊花飞溅，弹在厚实的工作服上又四散开去。热量不断侵扰着身体，才几分钟，他头上细密的汗珠就凝结成豆大的汗滴，顺着脸颊往下淌。"师父就是这样，面对最苦最累的活，总是冲在最前面。"艾爱国的徒弟、湘钢焊接高级技师王国华说。艾爱国是有名的"拼命三郎"。

1969 年，艾爱国在湖南株洲攸县边远山村劳动，因为干活最拼命，被全体村民及村里的知青，共同推荐到湘钢当工人。"当工人就一定要当个好工人，既要钻研技术，在思想政治上也要追求进步，争取早日入党。"进厂前，父亲嘱咐他。在厂里，艾爱国敢于吃别人不愿吃的苦，受别人不愿受的累。当时，在所有焊接活中，大型铜构件焊接的难度最大。必须先把它加热到几百摄氏度，焊接点位处在预热温度阈值内的焊接窗口时间一般只有一两分钟，所以一旦开始焊接，就必须连续施焊，不然焊缝就会开裂。大型铜构件，一次施焊可能需要直面高温、连续作业五六个小时，技术的难度倒在其次，真正考验的是耐受力和意志力。1991 年，艾爱国受命到湘乡啤酒厂帮助焊一口从欧洲进口的直径 3 米多的大型糖化铜锅。在以仰位焊接铜锅底部时，数百度的铜粒溅如雨下，剧烈的灼烧感，让艾爱国疼痛难忍。他咬紧牙根，硬是手执焊枪不松劲。任务完成后，摘下防护用的石棉手套，血泡已经布满他握焊枪的那只手。像这样的急难险重任务，艾爱国承担了很多。自 1985 年入党，艾爱国坚持"做一名共产党员，我就要做得更多"。

爱学习、肯钻研、勇创新。　在湘钢工作的半个多世纪里，他多次参与我国重大项目焊接技术攻关。1982 年，艾爱国以气焊三项和电焊五项等科目全优的成绩，拿到了锅炉合格焊工证，成为当时全湘潭唯一一个持有双证的合格焊工。1984 年，为了解决我国钢铁产能发展的"卡脖子"难题，国家组织全国钢铁厂集中技术攻关。"贯流式"新型高炉紫铜风口研发，就是其中的重要一项。这种风口是炼钢高炉输送焦炭粉的核心装置，这一零部件在当时国际市场上价格特别高，并且很难买到。国产旧有零部件不耐高温，短则十天，长则两个月就需停产更换，严重制约国内钢铁企业发展。"人家能干，我们为什么不能干？"艾爱国用了 100 多天时间，先是大胆提出采用当时国内尚未普及的氩弧焊工艺，然后在一次次试验中不断创新，对焊机、焊枪逐一改进，摸索出最佳焊接条件，最终成功完成了焊接。这项技术的成功攻关，直接推动全国钢铁产能提升。1987 年，艾爱国获国家科技进步二等奖。后来，艾爱国又主持了焊接领域的诸多重大攻关任务。支援首都钢铁公司制氧机安装，推动中厚板 X 形坡口对接埋弧焊工艺创新，帮助解决我国某大型设备 0.2 平方米紫铜导板上密集施焊难题……艾爱国累计为我国冶金、矿山、机械、电力等行业攻克技术难关 400 多个，改进工艺 100 多项。许多企业的技术专家都称他为"钢铁缝纫大师"。有人向他请教秘诀。他说："哪里有什么秘诀,理论指导实践,实践检验真理。"艾爱国特别注重理论和实践的结合,"当一个好工人,成为一个好工匠,不但要懂操作,更要懂工艺"。这些年,光纸质版的笔记,艾爱国就整理了至少十几万字。58 岁时,他又自学电脑。如今,办公电脑里,他收集整理了有关各类攻关案例的资料,已经有几十个类别、上千个文件夹。"活到老、学到老,还有三分学不到。"艾爱国常这样说。

乐奉献,传授艺,育人才。 2003 年以来,艾爱国利用工余时间,义务给 200 多名下岗工人和农村青年授课。如今,已经 71 岁的艾爱国,每天仍旧忙碌在克难焊接攻关、传技授艺的一线。"井水取不尽,力气用不完。"他要把这门手艺继续往下传。

（节选自《人民日报》,2021 年 7 月 7 日）

思考题:从大国工匠艾爱国的案例中,你认为艾师傅是如何培养劳动能力的,在他身上体现了怎样的劳动精神?

 实践项目

大学生习得专业技能是为了实现个人价值并服务于社会和国家,那能否运用你所学到的专业技能来设计服务于学校发展或校园建设的方案吗?方案内容的设计可以文字、幻灯片、小视频或小制作等形式来体现。

知识链接

1.《大国工匠》,央视网,2016 年 9 月 30 日。
2.《劳动铸就中国梦》,央视网,2015 年 4 月 28 日。

第四章
劳动实践的组织

📍 学习目标

1. 通过学习,了解校内外各项劳动实践活动的组织情况,以及学生为参加劳动实践活动所要做的准备;

2. 通过学习,了解劳动实践活动的计划、开展和评价,实现理论学习和实践锻炼的统一。

课堂互动

请仔细阅读下面表格中的问题,并逐项回答"会"或"不会",将答案填写在"回答"栏对应的位置。

序号	问 题	回 答
1	你会做饭吗?	
2	你会经常洗碗吗?	
3	你会自己洗衣服吗?	
4	衣服破了,你会缝吗?	
5	你会维修常用家电或家具吗?	
6	你会每周定期大扫除吗?	
7	你会定期参加志愿活动吗?	
8	你会参加与所学专业相关的生产性劳动吗?	

你的肯定回答越多,说明你对劳动的认知和践行越符合劳动教育的要求。作为当代大学生,不仅要积极参加各项劳动实践活动,更要能够在学习中做好参加劳动实践的准备,在劳动实践中增进学习。

第一节　劳动实践的组织和参与

根据劳动教育的《指导纲要》要求,当前实施劳动教育的重点是在系统的文化知识学习之外,有目的、有计划地组织学生参加各类劳动实践活动,让学生通过动手实践、出力流汗,来更好地接受锻炼、磨炼意志,以达到培养学生正确劳动价值观和良好劳动品质的目的。可见对于劳动教育来说,劳动实践不仅不可或缺,而且是区别于其他教育类型的显著特征,在一定意义上劳动教育正是通过劳动实践而实现的教育。而劳动实践活动的组织与开展又是一个系统工程,需要学校、家庭及社会的各方协同,包括在校园内也需各方力量的共同参与,充分发挥全员育人的功效,以更好地保障大学生劳动教育的实施。高校应当在开展劳动教育理论学习的基础上,积极打通劳动教育教学体系的实践路径,全面探索有效开展劳动教育的渠道。

一、公共劳动实践的组织

通过劳动实践,大学生可以快速学习基本的劳动知识、技能,逐步掌握正确使用常见劳动工具的方法,从而增强个人的体力、智力和创造力,增强劳动情感和集体主义观念,更好地成长为德智体美劳全面发展的社会主义劳动者和建设者。这里所说的公共劳动实践,主要是指非专业性的日常生活劳动实践和志愿服务性劳动实践等,区别于专业性的生产劳动实践,是覆盖全体学生的,又与所学专业并不直接挂钩的实践活动,同时既包含校园内的劳动实践,又包括走出校园的社会劳动实践。

(一)校园劳动实践活动

校园劳动实践主要就是指在校园内开展的各类劳动活动,这里又侧重于各类日常生活劳动实践,也包括以培养学生正确劳动观和劳动情感为目的的各类特色实践活动。这里包含了学校通过梳理挖掘校园劳动资源,为大学生提供的各类劳动实践机会与途径。

1. 校园生活劳动实践

学校在开展劳动教育过程中,往往会充分利用学校社团与各类组织,开展形式丰富多彩的劳动实践活动,为学生在参与活动当中接受劳动教育提供机会。包括学校组织开展的与劳动教育有关的演讲比赛、辩论赛、劳动心得征文比赛、劳动知识竞赛、创作海报竞赛等全校性的竞赛活动,以充分调动学生参与活动的积极性,使学生在参与活动的过程中感受劳动教育的魅力。在班级活动中,老师也会组织带领学生开展劳动教育专题讲座、弘扬劳动精神主题班会、小组学习活动、参观劳模工匠精神教育长廊、走进劳模育人基地、非遗项目传统劳动实践项目以及劳动成果展示总结等活动。

大学生通过参加校园内的各种生活劳动实践,不仅增强了生活自理能力,而且在劳动过程中将劳动教育与日常思政教育融为一体。校园日常生活劳动实践主要包括以付出体力为主的劳动和体力与脑力相结合的劳动。在落实劳动教育的过程中,大学生可积极参加垃圾分类、寝室卫生保洁、寝室美化、寝室收纳整理、教室卫生保洁、校园绿化美化、校园公共卫生保洁等校园日常生活劳动实践活动。通过参加校园生活劳动实践,大学生能够从中感知劳动实践的乐趣,从自己身边小事做起,做到自己的事情自己做,养成良好的劳动习惯。

比如,学校往往会聚焦生活园区,开展"卫生星级寝室"美化评比活动,以周为单位对各个学生宿舍进行卫生检查,以一学期为一周期进行评比,并给予相应的物质或精神奖励,从而使学生养成良好的生活劳动习惯。寝室是大学生学习的第二课堂、生活的重要场所、人格完善的重要舞台,寝室干净整洁与否直接体现了学生的精神面貌和个人素质。寝室整理需要围绕着"清洁、整齐、美观、舒适、文明、有序"等几个维度开展。在这个过程,养成"自觉守纪、自我规范、自我维护、自我教育、自我管理、自我提高"的学习和生活习惯。要实现这个目标,寝室整理要求做到"四光亮、四整齐、四无",见表4-1。

表4-1 寝室整理"四光亮、四整齐、四无"要求

"三个四"分类	具体要求明细
四光亮	门、窗、墙壁、灯具洁净光亮。
四整齐	被褥干净,叠放整齐,桌子箱子排列整齐,日常用品摆放整齐,书本、衣帽、鞋子摆放整齐。
四无	地面无尘土、纸屑、果皮、痰迹,垃圾及时倾倒,墙壁、天花板无污迹灰尘、蜘蛛网,无乱拉绳索、铁丝,无乱挂物品。
寝室整理小技巧	具体方法
断舍离	整理寝室,要做好断舍离。要扔掉一些不再使用已经没有价值的东西,比如,食品包装、废纸、不用的资料、包装盒。
分类整理	寝室物品整理,要按照床铺、书桌、衣柜、地面等从上到下的顺序,依次分类整理。整理床铺,要按照先褥子,再被子的顺序;整理书桌,要以方便使用为原则,常看的书、常用的文具摆放在书架上,不常看的书籍、不常用的文具放在书桌里;整理衣柜,要根据季节决定收纳或悬挂,外衣与内衣分类收纳;清洁地面,要巧用食盐、洗洁精、小苏打、柠檬汁等用品来杀菌、去油污、清新空气等。
注意外观	寝室里衣服、书本、其他用品,按照其高低、大小进行排列,会使房间很有条理,带来视觉上的愉悦。同时,也方便以后的取用。

课堂互动

分享你在寝室大扫除过程中针对某一项整理或清洁工作,采取了什么样的小技巧,让自己的工作快速而高效。

教室是大学生在校学习的重要场所,对教室进行美化,能够营造并保持整洁、宁静、和谐、轻松的学习环境;增强班级凝聚力,充分发挥各班同学的创造力、动手设计能力和团结协作的能力;同时,又能体现自己班级的特色与风格。对教室进行美化,应当先明确教室功能区分类,明确墙面、桌面、地面美化要求,可见表4-2。

表4-2 教室墙面、桌面、地面美化要求

墙面	黑板	黑板干净,靠近教室门口一侧留一块区域作为格言栏,每日更新激励格言;教室后面的黑板报应结合班级的教育目标定期更新,图像文字要有视觉冲击力。
	班级标语	班级标语要能体现班级精神,让同学进教室即可见;班训应积极向上,富有能量。
	班徽	每班的墙上张贴班徽班名和全家福。
	班级口号	在教室的后墙应张贴班级口号。
	宣传板	每班需要有"信息板""荣誉板""文化板""成果展""新闻焦点""生活点滴文化板"等。要求干净、整齐、美观、合理、有内容。
	其他装饰	可以张贴或悬挂名言警句或图画,让每一面墙都会说话。 张贴每日课程表、值日生表等。
桌面	讲台	讲台内外彻底清洁,台面要求干净整洁。台面右上角专门区域放置粉笔等书写工具。
	桌面	整洁美观,不得有杂物,不该出现的文字图案等必须清除,不得有人为划痕等故意破坏的痕迹。
地面	桌椅	要求横竖对齐,空间合理,最好按照地板的方格线布置。
	地面	地面无杂物、无垃圾、无污渍、清洁干净。

2. 校园劳模育人实践

学校还是弘扬劳模精神、劳动精神、工匠精神的重要场所,在劳动教育的实施过程中,通过开展"劳模工匠进校园"等活动,有利于劳动教育目的的实现。通过将劳模精神、匠心文化融入到校园文化建设,还可促进职业院校内涵式发展,不断提升职业院校在培养学生职业素养上的竞争力。比如学校在校园里利用教学楼、教室、学生宿舍、餐厅、操场、实训基地、图书馆等公共区域场所,建立劳模宣传中心、劳模文化廊、劳模育人基地等文化景观,让学生足不出校园就可以近距离学习劳模事迹与工匠故事,从而激发积极向上、开拓进取的劳模精神和工匠精神。

通过开展劳模工匠进校园活动,可以搭建起职业院校与劳模工匠长效联系机制,比如可以开展劳动教育主题班会与劳模精神专题讲座,邀请与学校专业相关的劳动模范、技术能手、工匠大师等劳动先进人物,走进校园、走入学生课堂做主题报告,分享求学求艺、技能锤炼和拼搏奉献的个人经历,分享他们在平凡的岗位上不平凡的劳动故事,同时可将这项活动纳入日常教育之中,使每位学生都能聆听到劳模与工匠的个人成长励志事迹。

另外还可通过设立劳模工匠工作室的方式,为学生选配与专业相关或相近的劳模工匠,建立班级专业劳模导师制、劳模工匠工作室、劳模实践基地,劳模工匠通过工作室与实践基地平台,展示绝活,传授技能秘诀,与学生现场交流心得,使得学生能够近距离地感觉劳模工匠个人魅力,点燃学生对劳模精神和工匠精神的向往,增强学生劳动能力的培养。在大学生开展的社会实践中,还可推广"走近劳模"的实践活动,如以"学习劳模精神,传承时代之光"为主题,围绕"家国情怀之理想信念,砥砺奋进之开拓创新,执着追求之爱岗敬业,匠心独运之精益求精,无私奉献之淡泊名利"等主线,通过大学生直接走近劳模、访谈劳模的方式真切感悟劳模精神,并结合所学认真践行。

知识拓展

助力未来工匠成长,百位劳模与大学生结对

2021 年 4 月 22 日,王连云劳模工作室在上海城建职业学院成立,同时还有百名劳模与百名学生入党积极分子结对,通过顶层设计让 100 名老劳模与 100 名学生入党积极分子结对,深度培养 100 名小工匠小劳模。让劳模导师配合学院在政治思想、技能培训、职业规划、工作生活等方面全程跟踪与辅导,真正实现党的队伍、劳模工匠后继有人。今后百名老劳模与百名学生入党积极分子将开展一系列丰富多彩的活动,进行跟踪培养,一对一辅导。比如,劳模将走进校园,讲好劳模故事、劳动精神;还会带领学生进入工作实践基地参观学习,并向学生传授技能。

王连云劳模工作室的成立是上海市教育系统关心下一代工作委员会与高校联合推进劳模精神进校园的重要举措。学校在走近劳模系列课程、讲座,劳模精神教育实验班育人,组织学生到劳模育人基地参观学习等多种学习形式的基础上,不断挖掘"请劳模进校来,带学生参观学习等走出去"的教育模式,为学校实现"建设人民城市,培育一流工匠"的人才培养目标、推动职业教育高质量发展作出贡献。

组织开展校园日常劳动实践活动,有利于大学生树立起正确的劳动观念。大学生通过亲身劳动体验,从身边的生活劳动做起,从小事做起,体悟劳动的重要性,加深对劳动创造价值、劳动创造财富、劳动创造美好生活以及劳动是人类发展和社会进步的根本力量、劳动创造人等观念的理解,从而克服不劳而获、崇尚暴富、贪图享乐的错误思想,养成尊重劳动、尊重普通劳动者的劳动品质,牢固树立劳动最光荣、劳动最崇高、劳动最伟大、劳动最美丽的思想观念。

(二)社会劳动实践活动

大学生参与社会实践活动可以增强劳动意识,培养劳动观念,养成良好劳动习惯,在社

会实践中砥砺品质和磨炼意志,为将来就业创业奠定良好基础。习近平总书记在党的十九大报告中强调,要推进诚信建设和志愿服务制度化,强化社会责任意识、规则意识、奉献意识。参与社会劳动实践也更有利于大学生树立起志愿者精神,这种精神的核心正是服务、团结的理想和共同使这个世界变得更加美好的信念。

学校在开展服务性劳动实践的时候可以充分利用生活中的各种载体,深入挖掘社会实践资源,为学生搭建好社会实践平台,引导学生走入社会;同时也推动学生在社会这个大学校里,不断提升自身的综合素质,努力成为社会建设的有用之才。大学生可根据安排参加各类不同的社会实践,比如可以利用寒暑假或者一个学期的时间,结合所学专业开展社会调研。同时学校还可深入挖掘社会资源,与国家机关、企业、事业单位、工厂等相合作,多途径扩大社会实践场所,为大学生提供多种多样的社会劳动实践形式,让学生在实践中感知劳动教育的真谛。

学校在组织大学生参加社会实践等志愿服务活动的时候,首先,要做好活动主题的确定工作。在确定活动主题的时候需要紧紧围绕大学生所学专业与青年学生特点,设计更多大学生宜于参加的活动,以提升学生参与的主动性和积极性。其次,要明确活动的宗旨。组织大学生参加社会实践活动的宗旨是通过社会实践活动使大学生接受教育,达到寓教于项目之中、增长知识、提升能力的目的。再次,要做好社会实施活动方案的设计工作。围绕活动宗旨、主题,进一步细化活动的内容,参加人员类别、人数要求;明确社会实践活动的领导小组与成员分工;确定活动的日程安排及财物分配情况。最后,还要做好社会实践活动实施前的准备工作。做好活动宣传与人员招募工作;做好活动所需要物资的准备工作,如统一服装、旗帜、口号、所需要工具等。

知识拓展

志愿者活动的平台

1. 中国志愿服务联合会

中国志愿服务联合会是经民政部批准,由志愿服务组织、志愿者以及相关单位、组织和个人自愿结成的全国性、联合性、非营利性社会组织,由中共中央宣传部主管,在中央文明办的具体指导下开展日常工作。进入中国志愿服务联合会官网,能够得到最新的志愿服务焦点与地方实践信息,了解国内国际志愿快讯,及时接收重要志愿服务通知公告与政策法规,有助于志愿服务实践与研究的开展。

2. 全国志愿服务信息系统(中国志愿服务网)

全国志愿服务信息系统是面向各行业志愿服务管理部门,面向广大社会公众、志愿服务组织、志愿服务队伍的社会化服务平台。通过系统,社会公众可以便捷注册为志愿者参与志愿服务;志愿者可以参与自己感兴趣的志愿队伍和项目,记录、转移、接续自己的志愿服务时间;志愿队伍可以按照规范的流程发布项目、招募管理志愿者、开展服务,实现供需有效对接;全国各行业各区域志愿服务数据实时或定时汇集,党政管理部门可以全面了解志愿服务情况、开展数据决策分析。

3. 中国青年志愿者

中国青年志愿者是共青团中央主管的,由青年志愿者组织和个人自愿结成的,全国性、专业性、非营利性社会组织,是共青团在实践中培养社会主义事业建设者和接班人的重要组织平台。其主要职责是建立健全青年志愿服务体系,推进诚信建设和志愿服务制度化;培养青年责任意识、规则意识、奉献意识,促进青年全面发展,培养社会主义建设者和接班人;组织青年围绕扶贫、环保、济困、扶老、救孤、恤病、助残、救灾、助医、助学、应急救援、大型赛会等领域开展志愿服务;规划、组织青年志愿服务活动,协调全国各地、各类青年志愿者组织开展工作;依法依规开展海外志愿服务活动,与海内外志愿者组织、团体加强交流;开展符合协会宗旨的其他活动。

4. 志愿中国

中国志愿者网是共青团中央志愿者工作部、中国青年志愿者协会秘书处与智联招聘合作建设的志愿者公益网站。志愿者可以通过登录平台实现选择加入对应的志愿者服务组织、参加各种志愿者服务活动等功能。中国志愿者信息管理系统注册系统功能包括志愿者在线注册、志愿服务信息发布平台、需求机构信息接收、志愿者机构人员管理,实现多角色一站式的现代管理体系。消息中心实现站内短消息、邮件群发、定向手机短信等手段的交流方式。

5. 各省市志愿服务网站

在搜索引擎中输入"省份名/直辖市名+志愿服务网"等关键词进行搜索,即可搜索到所需要省市的志愿服务网站。不同省市的志愿服务网站名称各不相同,如北京市为"志愿北京",上海市为"上海志愿者网",需要注意辨别。

除了校外的志愿服务劳动实践,大学生校内志愿服务劳动也是学生开展服务性劳动的基础。学校的校内志愿服务活动可以围绕着校园设施维养、校园环境维护、校园文化营造等方面展开。常见的校内志愿服务活动包括:文化营造类,如校园文化节、寝室文化节等活动的志愿服务;运动健康类,如学校运动会、趣味运动会、智力挑战赛等活动的志愿服务;知识宣传类,如健康知识、生活知识、环境保护知识、垃圾分类知识、防火防盗知识等内容的宣传活动;节俭节能类,提倡、践行节俭的活动,比如倡导光盘行动、废旧物品回收、二手物品交换市场等活动。

课堂互动

结合个人体验,谈谈参加志愿活动的感想和体会。

通过开展大学生志愿服务活动,可使大学生尽快实现社会角色的转变,强化角色类型的分辨能力,培养健全的心态和角色适应能力;提高大学生的实际工作能力,有利于大学生树立正确的择业观,找到社会与自身发展的最佳结合点;能够使学生了解国情,有助于他们加深对党的基本路线的认识,坚定正确的政治方向,克服偏激急躁情绪,增强维护社会稳定的自觉性;通过寓教于实践,在志愿服务中培养集体主义精神、爱岗敬业精神、家国情怀等。

案例解读

江西学子暑期文明实践志愿行动: 让劳动教育生动起来

"你们理工大学的学生能'三下乡'来开展社会实践活动真是太好啦,帮了我们不少忙,又是帮我们晾晒稻谷,还帮我们收稻谷……"村民谢大叔见着志愿者们又主动前来帮助他收稻谷,激动地说。"下地参与到实际的田间劳作,比想象中的还要辛苦很多,村民们日复一日,年复一年,这种执着坚忍的精神是值得我们当代大学生学习的。"志愿者学生万银坦言。社会实践指导老师、江西理工大学机电学院团委书记刘道修说:"为进一步落实《中共中央国务院关于全面加强新时代大中小学劳动教育的意见》等文件精神,坚持教育与生产劳动相结合,以'实践育人'为基本途径,有计划、有组织、有目的地组织志愿队成员参加丰富多彩的劳动实践活动。通过深入田间地头劳动等实践活动开展劳动教育,形成良好劳动教育氛围,培养学生树立劳动精神,崇尚劳动、尊重劳动、热爱劳动。"

问题探究:如何组织一项有价值、有意义、受老百姓欢迎的劳动实践活动?

江西学子之所以受到村民的欢迎,是因为他们大学生在下乡之前,做好了充足的准备,"以'实践育人'为基本途径,有计划、有组织、有目的地组织志愿队成员参加丰富多彩的劳动实践活动",因此才受到了广泛好评。

二、专业劳动实践的开展

培养专业技能型人才是大学尤其是职业院校教育的根本任务。大学生只有通过专业知识学习与专业技能训练,才能为走向社会、走向工作岗位打下坚实的基础。高校推进劳动教育要在进课堂的同时,将其与专业教育相结合、与思想政治教育相结合、与创新创业教育相结合,将劳动教育融入高校立德树人方方面面。学校各专业承担了学生专业知识学习与专业技能训练的重任,各专业课教师通过教授专业课,为学生掌握专业理论知识与提升专业技能奠定基础。如果专业课教师有意识地将专业课的教学内容与劳动教育相融合,将劳动教育的内容与专业课程相结合,不仅能够促进学生对专业课程的学习,也将更有利于劳动教育目标的实现。在传授专业理论知识的同时寻找劳动教育的契入点,使学生在耳濡目染下领会劳动教育的内涵。比如,将专业行业的劳模工匠成长故事融入专业课教学过程,通过讲解劳动人物形象事迹,播放相关多媒体视频,让学生领悟其中的劳动精神、劳模精神和吃苦耐劳的精神,培养学生劳动意识、劳动态度、劳动情感等。

此外,除了在理论课中将劳动教育融入专业课程之外,还可以在实践课程中将二者相融合。通过组织生产劳动实践活动,可以帮助大学生更快地掌握劳动技能。劳动技能水平的高低反映了一个人劳动素养水平的高低。实践出真知,在进行生产性劳动实践中,人们只有亲身参与实践环节,把学到的理论知识应用到生产之中,并不断地在实践中加深对专业理论知识的理解,才能逐渐地熟练掌握专业技能。

(一)专业实践活动设计

结合各专业建设的发展和人才培养的目标,培养大学生生产劳动技能,应从生产劳动实践课程设计入手,做好人才培养模式改革、课程体系重建、校内外实训基地建设等工作。

首先,从学校层面强化校企合作、工学结合,探索"校中厂""厂中校"等多元主体共建实践教学基地的有效形式,加强校内外实训基地建设,强化实践育人环境。由校企共同制定人才培养方案、共同参与教学改革、共同开展教学活动、共同开发课程。开展订单培养、定向培养等多种培养模式;改变毕业生质量评价方式,吸收行业企业参与,开展第三方评价。其次,根据专业对接的行业,按照职业院校人才培养目标和专业课程的共性与差异性分析,对接行业、职业标准,紧贴职业岗位工作实际和工作规范,调整课程体系,更新课程内容,深化课程改革,编撰校企共建优质核心课程。再次,建设校内外实训基地。以专业对应的岗位技能训练为基础,开展仿真实践教学、一体化教学和实习实训,整合校内实践教学资源,建设达到行业企业技术、管理规范、工艺及设备同等水平的专业群实训基地。与行业企业共建相对稳定的校外实训基地,满足学生企业生产性实训和顶岗实习需要,从而形成集"学、产、研、培、赛"于一体,校企共融的行业性共享公共实训基地。

培养大学生生产劳动技能,应从人才培养模式入手,深化校企合作。构建由"课堂理论学习"到"课堂、车间一体化教学",再到"仿真车间实习、实训"最终再回到"课堂总结巩固"的从理论提升到实践提升的小循环;构建由"校外企业见习"到"校内专项实训实习",再到"校内学校生产性实训"最后到"校外企业顶岗实训"的从校内到校外的大循环。在校内实训和企业顶岗实训过程中逐渐培养学生的职业素养,学习劳模与工匠的先进事迹,树立工匠精神。并在此模式下,体现符合真实工作流程的项目导向化课程特点,采用工学交替教学方法,实现理论与实践一体化教学,让学生能够在"教—学—做"交替进行的过程中,感受真实的工作环境和工作流程。同时,落实"1+X"证书制度,要求所有学生毕业前至少取得一个工种职业技能等级证书。

(二)专业实践活动实施

教育部颁布的专业教学质量标准,对大学生专业实验、实训、实习有着明确要求,学生在学习理论知识的基础上,需要借助实验、实践教学和实习实务等手段的辅助,以增进对课堂讲授的专业知识的认识和深化。

高职院校开展实验实训课程,有助于提高学生运用专业知识解决实际应用问题的能力。因而高职院校实验实训课程在设计的时候要紧紧围绕"能力分解、阶梯推进"的课程实验改革思路和基于阶段项目训练的课程体系的建设规划,结合专业的特点,对专业课程的实验环节进行重组、整合和系统性规划,将行业的真实职业化场景引入课程体系和教学的全过程,构建基于知识点以及知识点之间的融合与贯通的基础实验实训课,构建课程设计融合基础实验知识点的实验课程,围绕综合实验课技术要求规划课程实验内容。在此基础上,采用"项目驱动式"教学方法,使学生在入学时就明确应该掌握哪些技能,掌握这些技能应该修哪些课程,完成每门课程的学习要做哪些课程实验实训。这样学生踏入大学校门,就明确整个大学期间的总的任务,明确每个课程的课程实验实训要求,明确自己的任务和任务明细,在宏观上认识到课堂学习的目的是要解决未来工作中的实际问题而不单单是学习理论,确立学以致用的求学理念,明确学习目的,激发学习热情力。

高职院校开展大学生工学结合顶岗实习是教育教学中非常重要的一个环节,即学校按照专业有计划、分步骤地组织大学生,通过参加工学结合顶岗实习等实操性、实践性活动,加深对专业理论知识的理解与认识,提高学生运用专业知识和技能解决实际问题的能力。深化学生对劳动实践的理解和从事劳动实践的自觉性,强化学生适应未来岗位所需要的爱岗敬业、精益求精、勇于创新、执着坚守、自强不息、艰苦奋斗的职业素养和道德品质。

大学生参加顶岗实习活动时,学校需要做好实习前的准备工作和实习过程的管理工作。首先,应组织好顶岗实习报名工作;按照企业要求做好岗前培训工作;建立健全实习安全协议、保险与体检等档案资料;组织好企业与学生的双向选择工作;做好实习时间确定等工作。其次,还要做好离校赴厂衔接工作;协助实习单位做好学生到厂后的面试与培训事宜;做好实习适应期的心理安抚工作;做好实习过程中的考勤、思想教育、安全教育等工作;做好学生实习工资发放和日常开销等费用的管理工作;做好实习离厂与返校的协调工作等。

知识拓展

人力资源专业实践安排

为培养学生成为熟练掌握人力资源管理专业知识,具备人力资源管理及服务专业技能,能够从事人力资源的招聘与配置、绩效管理、薪酬福利管理、员工培训与开发、人事代理业务、职业介绍、职业指导等工作的高素质技术技能人才,人力资源专业从以下三个方面对专业实践进行安排。

1. 职业技能培养。在专业职业领域基础上积极探索"1+X"证书制度,将职业技能等级标准有关内容及要求有机融入专业课程教学,实现学历证书与职业技能等级证书互通衔接,形成学分互认。将人力资源共享服务"1+X"证书的内容融入专业人才培养体系中,学生在第二学期和第三学期通过人力资源开发与管理课程的学习,实现"课证融通"。

2. 职业技能大赛。组织学生参加由全国人力资源和社会保障职业教育教学指导委员会主办的"踏瑞杯"全国高职高专人力资源管理技能大赛和中国人力资源开发研究会劳动关系分会主办的全国高校模拟集体谈判大赛,参加这两项赛事的学生取得相应的奖项可以申请相对应课程的学分,取得该课程的免修资格。

3. 实践性教学环节。主要包括创新创业教育、专业实践、跟岗实习、顶岗实习、毕业设计(论文)等。在校内外进行人力资源管理仿真实训、模拟招聘演练、模拟培训演练、薪酬管理实训、绩效管理实训、劳动人事争议处理实训等。顶岗实习是学生按照人才培养计划安排,在校企合作的人力资源服务行业企业进行人事管理、人力资源服务等岗位的实习。实训实习既是实践性教学,也是专业课教学的重要内容,满足理论与实践一体化教学要求。

通过参加生产劳动实践活动,可以提升大学生职业能力。大学生只有在具体劳动实践中,将专业理论知识付诸行动,才能够进一步发现自身已有的理论知识结构、业务水平、专业技能与社会需求之间的差距,才会更好地积累经验,不断提升自身的能力水平,为毕业之后进入社会、服务人民打好基础。同时,在参加劳动实践的过程中,养成勤于思考、善于创新、锐意进取的劳动习惯;在劳动实践过程中锻炼独立工作的能力、团结合作的能力及创新创造的能力,进一步提升职业能力。

三、学生劳动实践的参与

(一) 劳动实践准备

大学生参加劳动实践活动是劳动教育内容的重要组成部分,这对学生增长见识、增加社会历练,非常重要。为更好地参加各项劳动实践活动,除了做好知识和技能储备的同时,也要充分认识到参加劳动实践活动的重要意义,在思想和能力上做好必要的准备。

1. 思想准备

大学生要在思想上充分认识到参加劳动实践活动,可以培养自己的劳动意识、劳动兴趣、劳动习惯,以及自我服务能力和社会适应能力,在劳动实践的过程中需要具备吃苦耐劳的精神、坚持到底的毅力、团队合作的意识和无私奉献的品质。

2. 能力准备

为能更好地实现劳动实践对个人能力的培养与提升,大学生应该培养以下能力:

(1)自我分析的能力。大学生在参加劳动实践活动之前,要对自我进行分析,根据自己的长处和短板,有选择性地参加劳动实践项目。

(2)制定计划的能力。在选定劳动实践项目之后,要做好参加实践项目的工作计划,明确实践活动开展的方法、步骤及时间进度安排。

(3)创新工作的能力。在按照已经制定好的实践计划开展活动时,要能够对突然变化的条件做出及时反应,调整好心态,创造性地开展实践活动。

(4)信息综合运用能力。在开展实践活动的时候,要能够调动自己已有的知识信息储备,积极有效地与其他人做好沟通工作,确保实践活动顺利开展。

（二）参加实践活动

大学生积极参加各类社会实践活动,在劳动过程中增长见识、磨炼技能,实现个人价值的同时,还可以利用知识、技能等为他人和社会提供服务,体验到与他人协作劳动的快乐,发挥专业特长,在公益志愿服务中强化社会责任,学会担当。在促进自身的素质发展的同时,通过做志愿做公益,在回报社会的过程中实现自我价值的升华。

1. 学会利用网络平台,搜索志愿服务性劳动实践项目

进入信息化社会之后,大学生参加校外志愿服务性劳动实践,首先要学会如何充分利用网络平台,特别是利用志愿实践项目汇总的平台,找到一份适合自己的志愿服务项目。国内志愿服务体系正在不断完善之中,初步建立了全国性、省市级和各高校志愿者平台。

2. 根据自身实际情况,挑选合适的志愿服务实践项目

首先,要选择与自己时间不冲突的项目,如果自己的计划安排与志愿服务项目活动的时间发生冲突,就一定不要报名参加。不能准时参加自己已经报名的志愿服务项目,会给组织方带来非常麻烦的处理程序,同时会影响到自己的诚信。其次,要考虑报名参加的志愿服务活动能否发挥你的特长和专业知识,是否能促进自身的素质发展。做志愿做公益,应该成为一种责任感和习惯,从回报社会的过程中实现自我价值的升华,提高自己的能力和技能,才能够建立持久的正反馈循环。

3. 能够独立自主策划、实施、评价劳动教育实践项目

作为新时代大学生要能够运用头脑风暴、思维导图、5W2H 描述表、鱼刺图等工具,对自己开展劳动实践项目的所具有的资源进行剖析;能够运用目标管理 SMART 原则设置合理的劳动实践项目目标;能运用人员责任矩阵、团队分工 OBS 等工具对劳动实践项目进行合理分工,明确责任,确保项目完成进度;能运用里程碑、横道图、象限图等工具对项目完成时间进行控制;能够运用风险矩阵图、SWOT 分析法等工具对项目的风险进行合理评估;能够运用鱼刺图、评价表等工具对结果进行客观评价。

知识拓展

常见的大学生志愿者活动

中国青年志愿者扶贫接力计划研究生支教团项目。项目由共青团中央、教育部共同组织实施,采取公开招募、自愿报名、择优选拔的"志愿+接力"方式,每年在全国部分高校中招募一定数量具备保送研究生资格、有奉献精神、身心健康的应届本科毕业生或在读研究生,到国家中西部贫困地区中小学开展为期一年的支教志愿服务,同时开展力所能及的扶贫工作。

大学生志愿服务西部计划。本项目是按照党中央和国务院要求,由共青团中央、财政部、教育部、人力资源和社会保障部共同组织开展的国家重大人才工程,招募一定数量的普

通高等学校应届毕业生或在读研究生,按照基础教育、服务三农、医疗卫生、基层青年工作、基层社会管理、服务新疆、服务西藏等专项到西部基层开展为期1—3年的志愿服务,并鼓励志愿者服务期满后扎根当地就业创业。

大型赛会志愿服务。由共青团动员、组织青年志愿者服务大型赛会,已经成为我国各类大型活动的通行做法,成为新时期共青团引导广大青年围绕中心、服务大局的生动体现。已经开展的项目有北京奥运会、上海世博会、广州亚运会、南京青奥会、G20杭州峰会、国庆70周年活动等重大赛会和活动。

应急救援志愿服务。在汶川地震、玉树地震、舟曲泥石流、芦山地震等自然灾害面前,青年志愿者不畏艰险、冲锋在前。在抗击新冠肺炎疫情期间,百万青年志愿者挺身而出,无私奉献,彰显了当代青年的家国情怀和担当精神。

共青团关爱农民工子女行动。项目组织青年志愿者在城市社区、农村乡镇广泛开展学业辅导、亲情陪伴、感受城市、自护教育、爱心捐助等方面的志愿服务,为农民工子女提供切实有效帮助。目前已形成"七彩假期""七彩四点半""助力乡村学校少年宫建设"等多个子项目。

中国青年志愿者助残"阳光行动"。项目由共青团中央联合中国残疾人联合会组织实施,组织青年志愿者以"心手相牵 共享阳光"为主题,以残疾青少年为主要服务对象,重点围绕日常照料、就业支持、支教助学、文体活动、爱心捐赠5个方面,长期结对开展助残志愿服务工作。

中国青年志愿者服务春运"暖冬行动"。项目由共青团中央联合国家发展改革委、公安部、交通运输部、中国民用航空局、中国国家铁路集团有限公司等6部门共同启动实施,以"青春志愿行,温暖回家路"为主题,组织青年志愿者在春运期间,围绕引导咨询、重点帮扶、应急救援等内容,在火车站、汽车站、机场、港口码头、高速公路服务区等旅客集中的场所,开展志愿服务活动。

中国青年志愿者海外服务计划。项目由共青团中央和商务部(2018年后,调整为国家国际发展合作署)共同组织实施,通过公开招募、自愿报名、集中选拔的方式,选派中国青年志愿者到国外开展为期半年至2年的汉语教学、体育教学、医疗卫生、信息技术、农业技术社会发展等领域的志愿服务工作。

参与街道社区建设,参加社区志愿服务队、街道社区法律咨询活动、自闭症儿童的心理辅导、道德法治宣传活动等。

参加环境保护活动,开展垃圾分类宣传与督促活动、可回收物品收集活动、环境保护知识宣传展出活动、环境保护知识竞赛活动、植树节植树活动、清除校园各类垃圾活动等。

作为一名当代大学生,应该充分意识到参与劳动实践对个人成长成才具有非常重要的意义。无论是他人安排的劳动实践任务,还是自己计划的劳动实践任务,都应该要采取积极主动的态度去完成这项工作。只有采取积极主动的态度去完成工作,才能实现劳动实践项目对个人品德修养提高的作用,才能实现个人劳动技能的提高。因而如何组织、实施劳动实践活动,并对劳动实践活动进行正确客观的评价,显得尤为重要。

第二节　劳动实践的开展和评价

做好整体规划是任何一项劳动实践活动顺利开展的前提条件。想要劳动实践活动取得比较好的效果,应当做好劳动实践项目的计划、劳动实践内容的实施和劳动实践结果的评价反馈工作。没有规划的劳动实践往往是盲目和无效的。劳动实践计划是劳动实践组织的起点和依据,劳动实践安排实施是劳动实践项目顺利开展的保障,劳动实践活动反馈是劳动实践项目是否取得成效的评价标准。新时代大学生需要重视劳动实践活动的规划能力、实施能力和评价能力的培养。

一、劳动实践的计划

制定工作计划是制定目标和达成目标所必需的行动。实践活动的选择可以分为三个步骤:第一步,确定目标;第二步,对个人或团队进行评估,从而确定实现目标所需要采取的行动路线;第三步,收集相关资料,并制定计划,确定如何配置资源来实现目标。劳动实践计划主要应该包括目标、方法、具体安排、保障措施。

(一)实践活动选择

1. 确定目标

达成目标是完成劳动实践的基本前提,没有目标,劳动实践的成功完成就无从谈起。组织劳动实践应根据劳动实践目的确定实践项目。想要锻炼自己的生活技能,可以选择日常生活类劳动实践;想要提高自己的专业技能,可以选择生产类劳动实践;想要提前了解社会、走入社会,可以选择服务类劳动实践。

2. 自我评估

自我评估的目的是认识自我、了解自我。只有认识、了解自我之后,才能制定适合个人或团队需要的劳动实践计划。自我评估的内容包括个人或团队成员的性格、兴趣、技能、特长、智商、情商、思维方式与方法等。正确地进行个人或团队成员评估,能够扬长避短,发挥团队成员或个人的优势。可以通过对自己以往的劳动实践经历及经验进行分析,找到团队成员或个人的兴趣点与技能。自我评估一定要全面、客观、深刻,不能过于片面。比如在专业课程里学习到了哪些技能? 在以往的劳动实践经历中积累了哪些知识或技巧?

3. 收集资料

大学生运用信息资料搜集的常用方法,广泛搜集完成劳动实践任务所需要的相关资料。比如劳动实践项目需要哪些劳动技巧和专业技能,需要使用哪些工具和材料,劳动实践的基本流程等内容。搜集信息资料的常用方法有如下几种:通过互联网搜索收集资料;到图书馆查阅相关书籍、报刊;观看或收听相应电视或电台中与劳动实践相关的节目;咨询教师、志愿者、工作人员等专业人士;购买专业机构编写的相关资料等。

比如以"学做上海菜'肉丝豆腐羹'"这一劳动实践项目为例,目的是锻炼自己的生活技能,培养独立生活能力等。接着需要对自己进行评估,自己之前有没有做过类似的事情?这道菜自己会不会做?有没有信心做好?最后,进行资料收集。比如查找"肉丝豆腐羹"菜谱,制作视频教程,请教家人、朋友具体制作方法。

(二)实践计划设计

在个人或团队确定劳动实践项目后,需要对劳动实践项目如何开展做出计划。设计完整的劳动实践计划,应该包括目标、方法、具体安排、保障措施等内容:

1. 任务名称,即确定的劳动实践项目名称,比如寝室卫生清洁、种植树木等。

2. 劳动目标,即明确通过参加劳动实践项目,能达到怎样的目的,比如掌握何种技巧,理解何种知识,培养何种能力。

3. 劳动内容,即围绕着任务名称,对劳动实践项目进行进一步的说明。

4. 劳动方法,即劳动实践项目中所采用的劳动方法,包括劳动过程需要使用的工具,工具使用的方法、步骤及注意事项。

5. 劳动过程,即参加劳动实践项目的具体过程,原则上按照实际劳动过程中事件发生的先后顺序进行编写,进一步明确劳动过程中的动作要点、注意事项,以及劳动过程中常见的问题及易犯错误等。

6. 劳动成果,即劳动实践项目完成后的呈现形式,可以通过实物、图片等形式展示,也可以通过录制劳动过程视频的方式呈现劳动过程。

以"美化校园 清洁家园"活动为例,解释说明如何制定劳动实践计划表,见表4-3。

表4-3 劳动实践计划表

劳动实践计划表	
劳动实践主题	美化校园 清洁家园——我爱我家活动
劳动实践类别	□个人劳动实践 ☑团队劳动实践
劳动目标	(1)培养勤于动手的能力,和甘于吃苦、乐于奉献的精神。
	(2)理解校园环卫人员的付出,珍惜他人的劳动成果。
	(3)增强校园主人翁的意识,养成良好的生活习惯和生态保护意识。
劳动内容	校园清洁活动,清理校园内操场、道路、草坪等公共场所的垃圾、枯枝、落叶,清理公告栏、楼墙内外、路灯杆等处粘贴的广告。
劳动工具	抹布、扫把、垃圾铲、垃圾袋、拖把、水桶、清洁剂、刷子、夹子、橡胶手套、小铲子。

续　表

劳动实践任务内容	具　体　内　容	注意事项
劳动方法	团队成员合理分工,责任到人。	分工不分家,注意团队合作。
	由上到下,先操场运动器材,再地面。	
	先干后湿,先清理操场异物,再擦拭。	
劳动过程	(1) 以班级为单位,在规定的时间内,到操场的司令台前集合,参加活动启动仪式,做活动动员。	保护人身安全;合理分工;注意垃圾分类;正确使用清洁剂。
	(2) 以班级为单位,领取劳动工具和清洁用品,并到达负责的区域。	
	(3) 各班级内部要合理分工,注意清洁注意事项,保护个人人身安全,按顺序擦拭运动器材、捡拾操场异物、清洁操场固渍、清扫操场垃圾。	
	(4) 活动结束后,以班级为单位收回清洁工具。	
	(5) 组织相关人员评比。	
评分		

备注：评价结果采取"优秀、良好、合格、待改进"四个等级评定。

课堂互动

......

请以小组为单位,设计一项劳动实践活动计划表,注意完整性与可行性。

二、劳动实践的开展

劳动实践的顺利开展,需要参与者充分发挥个人主观能动性,积极主动地完成计划。

(一) 实践任务实施

1. 落实实践工作内容

在制定好合理可行的实践方案之后,要严格按照计划要求,脚踏实地地落实工作内容。在劳动实践过程中,要注重规范操作,强化规范意识,注重从最基本的程序学起,严守规则,避免主观随意,每个步骤、环节都要精准到位,要特别关注"注意事项"、易出问题的节点及操作的重点事项,对可能出现的问题给予高度重视,并尽最大可能找到解决问题的方案。强化专注品质,注重对操作行为的评估与监控,做到眼到手到心到,有始有终。在劳动过程中,要发扬吃苦耐劳和乐于奉献的精神,全身心地投入到劳动实践工作中,在实践过程中,主动迎接挑战,敢于克服困难,不断提高劳动效率,取得更大的劳动实践成果,提升自己的劳动技能。

2. 比对劳动计划与结果

在劳动实践项目完成之后,及时将自己的实践成果与自己原定的计划目标进行比较,找到两者之间的差距,在可能的情况下,对劳动实践成果进行补救,使劳动成果尽可能做到尽善尽美。

(二)实践过程记录

如实做好劳动实践过程记录。为了能够在劳动实践完成之后顺利开展评价工作,大学生在实践过程中要客观记录劳动实践过程,记录的内容包括劳动实践主题,劳动实践活动的持续时间、劳动的强度、劳动实践中记录人所承担的角色、劳动实践分工情况,及时、如实地填写"劳动实践记录表",并收集劳动实践相关事实材料,比如劳动现场照片、作品、研究报告、实习实践单位评语证明等。劳动实践记录和事实材料要真实、有据可查,为劳动实践评价提供必要的基础材料。

以"走进社区　服务社会"活动为例,解释说明如何填写劳动实践过程记录表,见表4-4。

表4-4　劳动实践过程记录表

劳动实践过程记录表

劳动实践主题	走进社区　服务社会
劳动实践类别	□个人劳动实践　　　☑团队劳动实践
项目开始及完成时间	××××年××月××日××点××分~××点××分
劳动实践的任务内容	完成过程记录
参与社区管理,做好宣传工作	协助社区出墙报、普法宣传,进行清洁楼道、拾捡垃圾等活动,清理绿化带内随意丢弃的垃圾。
社区卫生清洁	捡拾社区垃圾2袋,清理了社区内墙面上张贴的广告。
服务社区居民	为××户社区居民分发报纸,服务孤老,为社区6户孤寡老人做家务事,收集社区废品,并将其卖掉,用废品回收所得为社区买了5盆花。
绿色环保宣传	开展了节约用水、保护水资源的宣传活动,共有30人到现场听讲座,开展了对本地区水资源状况的调查,共收回问卷200份。
劳动成果展示	［放置拍摄相应照片组合］

三、劳动实践的评价

2020 年 3 月,中共中央、国务院印发了《关于全面加强新时代大中小学劳动教育的意见》指出:"健全劳动素养评价制度。将劳动素养纳入学生综合素质评价体系,制定评价标准,建立激励机制,组织开展劳动技能和劳动成果展示、劳动竞赛等活动,全面客观记录课内外劳动过程和结果,加强实际劳动技能和价值体认情况的考核。"劳动实践的评价,即对劳动实践效果进行反思、交流与展示,它是劳动实践的重要环节,劳动实践评价将实践结果与实践过程结合,其目的是促进学生劳动技能和劳动素养的全面提高。

2020 年 7 月,教育部印发《大中小学劳动教育指导纲要(试行)》文件指出:"将劳动素养纳入学生综合素质评价体系。以劳动教育目标、内容要求为依据,将过程性评价和结果性评价结合起来,健全和完善学生劳动素养评价标准、程序和方法,鼓励、支持各地利用大数据、云平台、物联网等现代信息技术手段,开展劳动教育过程监测与记实评价,发挥评价的育人导向和反馈改进功能。"

(一)评价标准制定

1. 自评

大学生经过劳动实践,既能知道劳动技能得到锻炼与提升的情况、理论知识学习的掌握情况,又能清楚明白劳动实践过程所需要的劳动态度、劳动方法与劳动技能的情况,因此可以从其个人的主观角度,对个人参与劳动的要素进行自我评价。自我评价是对个人参加劳动实践活动自我反思的方法,既能促进大学生不断反思劳动实践效果,巩固劳动实践成果,又能促进大学生劳动素养的提升和素质的全面发展。

2. 他评

他评是对他人劳动实践活动的评价,目的是帮助他人反思劳动实践,也是服务于他人的发展,使评价对象取得更大的进步。实施劳动实践评价的主体主要有学校教师、企业或社会相关人员、同学等。他人评价的目的与自我评价相关,都是为了促进被评价对象劳动技能和劳动素养的全面提高。在实施他人评价时,不仅要关注被评价对象所习得的理论知识及专业技能情况,更要关注被评价对象对复杂的、具有不确定性的现实问题的解决能力;不仅要关注对理论知识的理解或应用,更要关注被评价对象综合运用和主动创生知识的能力;不仅关注被评价对象劳动实践的内容,更关注被评价对象如何实践;不仅关注被评价对象个体,更关注被评价对象能否进行团队合作和有效的沟通与交流。

(二)实践评价实施

1. 自评

(1)劳动实践者需要对自己的劳动态度进行自我评价。比如劳动实践项目选择是否科学合理,是否充分考虑到个人或团队理论知识与劳动技能储备,是否充分考虑到劳动实践项目对个人或团队劳动技能与劳动素养的锻炼提高,劳动实践项目实施计划是否详细周密,是否对劳动方法、劳动过程、劳动操作注意事项有充分的了解与准备,在劳动过程中是否做到了积极主动、踏实肯干、持之以恒、全力以赴,项目完成得是否及时高效,对劳动实践过程的记录是否真实、完整,文字表达是否清晰准确。

(2)劳动实践者需要对自己的劳动收获进行自我评价。主要反思在参加劳动实践的过程中有哪些收获,运用到了哪些理论知识与劳动技能,锻炼了自己哪些劳动精神与劳动品质,是否达到了个人或团队参加劳动实践的目的。

(3)在以上反思与自我评价的基础上,选择合适的劳动成果展示方式,展示个人或团队的劳动成果,向他人介绍劳动过程,交流劳动实践的心得体会,听取他人意见,并根据个人或团队的实际情况认真填写"劳动实践评价表"。

2. 他评

对劳动实践者开展他人评价时,首先要查阅"劳动实践计划表""劳动实践过程记录表",认真观察他人或团队的劳动成果,仔细聆听他人介绍,积极参与成果讨论,发现别人劳动成果与劳动过程中的优缺点,然后主要围绕着劳动态度、劳动收获、完成效果等方面展开评价,从而给出公正客观的评价。在综合以上方面评价内容,结合具体劳动实践任务的基础上,制定相应的评价标准,并制作"劳动实践评价表"。

以"陶艺制作之陶瓷水杯制作"活动为例,解释说明如何制作劳动实践评价表,见表4-5。

表4-5 劳动实践评价表

劳动实践评价表

劳动实践项目名称	陶艺制作之陶瓷水杯制作			
评价项目	评 价 标 准	自我评价	同学评价	教师评价
劳动态度	积极主动、踏实肯干、持之以恒	优秀	优秀	优秀
	劳动实践项目选择科学合理	优秀	优秀	优秀
	劳动实践计划制定详细周全	优秀	良好	良好
	劳动实践前期准备工作完备	优秀	优秀	优秀
	劳动实践实施流程清晰明了	优秀	优秀	优秀
	劳动实施过程操作准确规范	优秀	优秀	优秀
	劳动实践项目完成及时高效	优秀	良好	良好
	劳动实践过程记录真实、完整、文字表达清晰	优秀	良好	良好

续　表

评价项目	评 价 标 准		自我评价	同学评价	教师评价
劳动收获 (内容由劳动实践人填写)	运用理论知识	(1) 割泥线、棉麻布、擀面杖、吸水海绵、泥塑刀、修坯刀、转台等工具正确的使用方法	优秀	优秀	优秀
		(2) 泥条盘筑工艺	优秀	优秀	优秀
		(3) 捏、雕塑成型工艺	优秀	优秀	优秀
	运用劳动技能	(1) 底盘制作方法	优秀	良好	良好
		(2) 泥条搓揉方法	优秀	优秀	优秀
		(3) 泥条黏合方法	优秀	良好	良好
	其他感悟	(1) 工作需要有耐心、细心,不要急于求成	优秀	优秀	优秀
		(2) 工作过程中要多看多问,不断自我反省	优秀	优秀	优秀
		(3) 制作之前要先设计好产品图	优秀	优秀	优秀
完成效果	劳动成果展示方式选择恰当		优秀	优秀	优秀
	劳动过程及劳动成果介绍清楚明白		优秀	优秀	优秀
	劳动成果的完成达到预期计划要求		优秀	良好	良好
总评			优秀	优秀	优秀

备注:评价结果采取"优秀、良好、合格、待改进"四个等级评定。

课堂互动

....

　　请以小组为单位,选择一项曾经参加过的常见劳动实践活动,制定劳动实践评价表。

　　劳动实践是创造物质财富和精神财富的过程,是人类特有的基本社会实践活动。新时代大学生是朝气蓬勃的青年人,是新时代的弄潮儿,更应该是一个崇尚劳动、尊重劳动、热爱劳动的时代新人。中华民族自古以来就是勤劳的民族,大学生应高度重视劳动素养的培养,在劳动的过程中培养专业技能和业务水平,成长为德智体美劳全面提升的综合素质型人才,用自己的辛勤劳动、诚实劳动和创造性劳动致力于实现中华民族伟大复兴的中国梦。

本章小结

　　通过学习如何组织劳动实践活动,明确大学生要有目的、有计划地参加生活、生产和服力性的劳动,在劳动实践中做好知识、技能、管理、合作等各项准备。通过学习如何制定劳动实践计划、实施和评价劳动实践,在劳动的过程中培养活动规划能力,提升自身的劳动能力和劳动素养,使劳动实践活动的参与富有成效。

拓展思考

把工匠精神"种"进年轻人心里:耐得下性子,总有一天会发光

健全公共服务,关注年轻工人的精神需求和求技渴望;转变观念,帮助年轻人从生产一线获得从"工"到"匠"的成长动力;厚植劳模精神、劳动精神、工匠精神的社会土壤,让年轻人感受到劳动光荣、技能宝贵的社会氛围……今年的全国两会上,代表委员们建言献策,推动更多年轻人走进工厂,成长为产业工人大军中的一员。

"耐得下性子,总有一天会发光。"

"学技能、进工厂还有前途吗?"去年,在一次"劳模进校园"宣讲活动中,有一位职高学生向全国劳动模范、常州老三集团工会主席李承霞代表抛出这个问题。

"当然,未来智能制造需要你们这样的年轻血液涌入。"这次互动问答,让李承霞代表意识到,迫切需要对青少年进行劳动教育,让他们认识到学技能的价值,树立正确的就业观。

"一些年轻人眼高手低,不愿放下身段去车间。"代表委员们指出,当下,社会上存在这样的浮躁心态。

"培养技工与培养医生、老师是一样的。"哈尔滨东安汽车动力股份有限公司研发中心高级技师苗秀代表建议加大宣传,"要让他们了解,一名技工要真正成长起来,至少需要5年—8年,也许短期内看不到成效,但只要耐得下性子,总有一天会发光。"

2020年,白映玉代表获评广东省广州市南沙区第二届"南沙金牌工匠",获得100万元的奖励,徒弟们备受鼓舞。

在代表委员们看来,需要改变的,还有年轻人对工厂的"刻板印象"。"很多学生和家长觉得制造业就是'苦脏累'的代名词。其实,很多现代化工厂是无尘车间,工人的劳动强度已经大大降低。"松下家电(中国)有限公司松下康养商品营销部全域营业课课长刘廷代表所在的企业,从前端零部件的入库、出库,到成品的码垛、搬运都实现了自动化。

思考题:阅读上述材料,围绕劳动实践与知识学习的关系,思考当代大学生如何才能让自己"发光"。

实践项目

请运用本章学习到的劳动实践组织的相关知识,结合自身实际情况,设计一项与专业相关的劳动实践活动方案,并完成该实践项目的组织实施工作,最后以小组为单位对完成的项

目成果开展自评和互评,从而熟练掌握组织生产劳动实践的方法。

知识链接

1.《中国大能手——匠心筑梦》,央视网,2018 年 5 月 1 日。

2. 八集系列纪录片《中国志愿者》,央视网,2017 年 11 月 24 日。

第五章
劳动品质的养成

📍 学习目标

1. 了解劳动态度的内涵与构成要素;
2. 掌握大学生积极劳动态度养成的内容;
3. 掌握大学生劳动品质涵育的内容与途径。

📄 内容导读

敦煌壁画守护者：李云鹤

倾心一件事,干了一辈子。莫高窟,735座洞窟,世界文化遗产,隐藏在大漠深处的艺术瑰宝。当24岁的李云鹤第一次来到这里时,却被看到的景象震惊了,壁画像雪片一样往下脱落,修复敦煌千年壁画是世界难题、前无古人,李云鹤看到这令人痛心的一幕决定留下来,成为敦煌第一位专职修复工匠。从24岁进入洞窟修复壁画至今60余年的2万多天里,李云鹤做着除尘、灌胶、滚压、回贴等重复甚至些许枯燥的工作,使4 000多平方米岌岌可危的精美壁画再露"花容月貌"。他也从一窍不通,到不断尝试、摸索、创新,再到技艺炉火纯青,多次开壁画修复先河,最终成为石窟类壁画修复界的"一代宗师",被誉为我国"文物修复界泰斗"。

问题探究： 从敦煌壁画守护者李云鹤的案例中,思考大学生应该树立什么样的劳动态度。

当李云鹤24岁第一次走进敦煌那一刻,就决心担负起文物修复的使命与责任,至今从未卸下过。他克服饮苦水、点油灯、风沙袭扰等常人难以忍受的艰难困苦,用一生心血守护敦煌艺术,却"身在苦中不知苦",在执着坚守中书写不凡业绩,成就壮美人生。

第一节　劳动态度的形成

正确劳动态度的形成和确立是劳动教育的重要方面,是调动劳动者积极性和创造性的首要问题。加强大学生劳动态度教育是实现劳动教育目标的重要途径,同时能够引导大学生养成良好的劳动品质,也是大学生实现用劳动创造美好生活的必要前提。

一、劳动态度的内涵与特征

在理解劳动概念的基础上深入学习掌握劳动态度的内涵,有利于大学生加深对劳动的全面认知,并更好地投入劳动实践中。

(一)劳动态度的内涵

劳动态度是劳动观的重要组成部分,是指个体在一定的劳动价值观支配下,对劳动的积极或消极的评价性反应,表现于个体在长期劳动中形成的情感体验或者行为倾向中,是在劳动实践中形成的一种相对稳定的心理倾向。

(二)劳动态度的特征

1. 相对稳定性

劳动态度是个体在长期劳动生活中形成的对劳动的看法、评价、信念等,劳动态度的稳定性是相对而言的,在一定程度上或一段时间上是稳定的。

2. 内隐性

劳动态度以内隐的形式存在于个体自身内部,人们往往是通过个体外在表现出来的对劳动的看法、观点、意见、行为等来推测个体对劳动的态度,这些看法、观点、意见、行为是劳动态度的外化,并不是劳动态度本身。

3. 预测性

劳动态度表现于个体的行为倾向中,心理学研究认为态度和行为互相支持,态度对行为具有一定的影响作用,但是也会出现态度和行为相背离的情况。劳动态度对劳动行为具有一定的预测作用。

二、劳动态度的构成要素

大部分社会心理学家认为态度由认知(Cognitive)、情感(Affective)、行为倾向(Behavior)三种要素构成。劳动态度作为一种心理现象,对劳动这一社会现象同样具有劳动认识、劳动情感和劳动行为倾向。

(一)劳动认知

劳动认知主要是指个体对劳动这一社会现象的觉察、观点、信念和评价等。劳动认知不仅包括个体对劳动的认识和理解,更重要的是我们往往对劳动对象带有个人的主观评价。如一个人不仅认识到劳动创造了人类、劳动创造了人类社会,同时也认识到要幸福就要奋斗,他就会努力学习、认真工作,希望通过自己的双手去创造自己想要的生活。反之,他就会无所事事、投机取巧、妄图一夜暴富、不劳而获。

（二）劳动情感

劳动情感主要是指个体对劳动这一社会现象所持有的一种情绪和情感体验,包括正向和负向、积极和消极的情感。积极的劳动情感包括热爱劳动、尊重劳动者及劳动成果,消极的劳动情感包括鄙视劳动、不尊重劳动者及劳动成果等。个体对劳动的每一个认知元素会产生相应的正向或负向感受,这些相互作用的感受最后会形成对劳动的总体评价。心理学研究表明情感比认知更为重要,态度扎根于情感中,所以劳动情感对一个人的影响更大。如大学生利用假期参与社会实践,通过自己的个人努力获得劳动财富,在这过程中才会深刻体会到劳动的价值,体会到通过劳动获得的幸福感,深刻理解劳动成果来之不易。经过这样亲身的经历和感受才会产生积极的劳动情感,也就更懂得尊重劳动、劳动者及劳动成果。

（三）劳动行为倾向

劳动行为倾向主要是指个体对劳动这一社会现象所持有的意向和偏好,是个体在劳动之前的准备状态,是建立在劳动认知和情感基础上产生的行为。如个体在对劳动有了一定的认识、理解、评价之后,就会产生相应的劳动情感,比如是热爱劳动还是厌恶劳动。热爱劳动的人就会主动学习相关知识、增强专业技能,从而为将来进入职场奠定坚实的基础。相反,厌恶劳动的人就不会去学习,也不会去提高自己的专业技能,整日衣来伸手、饭来张口。

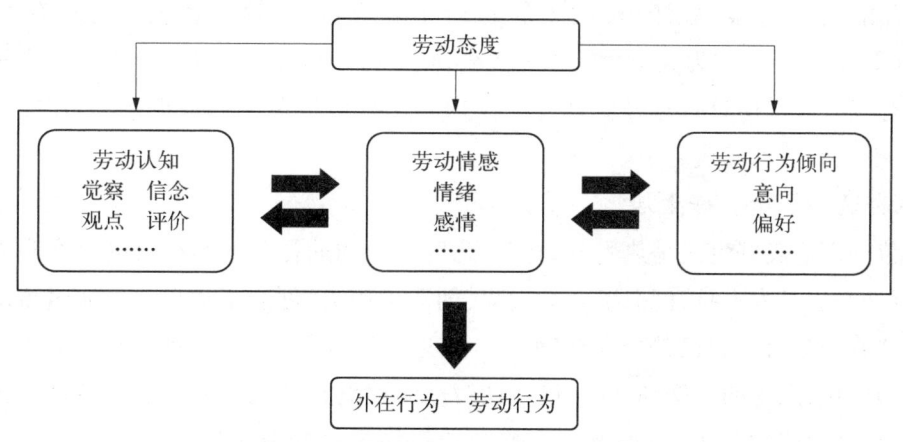

图 5 - 1　劳动态度的三个成分之间的关系图

劳动认知、劳动情感、劳动行为倾向三者之间内在关系如图 5 - 1 所示:首先,劳动态度的三个成分之间相互依存、相辅相成、协调一致,个体对劳动的认知会影响其对劳动的评价,从而也会产生对劳动的相应行为倾向。当然劳动态度的三种成分之间协调一致也是相对的,在一定程度上也会存在不协调甚至自相矛盾的情况。当出现不协调的情况时,个体则会采取一些方法进行调整使之重新恢复协调一致的情况。其次,劳动态度的关键是肯定或否定、赞成或不赞成的情感成分。劳动认知能够产生对劳动的积极或消极的劳动情感,反之,劳动情感也能够产生相应劳动认知。劳动情感对劳动行为倾向具有驱动作用,劳动行为倾向、劳动本身也会影响劳动认知。再次,劳动态度只是在某种条件下与劳动行为相联系。劳动态度中的劳动行为倾向成分能够在一定程度上预测和决定行为,劳动行为倾向是劳动态度转化为劳动行为的起锚器。最后,劳动认知、劳动情感、劳动行为倾向三者之间的关联程度不尽相同。根据心理学家的研究结果来看,对于大多数研究者来说,情感成分的评价作用是主要的。情感和行为倾向的相关程度高于情感和认知、认知和行为倾向的相关程度。在劳动认知、劳动情感和劳动行为倾向三种成分中,劳动认知相对独立,与劳动情感和劳动行为倾向之间关联程度也比较低。

三、劳动态度的培养与形成

马克思认为,青年教育要遵循教育与生产劳动相结合的原则,劳动对人的全面发展具有重要作用,青年大学生要成为有理想有本领有担当的时代新人,树立正确的人生观、价值观、劳动观至关重要。养成积极的劳动态度不仅有利于教育和培养青年大学生树立正确的劳动观和人生观,而且能够为实现"中国梦"夯实基础。新时代大学生要以"爱"为源、以"勤"为本、以"诚"为基,形成积极正确的劳动态度。

(一)热爱劳动

热爱劳动是大学生养成积极劳动态度的不竭源泉。苏霍姆林斯基认为"热爱劳动——这首先属于孩子情感生活的范畴",[①]并且认为劳动能够让孩子产生丰富而深刻的情感体验,认为"只有能使人劳累、流汗、长茧子的劳动才能培养出细腻、敏感、坚强、有温情的心灵"。[②] 因此,要让劳动成为大学生快乐的源泉,热爱劳动是我国劳动教育中最为重视培养的基本劳动态度。大学生只有热爱劳动才能在内心深入懂得劳动的真正意义,才能够将热爱化为行动,投入到劳动实践之中。

1. 体会劳动创造美好生活

体会劳动创造美好生活是热爱劳动劳动态度形成的前提。人类社会的存在和发展离不开劳动,劳动创造了人本身,创造了人类文明、创造了历史、创造了世界。人通过劳动确证自己的本质,"真正地证明自己是类存在物"[③]。人通过劳动不断发展自己,在劳动中探索未知的自己,提升自己人生的广度和深度,最终在劳动中达到自我完善和发展。劳动在创造人本身的同时,也是价值的源泉,正如英国古典政治经济学家威廉·配第所说:"土地是财富之母,劳动是财富之父。"人们通过劳动获得生活的必需品,劳动是我们维持生计的重要手段,劳动创造了我们美好、幸福的生活。新时代大学生要体会劳动创造美好生活,怀揣对劳动的热爱之情,培养勤俭、奋斗、创新、奉献的劳动精神。

2. 感受劳动带来的乐趣

人们在劳动中既有体力上的消耗,同时又会伴随着精神上的愉悦感与幸福感,感受劳动带来的乐趣是热爱劳动劳动态度形成的内在驱动力。劳动带给人的愉悦感和幸福感主要有

---

① [苏] B.A.苏霍姆林斯基著.育人三部曲[M].唐其慈等译.北京:人民教育出版社,1998:262.
② [苏] B.A.苏霍姆林斯基著.睿智的父母之爱[M].罗亦超译.石家庄:河北人民出版社,1999:11.
③ 马克思、恩格斯·马克思恩格斯文集(第1卷)[M].北京:人民出版社,2009:163.

两个层面：一是劳动过程及劳动成果带给人的快乐。我国很早就有记载有关劳动的诗句，在传统的农耕文明下，我们可以通过当时的文学作品，真切感受到劳动给人们带来的快乐，带给人们心灵上的满足感。如宋代诗人范成大《四时田园杂兴》之一："新筑场泥镜面平，家家打稻趁霜晴。笑歌声里轻雷动，一夜连枷响到明。"诗中描写了农民通宵打谷的繁忙景象，似乎能够听到他们的欢笑和歌声，通过劳动收获五谷的喜悦心情跃然纸上。二是在服务社会、无私奉献中感受劳动带来的幸福感。社会的有序发展需要各行各业的劳动者在自己的工作岗位中默默奉献。以我们生活中的必需品电为例，电对我们的生产、生活都非常重要，有这样一群人，他们长期工作在白雪皑皑的戈壁荒滩、沙漠或一望无际的大海上，迎风而立，对风当歌，远离家人与高高风机为伴，这就是无数风电工作者的真实写照，他们用辛勤的劳动给人们带去了光明和希望，解决在偏远地区分散居住的广大农牧民生活生产用电问题，提高了人们的生活品质。从风电人自己写给自己的歌《风电郎》中我们可以感受到他们工作的辛苦以及在奉献社会中获得幸福感，这种幸福感更加持久而珍贵。作为新时代的奋斗者，不管是我们作为大学生还是今后踏入工作岗位，美好的生活需要我们坚持不懈、驰而不息地艰苦奋斗，积极投身于劳动实践，树立热爱劳动的思想，养成热爱劳动的习惯，通过自己的努力、流汗完成劳动任务，在劳动实践中增长才干和磨炼意志，并切身感受劳动所带来的乐趣和收获。

知识拓展

风 电 郎

我是一个风电郎，远离家乡在外闯，晴天烈日照脸庞，雨天泥地印两行，铁鞋踏破路漫长，高高风机竖天上，天当房来地当床，再苦再累心亮堂，当我爬上那机舱，拨开雾霾看见阳光，看见亲人殷切的目光，我亲爱的爹娘，请你相信好儿郎，养育之恩不能忘，只是暂时工作太忙，无法陪在你身旁，请你理解请你原谅，恋人分别各一方，妹盼大哥早还乡，朦胧夜色撒地上，夫妻恩爱情意长，思念亲人心里藏，四海漂泊习为常，长年累月在外忙，储存能量创造辉煌，当我爬上那机舱，为世界播撒芬芳。看见你在家乡遥望，我亲爱的姑娘，请你相信风电郎，对你的承诺不会忘，等那蒲公英开满草原上，风机插满山坡上，带你去看美丽的天堂，当我爬上那机舱，为世界播撒芬芳，看见你在家乡遥望。

课堂互动

分享劳动带给自己的喜悦与幸福感。

3. 养成热爱思考的习惯

从感受劳动之乐到产生热爱劳动之态度，对劳动的热爱并不是先天就具备的，而是要在劳动实践中逐渐培养起来的。苏霍姆林斯基曾说:"热爱劳动这一作为道德面貌的最主要的特征还要在精神生活即智力生活、感情生活、意志生活中养成。不爱动脑筋的人就不可能成为爱劳动的人,很少动感情的人就不可能成为爱劳动的人。"劳动本身就是一种丰富多彩的精神生活,在劳动中思考、创新劳动形式、内容等,激发劳动兴趣,培养热爱劳动的思想,只有爱思考才能激发无穷的创造力,激发个体最大的潜能,才能真正发挥劳动的价值,才能通过劳动在实现个人价值的同时创造社会价值。

我国《宪法》规定:"劳动是一切有劳动能力的公民的光荣职责。"在中华人民共和国成立之初提出的"五爱"中就包括"爱劳动"这方面的内容。高尔基曾说:"人的天赋就像火花,它既可以熄灭,也可以燃烧起来。而逼使它燃烧成熊熊大火的方法只有一个,就是劳动,再劳动。"新时代的大学生要以"爱"为源,树立热爱劳动的基本劳动态度,让劳动成为大学生受内心驱使的自觉自愿行为,将中华民族热爱劳动这个传家宝代代相传,用劳动创造美好生活。

(二)辛勤劳动

辛勤劳动是大学生养成积极劳动态度的根本要求。习近平总书记提出:"广大青年要牢记'空谈误国、实干兴邦',立足本职、埋头苦干,从自身做起,从点滴做起,用勤劳的双手、一流的业绩成就属于自己的人生精彩。"①新时代大学生要以"勤"为本,在工作、生活中要传承勤劳美德、做到勤学笃行,通过辛勤劳动实现个人理想,努力成为新时代的合格劳动者。

1. 传承勤劳美德

在思想上,辛勤劳动要求大学生要传承中华民族的勤劳美德。"富贵本无根,尽从勤里得。"中华民族是世界上最勤劳的民族之一,中国人民始终具有勤劳的优秀品质。勤劳是中国人民世代相传的美好品质,中国人民历来都崇尚辛勤劳动,对于中国人来说,勤劳是刻在中国人骨子里的,刻在我们中华悠久传统中的,在中国人的血脉中代代相传。不管处在顺境还是逆境,不管时代如何发展,中国人民始终辛勤劳动、发明创造,为人类文明贡献巨大力量,在天文、科技、建筑、手工业、地理等诸多领域都取得了无可比拟的成就。如万里长城、都江堰、天文仪、大运河、故宫、布达拉宫以及素纱禅衣、榫卯结构、"四大发明"等,这些都是中国人民勤劳智慧的结晶,凝聚着中国人民勤劳付出的汗水和辛劳。新时代大学生要传承勤劳这一中华传统美德,积极奋斗,用辛勤的汗水收获属于自己的幸福人生。

2. 做到勤学笃行

在行动上,辛勤劳动要求大学生要做到勤学笃行。社会主义荣辱观其中一条重要内容就是"以辛勤劳动为荣,以好逸恶劳为耻"。辛勤劳动包括勤学和勤劳两个方面的内容。勤学意味着要下得苦功夫,求得真学问。在信息化时代的今天,知识迭代更新越来越快,这就要求新时代的劳动者要树立终身学习的理念,正如习近平总书记指出:"广大劳动群众要勤于学习,学文化、学科学、学技能、学各方面知识,不断提高综合素质,练就过硬本领。要立足

---

① 习近平.让青春在奉献中焕发绚丽光彩——习近平总书记关于青年工作重要论述[N].人民日报,2021-05-04.

岗位学,向师傅学,向同事学,向书本学,向实践学。"①勤劳意味着劳动者要脚踏实地、苦干笃行。习近平总书记在全国脱贫攻坚总结表彰大会上的讲话:"脱贫攻坚取得举世瞩目的成就,靠的是党的坚强领导,靠的是中华民族自力更生、艰苦奋斗的精神品质,靠的是新中国成立以来特别是改革开放以来积累的坚实物质基础,靠的是一任接着一任干的坚守执着,靠的是全党全国各族人民的团结奋斗。"②回溯历史,我国从积贫积弱、任人欺凌发展成为世界第二大经济体,就是依靠一代又一代人艰苦奋斗、辛勤工作、忘我奉献,面对各种机遇与挑战,新时代大学生需要勤学增志,苦干笃行。

(三)诚实劳动

诚实劳动是大学生养成积极劳动态度的基本准则。2013 年 4 月 28 日,习近平总书记在全国劳动模范代表座谈会上的讲话深刻揭示了诚实劳动的价值。习近平总书记指出:"每个人的美好梦想,只有通过诚实劳动才能实现;发展中的各种难题,只有通过诚实劳动才能破解;生命里的一切辉煌,只有通过诚实劳动才能铸就。"③加强劳动态度的培育,不仅要树立热爱劳动的态度,更要求劳动者在劳动中不欺骗不作假,将"诚实守信、积极实干、合法守规"作为劳动者的基本行为要求,成为诚实劳动的践行者。

1. 诚实守信

诚实劳动要求在个人与他人、社会之间,必须做到诚实守信,反对弄虚作假、以次充好、损人利己。党的十八大提出要培育和践行社会主义核心价值观,在个人层面要求个人要做到"爱国、敬业、诚信、友善",这就要求我们每个人不仅要爱国、友善,还要做到敬业乐业、诚实守信、实事求是。《孟子》和《中庸》都强调:"诚者,天之道也;诚之者,人之道也"。古人认为,诚,真实也,而真实是宇宙万物的本性,如春、夏、秋、冬四季的交替轮换。宇宙万物就是真实的存在,这是天道之诚,而人之诚源于天道之诚。人之诚与天道之诚不同,人之诚需要个体克服"本我"中的恶,修身养性,是遵循天道之诚努力实践的结果。正如程颐所说:"学者不可以不诚,不诚无以为善,不诚无以为君子。修学不以诚,则学杂;为事不以诚,则事败;自谋不以诚,则是欺其心而自弃其忠;与人不以诚则是丧其德而增人之怨。"④因此,每个劳动者都要做到诚实守信,坚持诚实劳动,尊重劳动规律,按照规律办事不急于求成。劳动中要客观对待劳动成果,不弄虚作假,不以次充好,实事求是。"民无信不立""言必行,行必果",这是社会主义核心价值观对我们每一个劳动者的呼吁,同时也是建设法治国家、法治社会的必然要求。

2. 积极实干

诚实劳动不仅要做到诚实守信,还要求劳动者要有积极实干的精神。马克思在劳动价

---

① 习近平:在知识分子、劳动模范、青年代表座谈会上的讲话[N].新华网.2016-04-30.
② 习近平:在全国脱贫攻坚总结表彰大会上的讲话[N].新华网.2021-02-25.
③ 习近平:在同全国劳动模范代表座谈时的讲话[N].北京:人民日报,2013-04-29(2).
④ 二程集[M](全二册).北京:中华书局,1981:161.

值论中有一个著名的论断："活劳动是创造价值的唯一源泉。"马克思认为价值的源泉是活劳动而不是其他生产要素,马克思所说的"活劳动"可以理解为正在进行的劳动,对于劳动者来说就是要发扬实干、积极、脚踏实地的精神,而不是消极怠工,或者为了获取超过劳动本身的价值回报,采取投机取巧的方式获取劳动报酬,这就违背了诚实劳动,而是我们说的"摸鱼"或"虚假劳动",劳动者要用积极实干创造物质财富,创造美好生活。以中国基建为例,党的十八大以来,随着"一带一路"倡议的不断推进,高铁已经成为中国的一张名片,但是走出国门的不仅有高铁还有我国的基建,被称为"基建狂魔"的中国基建延伸着古丝绸之路的足迹,无数的中建人在南美、非洲、中东等异国他乡,一扎根可能就是几年甚至十几年,用他们的任劳任怨、埋头苦干成就自己、家庭的梦想,用他们的积极实干,将技术、勤勉与和平的祝福带往世界各地,用他们并不厚实的肩膀让世界了解中国,扛起了中国走向世界的梦想。

3. 合法守规

诚实劳动表现在经济活动方面,要求劳动者要按照规章制度办事,要合法守规,不能违法乱纪。劳动中做到合法守规,首先要遵守法律法规。法律是维护社会公平正义的最后一道防线,在工作和生活中要认真遵守国家的法律法规和各项规章制度,绝不触碰法律红线。对于产品和服务的经营者来说,遵守法律法规更是一道安全网,任何投机取巧、机会主义或许可以在短时期内获利,但绝不会基业长青。其次要遵守职业伦理、行业规范和标准。为了社会的有序发展,每个行业都有相应的行业规范,各行各业的劳动者,无论是社会工作者、心理咨询师,还是工程师、技术人员,都要严格遵守行业规范,始终保持严谨务实的劳动态度,不折不扣地完成自己的本职工作,杜绝任何急功近利,违背职业伦理、行业规范的行为。以食品从业人员为例,他们在上岗前要接受健康检查,并经过相关岗前培训,在工作中要做好个人卫生,进入车间穿戴等都有详细的规范,这些规范都要严格执行,否则就可能污染食品,造成食品安全问题。

知识拓展

中华人民共和国国家标准（GB14881—2013）食品安全国家标准　食品生产通用卫生规范（节选）

6.3　食品加工人员健康管理与卫生要求

6.3.1　食品加工人员健康管理

6.3.1.1　应建立并执行食品加工人员健康管理制度。

6.3.1.2　食品加工人员每年应进行健康检查,取得健康证明;上岗前应接受卫生培训。

6.3.1.3　食品加工人员如患有痢疾、伤寒、甲型病毒性肝炎、戊型病毒性肝炎等消化道传染病,以及患有活动性肺结核、化脓性或者渗出性皮肤病等有碍食品安全的疾病,或有明显皮肤损伤未愈合的,应当调整到其他不影响食品安全的工作岗位。

6.3.2　食品加工人员卫生要求

6.3.2.1　进入食品生产场所前应整理个人卫生,防止污染食品。

6.3.2.2　进入作业区域应规范穿着洁净的工作服,并按要求洗手、消毒;头发应藏于工作帽内或使用发网约束。

6.3.2.3　进入作业区域不应配戴饰物、手表,不应化妆、染指甲、喷洒香水;不得携带或存放与食品生产无关的个人用品。

6.3.2.4　使用卫生间、接触可能污染食品的物品、或从事与食品生产无关的其他活动后,再次从事接触食品、食品工器具、食品设备等与食品生产相关的活动前应洗手消毒。

6.3.3　来访者

非食品加工人员不得进入食品生产场所,特殊情况下进入时应遵守和食品加工人员同样的卫生要求。

课堂互动

结合自己的专业,了解相应行业的职业规范。

习近平总书记告诫青年大学生:"用勤劳的双手和诚实的劳动创造美好生活,拒绝投机取巧、远离自作聪明。"①诚实劳动是劳动生活实践中必须遵循的基本准则,于个人而言,在劳动中唯有秉持诚信、实干、积极的精神,遵纪守法,按照国家政策办事,才能创造属于自己的财富,在诚实劳动中成就出彩人生,最终实现人的全面发展。于国家而言,诚实劳动是提升国家综合实力和保持大国风范的精神基因。新时代大学生要以"诚"为基,积极响应党和国家的号召,发挥专业特长,用诚实劳动为实现中华民族伟大复兴贡献青春力量。

第二节　劳动品质的涵育

所谓品质,一是指人的行为、作风所表现的思想、认识、品性等本质;二是指物品的质量。② 劳动品质则是指个体通过劳动生活与后天教育养成的与劳动相关的品质。《大中小学劳动教育指导纲要(试行)》中提出:"能够自觉自愿、认真负责、安全规范、坚持不懈地参与劳动,形成诚实守信、吃苦耐劳的品质。"劳动教育是培育时代新人必不可少的一环,养成良好的劳动品质,对人的全面发展具有极其重要的意义和价值,青年大学生在养成积极劳动态度的基础上,要涵育吃苦耐劳、诚实守信、团结协作的劳动品质。

---

① 习近平.习近平谈治国理政(第三卷)[M].北京:外文出版社.2020:337.
② 李行健.现代汉语规范词典[Z].北京:外语教学与研究出版社,语文出版社,2004:1009.

一、吃苦耐劳

吃苦耐劳是中华民族自古以来的优良传统。自古以来,中国人民就能经得住各种艰难困苦,在苦难中锤炼自身。进入新时代,习近平总书记号召我们要撸起袖子加油干,艰苦奋斗,不负韶华。历史和现实都告诉我们,要实现梦想,就必须努力奋斗,新时代的大学生必须具备吃苦耐劳的品质,在奋斗中释放青春激情,成就出彩人生,以青春之我、奋斗之我,为祖国建设添砖加瓦,为实现"中国梦"注入青春能量。

(一)强化劳动认同

劳动是每一位有劳动能力的人的光荣职责,但是随着信息时代的发展,互联网上面一些不科学、不健康、不正确的言论,极易误导劳动观正在逐步形成的大学生,容易使其陷入一种误解劳动、忽视劳动甚至鄙视劳动的错误观念之中。一方面,反映了新时代青年面临高社会压力,对理想与现实之间落差的不满与愤怒;另一方面,反映了青年在奋斗动力方面存在过度或不足的情况,这些都会影响大学生理性奋斗精神的养成。另外,在自媒体盛行的时代下,很多人追求流量、点击率,网络直播盛行,很多"网红"主播为了提高知名度,蹭热度、追热点,期望一夜爆红。基于以上种种,目前在大学生中存在跟风消费、盲目攀比、缺乏吃苦耐劳的实干精神、急功近利等现象。新时代的大学生肩负着实现国家富强、民族复兴、人民幸福的时代重任,是国家的未来与民族的希望,要继续发扬中国共产党艰苦奋斗、自力更生的优良传统,树立正确观念,热爱劳动,强化劳动认同,用实干诠释新时代大学生的责任与担当。

课堂讨论

....

谈谈如何看待"网红"蹭热度炒作?

2021年8月5日,东京奥运会跳水赛场再次同时升起两面五星红旗,中国选手全红婵、陈芋汐以绝对优势包揽女子十米台冠、亚军。作为中国体育代表团年龄最小的运动员,年仅14岁的全红婵在决赛第二跳、第四跳和第五跳均获得满分,最终以466.20分的总成绩拿到女子十米台历史最高分。在全红婵获得奥运金牌后,很多"网红"主播到她的家乡广东湛江麻章镇迈合村拍照、直播,入夜以后村里车辆依然络绎不绝,不少主播冒雨在全红婵家外直播,甚至暴露其家庭住址,严重影响到家人的正常生活。针对此类违规行为,某直播平台安全中心下架违规视频3 287条,处罚违规直播间106个,处罚违规账号92个,其中永久封禁违规账号32个。

(二)重视劳动体验

我国著名教育家陶行知先生指出:"德育只有通过生活才能发出力量而成为真正的教育。"①列宁强调:"训练、培养和教育要是只限于学校以内,而与沸腾的实际生活脱离,那我们

---

① 方明.陶行知全集(第3卷)[M].成都:四川教育出版社,1991:47.

是不会信赖的。"①对于劳动教育来说更是如此,劳动教育不仅要有课堂上的理论教学,更需要学生在日常生活中去亲自尝试,增强日常生活中的劳动技能。学生在日常生活中的劳动教育就包含了吃苦耐劳品质的养成,离开真实生活中的劳动谈吃苦耐劳的教育就失去了教育的基础,变成了纸上谈兵。因此,吃苦耐劳品质的培养要打通知识世界和生活世界之间的界限,必须植根于学生的真实生活世界,让学生在切身的劳动中感受劳动带来的喜悦和收获,全面、充分了解劳动世界,在劳动过程中加深体验,只有通过劳动培养吃苦耐劳品质才具有强大的生命力。

苏霍姆林斯基认为:"对于儿童来说,只有在他对父母的劳动和社会的劳动有了惊异、崇敬的感情之后,才会产生我也应当做些什么的愿望。"②所以,大学生首先要了解、尊重父母的劳动,并且积极参与力所能及的劳动,学会自我管理、自我劳动、自我服务,培养自身独立生活的能力。其次,要积极主动参与学校与社会组织的各种公益性活动,例如寝室值日活动、去敬老院或福利院进行公益劳动、参加志愿服务等,在参与社会公益活动中感受服务他人、奉献社会带来的成长与收获。最后,要参与和学科相关的专业实践活动,例如专业的实习实训、假期专业社会实践等,能够在劳动中将所学专业与实际生活相结合,加强对专业知识的理解,并逐步转化运用为自身的专业劳动技能。总之,只有打通知识世界与劳动世界之间的界限,回归生活世界,才能在生活世界中培养吃苦耐劳的劳动品质。

(三)正确对待"苦差事"

《大中小学劳动教育指导纲要(试行)》中提出:"让学生动手实践、出力流汗,接受锻炼、磨炼意志。"意志是意识的能动作用,是自我意识中非常重要的组成部分,个体能否做成一件事情,取决于个体是否愿意付出时间、精力、克服困难、追求目标。法国生物学家巴斯德有一段名言:"立志、工作、成功,是人类活动的三大要素。立志是事业的大门,工作是登堂入室的旅程。这旅程的尽头就有个成功在等待着。"③可见,意志在人的成才、成事中具有极为重要的作用。

劳动是磨炼意志非常重要、有效的途径,一直劳动的人往往都有很坚强的意志,一方面是因为劳动过程本身是艰苦的,艰苦的劳动过程能够锻炼个体的意志,另一方面,劳动本身是以获得成果为目标的活动,当人们通过自己的努力获得一个个成就的时候,这些劳动成果本身就会带来强烈的成就感、获得感,从而能够提升个体的意志水平。孟子曰:"故天将降大任于斯人也,必先苦其心志,劳其筋骨,饿其体肤,空乏其身,行拂乱其所为,所以动心忍性,曾益其所不能。"因此,面对学习、工作中的"苦差事",我们要成为思想上的先行者,将一份份"苦差事"看作自己前进道路上的基石,在辛勤的劳动中磨炼自己的意志,坚强的意志力又是今后攀登高峰的重要保障。

---

① 列宁.列宁选集(第4卷)[M].北京:人民出版社,1995:292.
② [苏]B.A.苏霍姆林斯基.育人三部曲[M].唐其慈等译.北京:人民教育出版社,1998:158.
③ 王涵等编.名人名言录[M].上海:上海人民出版社,1983:24.

案例解读

用"文墨精度"诠释工匠精神——方文墨

　　方文墨被誉为钳工界的奇才,歼-15战机(代号飞鲨)的标准件中,有近70%都是方文墨所在的沈阳飞机工业(集团)有限公司生产的,歼-15战机中不少核心零件就是方文墨和他的团队亲手打磨的。时光似乎特别眷顾这个"80后"钳工,25岁就拿到了钳工的最高职业资格,26岁参加全国青年职业技能大赛夺得钳工冠军,29岁成为中航工业最年轻的首席技能专家。教科书上认为人的手工锉削精度极限是千分之十毫米,而方文墨加工的精度达到了千分之三毫米,相当于头发丝的二十五分之一,这是数控机床都很难达到的精度。因此,中航工业将这一精度命名为——"文墨精度"。方文墨刚刚进入钳工行业的时候,很多老师傅都认为,以方文墨的身材很难成为出色的钳工,因他身高1.88米,体重200斤,他的身高比一米的工作台高了将近一倍,从先天的身体条件来看,方文墨并不适合做钳工。方文墨工作后,将家中的阳台改造成练功房,每天下班回家,他就钻进阳台,苦练技术。每天连续四、五个小时的训练,锉刀持续发出的刺耳声音,甚至让他出现生理性呕吐。正常情况下,钳工一年要换10多把锉刀,方文墨一年却换了200多把,有几次居然生生把锉刀给练断了。长年累月的苦练,"80后"方文墨背已经有些驼了。方文墨就是凭着他的勤奋、努力、刻苦,创造了"文墨精度",用"文墨精度"诠释工匠精神。

　　问题探究:从方文墨的案例中,分析意志对成就出彩人生的重要作用。

　　方文墨的理想是"立言立行,做中国最好的钳工;航空报国,造世界最先进的歼击机",工作中方文墨肯吃苦、耐得住寂寞、刻苦练习、磨炼意志、钻研技能,用技能的精度改变人生高度。

二、诚实守信

　　诚实守信是中华民族自古以来所推崇的美德,也是立身、立业、立国的根本,正所谓"国以诚立心,人以诚立身"。《伦理学大辞典》中对其界定为:"诚信即'诚实守信'。处理人际关系的一条基本的伦理原则和道德规范,也是行为主体所应当具有的基本德性和品行。"[①]随着经济全球化的影响,人们的很多观念渐趋多元化并向传统观念提出挑战,劳动的内涵和外延同样随着时代的发展也发生了深刻的变化,但是新时代的大学生绝不能美丑不分、善恶不辨、是非不清,要在诚实守信的准则下,培养诚信精神、提升诚信自律、注重诚信践行,成为崇尚劳动、辛勤劳动、诚实劳动、尊重劳动者的践行者。

(一)培养诚信精神

　　诚信精神是中华民族传承至今的优良传统,中国人向来重视提升自身修养。在古代中

---

① 朱贻婷.伦理学大辞典[M].上海:上海辞书出版社,2011:249.

国,以孔子为代表的儒家就特别强调诚信的养成,孔子认为教育的内容包括"文、行、忠、信"(被称为"四教"),其中"忠"和"信"都有诚实守信的教育意义,是我们每个人的修己之本、处世之道以及为官之要。

诚信精神是社会秩序建设的基础和根基。涵养和培育诚信精神是一个系统工程,需要国家、社会、个人共同发力。首先,通过诚信教育培育诚信精神,个体要自觉接受相关诚信教育,从个体自身做起。其次,建设现代诚信文化,营造诚信氛围。现代社会的诚信追求不仅需要个体的努力,还需要相关法律制度的保障,社会信用体系要不断完善,以此强化诚信的法治保障。全社会诚信氛围营造需要你我共同努力,作为时代新人的大学生,要成为营造诚信氛围的积极践行者。再次,个体在诚信精神涵养中,要坚持"制礼义以分",个体在学习、工作、生活中要能够对诚信与失信之间划出明确界限,对是非曲直做出正确价值判断。

（二）提升诚信自律

中国传统诚信是基于"熟人"社会形成的,是一种对个人品质的要求,一种以人心、观念、情感、德性而实现诚信的道德文化。随着社会发展,人口流动加剧,社会逐渐从"熟人"社会走向"陌生人"社会,不断形成"陌生人"生活场域,这就降低了诚信对个体的约束力,人们失信的代价变小,因而失信行为明显增多。在这样"陌生人"社会的背景下,个体的诚信自律就显得尤为重要。

俗话说:"人人心里都有一杆秤",诚即真实也,诚信是一种真,是真的良心,真的美德,这种信不是迫于压力,而是发自内心自觉、自省的真信,诚信自律相对于诚信他律而言,就要求个体能够做到慎独自省,做到不欺心,做到心中有信。如明代诗文作家何良俊在《语林·德行》中记载了众所周知的公沙穆卖猪的故事。"公沙穆尝养猪,有病,使人卖之于市,云:'当告买者,言病,贱取其值,不可言无病,欺人取贵价也。'卖猪人到市即售,亦不言病,其直过价。穆怪问其故。赍(jī)半直,追以还买猪人。语以猪实病,欲贱卖,不图卖者相欺,乃取贵直。买者言卖买定约,亦复辞钱不取。穆终不受钱而去。"在这个典故中,我们可以看到当卖猪者将猪原价卖出而未告知买家实情时,公沙穆心中非常不安并责怪卖猪者,坚持将一半的钱退给买家。在市场交易中,如果商品有瑕疵应将商品情况如实相告,要遵从自己内心的真信,否则就是欺骗。因此,信不是局限外界的他律或者契约,而是在做人、做事的时候要做到不欺心,以心为信。大学生在劳动中要做到慎独自省,通过自我约束、自我调整,把个人一言一行控制在诚实守信的范围内,用诚信自律为自己的职业生涯保驾护航。

（三）注重诚信践行

习近平总书记曾说:"人与人交往在于言而有信,国与国相处讲究诚信为本。"[①]诚实守信劳动品质的培育不仅要求个体要培养诚信、自律的精神,更重要的是要落实到诚信行动上

---

① 习近平.习近平谈治国理政[M].北京:外文出版社有限公司,2014:292.

面。知易行难,大学生要统一好诚信精神与诚信行为之间的关系,因为对诚实守信劳动品质的最终衡量标准还是体现在个体的诚信行为。

案例解读

全国诚实守信模范——"信义老爹"杜长胜

杜长胜老人是江苏省徐州市睢宁县村民,2010年,杜长胜的大儿子借了300多万建设面粉厂,工程还没完工,就和妻子相继在交通事故中去世。当时杜长胜老人已经是71岁的古稀老人,面对债务,他说:"只要有儿子、儿媳妇签字,我都认!你们放心,就是倾家荡产,我也要把这些账还了!"杜长胜的大儿子在城里有一套商品房,老人以35万元的低价卖了,卖房子的钱还没焐热,就还了债。大儿媳妇去世时,厂子刚刚生产,还有一些原料。杜长胜就带着年幼的孙子坚持小规模生产,装车、送货、卸货、跑销路等,老人都是自己干。后来实在干不动了,以160万元的价格把厂子卖了还债。杜长胜老人一口承诺,东挪西借、省吃俭用,每天都为还债而奔波劳碌,用5年时间为遭遇意外不幸去世的儿子、儿媳还清330万元债务。

问题探究:从全国诚实守信模范杜长胜老人案例中,思考对于大学生来说,应如何培养自己的诚信行为。

有一种信念是替子还债,做人诚信,有一种敬佩是人在债在,一诺千金,有一种传承是诚信永续,莫失莫忘。杜长胜老人用身体力行践行着什么是诚实守信。

大学生培养诚信行为,首先,要树立正确的价值观和动机意识,这是维持诚信行为的关键,社会认知理论认为价值观是评价事物的价值标准,是对个体行为具有指导作用的心理倾向系统。因此,正确的价值观和动机意识有利于强化诚信行为的生成。其次,要进行自我控制训练。自我控制是个体通过精细、有意识的、需要付出努力改变个体自主反应的自我调节,使个体的行为与社会期望标准相符,从而助力个体追求或实现人生价值的能力。每个人面对诱惑,头脑中可能会出现一些自私、不道德的观念和欲望,诚信行为就是个体与自身斗争、战胜个人本能的过程,个体可以尝试使用日记、自我反省等方法与头脑中的一些自私、不道德观念和欲望进行斗争,从而产生诚信行为。再次,通过观察学习来习得诚信行为,人类行为习得的过程都要经历一个由模仿到内化的过程,诚信行为亦如此。基于学习的联结—认知理论,榜样在个体诚信行为的养成中具有重要作用,因为每个人都有自我实现的需要,在生活中都渴望表现出友爱、正直、诚实、慷慨等高级品质,都有对美、正义、真理等高级价值的本能需求。为此,大学生应通过榜样学习,在学习中坚持自身优点,改正缺点,修正自我,在学习中逐步内化,将内化的诚信观念外化为诚信行为,努力成为诚实守信的践行者。

三、团结协作

《大中小学劳动教育指导纲要(试行)》中提出要"注重让学生学会分工合作,体会社会主义社会平等、和谐的新型劳动关系。"我国著名教育家陈鹤琴提出"活教育"的目的论，他认为"活教育"的目的是"做人，做中国人，做现代中国人"，并赋予"现代中国人"五方面的要求："要有健全的身体、要有建设的能力、要有创造的能力、要能够合作、要服务。"其中有一条要求是"要能够合作"，他认为"教育即需训练人自小具有团队合作精神，能舍小我成全大我，舍一己之个体成全国家民族之大体。"①作为社会中的个体，必须要与其他人进行合作，通过合作、集体劳动等形式，创造我们生存所必备的生活资料、生产资料，以便更好地在社会上生存。

（一）明确合作意识是基础

马克思在《资本论》中提出："许多人在同一生产过程中，或在不同的但互相联系的生产过程中，有计划地一起协同劳动，这种劳动形式叫做协作。"②团队协作要想充分发挥其作用，产生"1+1>2"的效果，团队成员要有计划地一起协同劳动，目标一致、彼此信任，共同为了完成任务而相互合作。合作意识是团队成员自觉自愿、利己利他的心理状态，是团队高效完成工作的催化剂，是团队协作的基础。

培养合作意识前提是认识到合作的重要性，著名心理学家荣格认为，个体的"我"只有融入集体中才是完整的我。个体只有与集体中成员相互合作、友好相处、共享信息与成果，才能实现最大的"双赢""多赢"。培养合作意识要正确看待竞争与合作，社会发展需要竞争更需要合作，《周易》中"二人同心，其利断金"就充分说明合作的重要性，随着社会的发展，很多工作需要人们之间通力合作，单个人是无法完成的。以流水线生产为例，流水线生产中每个人负责其中一个环节，要高效、顺利地完成生产就需要人们有序分工合作，每个人既要完成自己负责的环节，又要顾全大局，不能因个人影响整个生产过程。培养合作意识要树立利他的价值取向，马克思认为人的本质包括自然属性和社会属性，社会属性是人的本质属性，每一个人都从属于一定的社会群体，如家庭关系、业缘关系、经济关系等。团结协作要协调好个人、他人与集体的利益三者之间的关系，既要实现个人利益也要考虑他人、集体利益，以期达到个人利益与集体利益最优化。

（二）积极参与集体劳动

苏霍姆林斯基指出："为集体而劳动，为集体创造物质财富，为集体服务——这些都是集体在劳动中的相互关系极重要的因素，缺少这些因素就不可能进行热爱劳动的教育。"③集体能够提供个人和他人相互协作、取长补短、共同进步的机会，个人可以通过集体活动充分展示自己的个性、才华，并且与团体中其他成员共同为了集体的荣誉努力、共同为集体创造财富，在获得个人成长的同时为集体贡献自己的力量。鼓励个人参加集体活动、集体劳动并不是以牺牲个人利益为代价，个人在集体活动中能够获得成长与发展。

---

① 孙培育主编.中国教育史[M].上海：华东师范大学出版社，2000：464.
② 马克思、恩格斯.马克思恩格斯全集(第23卷)[M].北京：人民出版社，2004：378.
③ [苏]B.A.苏霍姆林斯基.论劳动教育[M].萧勇，杜殿坤译.长沙：湖南教育出版社，1987：12-13.

恩格斯指出:"只有在集体中,个人才能获得全面发展其才能的手段,也就是说,只有在集体中才可能有个人自由。""在真实的集体的条件下,各个个人在自己的联合中并通过这种联合获得自由"。① 恩格斯认为,个人只有在集体中才能获得自由,集体对个人全面发展非常重要。马克思在《资本论》中认为,与分散劳动相比协作劳动具有以下优势:一是协作可以抵消各个劳动者数学上叫做"误差"的个人偏离,甚至让个体能力上的差别归于消失;二是"通过协作提高了个人生产力,而且是创造了一种生产力,这种生产力本身必然是集体力";②三是协作劳动可以节约生产资料;四是协作中通过与其他团队成员接触,能够引起竞争意识,振奋精神,从而提高每个人的工作效率;五是对于复杂的劳动,可以把不同的操作任务分给不同的人,因而可以通过协作使这些操作同时进行,这样就可以缩短完成总的劳动任务所必要的劳动时间。同时,短促的劳动期限可以通过在紧要关头投入生产场所的巨大的劳动量来补偿。2020 年新冠肺炎疫情暴发之后,国家为了尽快做到"应收尽收、应治尽治",阻断病毒传播,在短时间内完成了火神山、雷神山医院的建设,充分展现了团队协作、集体劳动的重要性,团队成员通力合作会迸发出来一种新的生产力——即马克思所说的集体力。

知识拓展

火与雷——世界第一的中国速度

2020 年一场突如其来的新冠肺炎疫情席卷武汉,为了打赢湖北保卫战、武汉保卫战,约 4 万名建设者从四面八方赶来,他们日夜鏖战、并肩作战、与病毒赛跑,创造了 10 天左右时间建成火神山、雷神山两座传染病医院的"中国速度"。

短短 10 天要完成选址、设计、交底、土建、设备安装、装修等各项工作,时间紧、任务重、人员物资有限、参与单位众多,这时候集体中的协同作战就显得非常重要。基于此,火神山、雷神山两座医院施工中制定"小时制"作战地图,倒排工期,将每一步施工计划精确到小时乃至分钟,大量运用装配式建造、BIM 建模、智慧建造等前沿技术,根据现场情况实时纠偏,使数百家分包、上千道工序、4 万多名建设者都能统一协调、密切配合,确保规划设计、方案编制、现场施工、资源保障无缝衔接、同步推进。

(三)注重培养集体荣誉感

集体荣誉感是一种积极的心理品质,展现了新时代大学生关心集体、热爱集体并愿意尽己所能为集体贡献自己的力量、智慧。

集体荣誉感能够激励人们奋发向上。个人与集体之间相互依存、相互促进,个人是集体中的一员,个体都是在一定社会关系中生活,不可能脱离集体而独自存在、独自生活。个人

---

① 马克思、恩格斯:马克思恩格斯全集(第 3 卷)[M].北京:人民出版社,1960:84.
② 马克思、恩格斯:马克思恩格斯全集(第 23 卷)[M].北京:人民出版社,2004:378.

的成长离不开集体的支持,集体的发展同样需要我们每个人共同努力,个人为了集体荣誉,为了实现集体的共同目标而努力,与其他成员积极沟通、相互支持、彼此负责、顾全大局。集体荣誉感也是一种约束力,集体荣誉感对个体行为具有激励作用,激励个体为了集体的荣誉而奋力拼搏,同时,如果个体的行为会影响到集体荣誉、集体形象,个体也会主动放弃这些行为。因此,新时代大学生要培养自己的集体荣誉感,增强对集体的关爱心、责任心和包容心。

马克思、恩格斯曾指出:"历史不外是各个世代的依次交替。每一代都利用以前各代遗留下来的材料、资金和生产力;由于这个缘故,每一代一方面在完全改变了的条件下继续从事先辈的活动,另一方面又通过完全改变了的活动来改变旧的条件。"①无论是过去、现在还是将来,青年是一切事业发展的继承者、参与者,任何个体从社会历史发展视角看都有其"青年"的一面,大到人类社会,小到国家,青年在其传承和延续中都发挥了重要作用。一代人有一代人的主题,一代人有一代人的使命,置身于新时代的青年大学生,要走好新的长征路,大学生要养成积极的劳动态度,涵育吃苦耐劳、诚实守信、团结协作的劳动品质,为实现中华民族伟大复兴的中国梦而不懈奋斗。

本章小结

通过本章学习,了解劳动态度的内涵、构成要素,加深对劳动态度的认识与理解。掌握劳动态度的培养与形成,自觉养成热爱劳动、辛勤劳动、诚实劳动的积极劳动态度。通过大学生劳动品质涵育的学习,使新时代大学生自觉养成吃苦耐劳、诚实守信、团结协作的劳动品质。作为社会主义事业建设者和接班人,大学生要赓续劳动基因、端正劳动态度、涵育劳动品质,用劳动这种世界上最伟大的力量来推进实现中华民族伟大复兴。

拓展思考

新中国第一代劳模黄宝妹: 一辈子为民纺纱

黄宝妹至今记得自己人生的三个重要时刻:第一个是 1952 年 11 月,由于工作勤奋、业绩突出,21 岁的她成为一名光荣的共产党员。第二个是 1956 年 2 月,她在上海见到了毛主席。"主席和我说,纺织厂好,全国人民穿衣服,要靠你们了。"从此,不做演员、不当干部,"为民纺纱"成了她一生的事业。第三个是 2019 年 11 月。习近平总书记考察杨浦滨江,鼓励她多向年轻人讲一讲,坚定他们对中国特色社会主义的道路自信、理论自信、制度自信、文化自信。

从 13 岁在日资纱厂当童工,到先后七次被评为上海市、纺织工业部和全国劳动模范,再到如今在哔哩哔哩当主播、为年轻人讲党课,耄耋之年荣获"七一勋章"的黄宝妹,是中国共

---

① 马克思、恩格斯:马克思恩格斯全集(第 3 卷)[M].北京:人民出版社,1960:51.

产党领导下的新中国发展的"见证者、参与者、奉献者"。

为民纺纱要拼命干。 1931年，黄宝妹出生于上海，父母殷殷期待，为她取名"宝妹"。1944年，13岁的她进入日资裕丰纱厂当童工。"那时候，每天工作12小时，终日不见阳光，腰酸腿疼不说，手指也常被纱勒出血。纱线断了不接，还要被'拿摩温'（工头）殴打。晚上要被抄身之后才能回家。"黄宝妹说。1949年5月27日，上海解放。"神兵天降，马路上到处是解放军。"黄宝妹回忆道。在上海国棉十七厂，她迎来了重生。"当时我想，既然共产党是为人民服务的，纺纱也是为人民服务，所以我就拼命干、拼命干。"

新中国第一代劳模。 那时物资匮乏，上海纺织业又占据全国半壁江山，纺织厂算算账，"浪费一两皮辊花，等于三碗白米饭"。黄宝妹作为一名挡车女工，想方设法要减少纺纱过程中皮辊花的浪费。她探索出"单线巡回、双面照顾、不走回头路"的操作法，在全厂推广，不仅能节省三分之一人力，还可以让机器实现24小时不停运转。推广后，工厂实行了8小时工作制。当时，在十七厂所有女工里，就数黄宝妹的皮辊花出得最少、浪费最少，她纺的23支纱只有0.3%的皮辊花。因为工作表现突出，1953年，黄宝妹从上海数十万名纺纱工人里脱颖而出，成为中国纺织工业部劳动模范。1956年与1959年，她又两次被评为全国劳动模范。"1956年，我在上海见到了毛主席。毛主席问我是做什么工作的。我说，我在纺织厂。毛主席说，纺织厂好，全国人民穿衣服，要靠你们了。"联想起自己坐火车去北京参加会议的路上，看到农民们只能赤膊在田里种庄稼的情形，黄宝妹将这句话做成了毕生的坚守：为民纺纱。

在电影中"自己演自己"。 1958年，由谢晋导演、现存版本为48分钟的黑白电影《黄宝妹》拍摄完成，放映后引起全国轰动。包括20多岁的黄宝妹在内，上海国棉十七厂脱产拍戏的10余人，在电影中都是"自己演自己"。电影讲述了没有"波澜起伏"的坚持坚守：和别的女工"对调"机器，黄宝妹纺的纱质量依旧上乘；在竞赛中，她带领团队4个半小时内消灭了结头上的"白点"，减少浪费；一场"对调"机器的戏份，引发了一场"到底是人掌握机器，还是机器掌握人"的大讨论——黄宝妹认为，人应该掌握机器，而不能由机器掌握人。

我的岗位永远在车间里。 1959年，《黄宝妹》和《林则徐》《五朵金花》等影片送往北京，作为国庆10周年献礼。多位领导都说，《黄宝妹》这部电影拍得很成功、评价很高，建议黄宝妹当专业演员。黄宝妹心里清楚，她不是专业演员，导演对她要求不高。"要是做专业演员，要求就不一样了，连跑龙套都轮不到。"26岁那年，组织曾任命黄宝妹当干部。几天下来，她"浑身不舒服"，郑重提出回车间。黄宝妹一直相信"专业精神"，"我的岗位，永远在车间里"。1986年底1987年初，在车间工作了40多年后，55岁的她从这里退休。20世纪80年代，黄宝妹还曾被"借调"到江苏启东协助开办聚南棉纺厂。那时棉纺原料和机器设备异常紧俏，黄宝妹上北京、去青岛，没日没夜为企业奔走。当她三年后离开时，这个乡办小厂已经非常红火了。退休后，她继续发光发热，参与多地多个棉纺厂建设，"免费"去帮忙。

"党员永不退休"。 在杨浦滨江生活了一辈子的黄宝妹，亲眼见证了上海翻天覆地的变化，见证了杨浦滨江从"工业锈带"变身"生活秀带"。从"黄姑娘""黄妈妈"变成一头银发的"黄奶奶"，她又找到了发光发热的新路子——给后生晚辈讲党史。作为上海百老德育讲师团和杨浦区"金色夕阳"老干部正能量工作室的一员,她时常到学校、公司等给大家讲党课。2020 年 10 月,她的党课在哔哩哔哩直播,"要接好前辈的接力棒""为黄奶奶的为民情怀点赞"——年轻网友们在直播时发弹幕说道。

生命不息、奋斗不止。 2019 年 11 月 2 日,习近平总书记到上海考察。在杨浦滨江公共空间的"人人屋"党群服务站,黄宝妹向总书记讲述了她的生活,感悟自己目睹的新中国的发展和繁荣。"总书记嘱咐我,今后要跟年轻人多讲讲。"黄宝妹说,共产党员退而不休,她就是要发动年轻人一起来建设国家。"听课的人说我讲得好,说老奶奶要多讲讲。现在我就是这样,只要精力允许,就一定会多讲讲。"听过黄宝妹讲座的不少人说:"黄奶奶的人生故事和道德风采,就是一本鲜活的书。在她身上,爱国主义不再是抽象空洞的,而是可触摸、可感悟的。"

获得"七一勋章"以后,黄宝妹感到自己身上的责任更重了。"'七一勋章'挂在胸前很沉,它代表着一种精神力量,代表着党员肩负的使命。"黄宝妹说,"我就是一名普通的工人,从没想过党和国家会给我这么高的荣誉。我现在身体还可以,要继续扎根上海基层社区,做到生命不息、奋斗不止。"

（选自《光明日报》,2021 年 07 月 26 日 03 版）

思考题：从"七一勋章"获得者、新中国第一代劳模黄宝妹案例中,你认为黄宝妹身上具有哪些劳动品质？她是如何养成这些劳动品质的？

实践项目

分成小组,根据所学并查阅相关资料,先设计出关于劳动品质的调查问卷,再开展实际的社会调研,在形成社会调查报告的过程中,总结提炼大学生应该培育的良好的劳动品质。

知识链接

非物质文化遗产代表性传人——仇庆年,《国家宝藏（第一季）：千里江山图》,央视网,2017 年 12 月 3 日。

第六章
劳动权益的保护

学习目标 ....

1. 了解我国劳动者基本权益及其保护；
2. 学习防范和控制劳动风险相关知识，增强劳动安全和劳动权益保护意识；
3. 掌握解决劳动争议的基本处理方法，学会保护实习期间的劳动权益。

内容导读 ....

互联网平台不是规避劳动关系认定的"避风港"

2019年，李某入职甲公司从事厨师工作，并应甲公司要求，与提供共享经济智能综合服务云平台的乙公司签订了"共享经济自由职业者服务合作协议"，李某按约定以自由职业者的身份在云平台进行注册。甲公司于2020年1月19日至2020年2月28日分3次在云平台发布未载明内容的订单，李某在云平台上接收订单并领取相应服务费。2020年5月，甲公司决定关闭食堂并对其解聘。甲公司认为，李某与乙公司存在合作关系，与甲公司不存在劳动关系。李某遂提起劳动仲裁，仲裁委员会认为李某与甲公司存在劳动关系，甲公司不服仲裁裁决，向法院提起诉讼。

问题探究： 用人单位借助互联网科技公司提供的共享经济智能综合服务平台进行用工，是否存在劳动关系？

法院经审理认为，甲公司和李某均符合法律、法规规定的用人单位和劳动者的主体资格；李某在甲公司提供实际劳动，从事的工作由甲公司安排，接受甲公司的用工管理，工作内容系甲公司开展经营活动的辅助性工作；其劳动报酬虽系通过乙公司提供的云平台以服务费的形式支付，但最终的支付主体仍为甲公司。据此，甲公司虽然在与李某的用工关系中引入了乙公司提供的云平台服务，但甲公司对李某的实际招用及用工情况实质仍为传统的线下用工模式。法院判定李某与甲公司存在劳动关系。

（选自《人民法院报》，2021年7月14日）

随着时代的变迁，新业态的发展给传统劳动关系的认定带来了挑战，该案系用人单位借助互联网科技公司提供的共享经济智能综合服务平台进行用工而规避劳动关系认定的典型案例。其实，在现实生活中，各种劳动纠纷十分常见。了解劳动者依法享有的权益，知道解决劳动争议的方法和途径对大学生而言具有重要意义,也是大学生劳动教育的重要内容。

第一节　劳动法规的学习

劳动关系是劳动者与用人单位在实现劳动过程中建立的社会经济关系,是最基本、最重要的社会关系之一。劳动关系中的劳动者依法享有劳动权益,我国多部法律法规对劳动者的劳动权益作出规定。劳动者在劳动的过程中有哪些权益,受到哪些法律保护,应当如何保护自身的合法权益? 大学生应该要对此有充分的了解和认识。

一、我国劳动权益保护相关法律法规

劳动关系是否和谐,事关广大职工和企业的切身利益,事关经济发展与社会和谐,党和国家历来高度重视保护劳动者权益,制定了一系列法律法规和政策措施,在立法、司法和行政等多个领域构建了一套完整的劳动者权益保护体系,打造和谐劳动关系。

(一) 我国与劳动相关的重要法律

《中华人民共和国宪法》(以下简称《宪法》)第四十二条规定:"中华人民共和国公民有劳动的权利和义务。"我国与劳动相关的重要法律法规还有《中华人民共和国劳动法》(以下简称《劳动法》)、《中华人民共和国劳动合同法》(以下简称《劳动合同法》)、《中华人民共和国民法典》(以下简称《民法典》)等基本法,以及《就业服务与就业管理规定》、地方政府的工资支付条例、最低工资标准等法规规章。

1.《劳动法》

《劳动法》是调整劳动关系以及与劳动关系有密切联系的其他社会关系的法律规范的总和。《劳动法》规定了劳动者的劳动权利和义务、劳动合同和集体合同、工作时间和休息休假、工资、劳动安全卫生、女职工和未成年工特殊保护、职业培训、社会保险和福利、劳动争议、监督检查、法律责任等内容。

2.《劳动合同法》

《劳动合同法》是为了完善劳动合同关系,明确劳动合同双方当事人的权利和义务,保护劳动者的合法权益,构建和发展和谐稳定的劳动关系而制定的法律。《劳动合同法》从 2008 年实施以来,已经成为我国保护劳动者权益的主要法律依据,在劳动关系中起到了主导性作用。

(1) 劳动合同的订立

《劳动合同法》规定,建立劳动关系,应当订立书面劳动合同。用人单位与劳动者可以约定试用期,劳动合同期限三个月以上不满一年的,试用期不得超过一个月;劳动合同期限一年以上不满三年的,试用期不得超过二个月;三年以上固定期限和无固定期限的劳动合同,试用期不得超过六个月。

（2）无效劳动合同

下列劳动合同无效或者部分无效：以欺诈、胁迫的手段或者乘人之危，使对方在违背真实意思的情况下订立或者变更劳动合同的；用人单位免除自己的法定责任、排除劳动者权利的；违反法律、行政法规强制性规定的。如有的劳动合同规定："发生工伤事故，单位概不负责""矿工3天予以除名""不享受星期天休假"等，均属于内容违法而无效的条款。

（3）劳动合同的内容与条款

《劳动合同法》第十七条规定，劳动合同应当具备以下条款：用人单位的名称、住所和法定代表人或者主要负责人；劳动者的姓名、住址和居民身份证或者其他有效身份证件号码；劳动合同期限；工作内容和工作地点；工作时间和休息休假；劳动报酬；社会保险；劳动保护、劳动条件和职业危害防护；法律、法规规定应当纳入劳动合同的其他事项。

（4）劳动合同的履行、变更、解除

劳动合同的履行是指劳动合同签订后，当事人双方按照劳动合同的约定各自履行其约定的义务，依法主张其约定的权利。应当遵循如下原则：亲自履行原则，不允许当事人以外的其他人代替履行；实际履行原则，当事人要按照规定完成义务，不能用完成别的义务来代替劳动合同约定的义务；全面履行原则，劳动合同生效后，当事人双方除按照劳动合同规定的义务履行外，还要按照劳动合同规定的时间、地点、方式，按质、按量地履行全部义务；协作履行原则，即劳动合同的双方当事人在履行劳动合同的过程中，有互相协作、共同完成劳动合同规定的义务。

劳动合同的变更是指在劳动合同尚未履行完毕，对合同内容作部分修改的法律行为。用人单位与劳动者协商一致，可以变更劳动合同约定的内容。变更劳动合同，应当采用书面形式。劳动合同的解除分为双方协商解除、劳动者单方解除、用人单位单方解除三种。符合法定条件，劳动者可以与用人单位解除劳动关系。

3.《民法典》

民法调整平等主体的自然人、法人和非法人组织之间的人身关系和财产关系。《民法典》第三编"合同"规定了合同的订立、合同的效力、合同的履行、合同的保全、合同的变更和转让、合同的权利义务终止、违约责任等。第四编"人格权"规定了生命权、身体权和健康权、姓名权和名称权、肖像权、名誉权和荣誉权、隐私权和个人信息保护等内容。

课堂讨论

你怎么看员工未完成业绩要被打耳光等惩罚行为？

企业与员工之间的劳动关系，兼具人身性和财产性特征，基于劳动者对用人单位的人身隶属性,用人单位有权对劳动者进行用工管理、有权监督劳动者的工作;劳动者必须服从用人单位的安排,遵守用人单位的劳动纪律和规章制度。但是这并不意味着用人单位可以基于管理者的身份,任性对员工施以管理和处罚。《民法典》第九百九十条规定,人格权是民事主体享有的生命权、身体权、健康权、姓名权、名称权、肖像权、名誉权、荣誉权、隐私权等权利。除人格权外,自然人享有基于人身自由、人格尊严产生的其他人格权益。员工未完成业绩要"打耳光"等所谓企业"管理"行为严重侵犯员工的人格权,用人单位需要承担侵权责任。

(选自《小明务工记——〈民法典〉这样保护劳动者权益》,来宾工会在线)

(二)劳动者依法享有的劳动权益

我国对劳动者权益的保护,以《劳动法》和《劳动合同法》为主,规定了对劳动者享有的各项劳动权益的保护。此外,我国《宪法》《工会法》《民法典》等法律法规都有保护劳动者权利的规定。劳动者的劳动权利主要包括以下几个方面:

1. 平等就业和选择职业的权利

平等就业权是指劳动者平等地获得就业机会的权利,即在就业机会的获得方面,劳动者不因性别、年龄、种族等人的自然差别而受歧视,就业机会面前一律平等。自主择业权是指劳动者可以自主选择职业的权利,包括是否从事职业劳动、从事何种职业劳动、何时从事职业劳动、进入哪一个用人单位工作等方面的选择权。

2. 获得劳动报酬的权利

获得劳动报酬的权利包括报酬请求权和报酬支配权。报酬的请求权是指劳动者付出了职业劳动之后请求用人单位支付劳动报酬的权利,报酬支配权是指劳动者独立支配自己劳动报酬的权利。

3. 获得休息休假的权利

《劳动法》第四十条规定:用人单位在下列节日期间应当依法安排劳动者休假:元旦,春节,国际劳动节,国庆节,法律、法规规定的其他休假节日。此外,劳动者的法定休息休假时间还包括工作日内的间歇时间、两个工作日之间的休息时间、探亲假和年休假等。

4. 获得劳动安全卫生保护的权利

劳动安全卫生保护权是劳动者在劳动过程中依法要求用人单位提供安全卫生的劳动条件,保护其生命安全和身体健康的一项基本劳动权利。

5. 接受职业培训的权利

职业培训是为了培养和提高劳动者从事各种职业所需要的技术业务知识和实际操作技能而进行的专门教育和训练活动,其目的在于要从法律上保证劳动者能够获得职业技能培训而得到业务技术的提高,从而获得可持续的就业能力。

6. 享受社会保险和福利的权利

《劳动法》第七十三条规定,劳动者在退休、患病、负伤、因工伤残或者患职业病、失业、生育等情况下,享有社会保险的权利。

7. 提请劳动争议处理的权利

劳动争议是劳动者与用人单位之间关于劳动权利和义务而发生的纠纷。劳动争议一旦发生,直接关系着劳动者的工作和生活,关系着劳动者的切身利益。

8. 结社权

结社权是指劳动者参加和组织工会的权利。结社权是我国宪法规定的公民基本权利之一。《劳动法》第七条规定:"劳动者有权依法参加和组织工会。"

9. 集体协商权

集体协商又称为"集体谈判",是工会代表职工与用人单位(或雇主)就有关劳动条件进行商谈,以签订对双方有约束力的集体合同的劳动关系双方协调行为。

10. 民主管理权

民主管理权是指劳动者通过职工大会或职工代表大会等法律形式,就用人单位生产经营和人事管理等重大事项的决策行使参与、管理和监督的权利。

案例解读

某纺织公司诉周某工伤保险待遇纠纷案

周某系某纺织公司员工。2018年7月9日,周某在下班途中与张某发生交通事故。交警大队作出的事故认定书认定张某负主要责任,周某负次要责任。双方经交警部门调解达成协议,由张某赔偿周某误工费等相关费用。10月30日,人力资源和社会保障局作出认定工伤决定书,认定周某受到的伤害属于工伤。2019年4月19日,周某向劳动人事争议仲裁委员会申请仲裁,请求某纺织公司支付其停工留薪期工资、一次性伤残就业补助金等费用。仲裁委裁决后,该纺织公司不服,诉至法院。法院认为,职工因工作遭受事故伤害需要暂停工作接受工伤医疗的,在停工留薪期间内,原工资福利待遇不变,由所在单位按月支付。停工留薪期工资与误工费系基于不同的法律关系而产生,伤者可以兼得。法院判决某纺织公司支付周某停工留薪期工资。

(选自《最高人民法院公报》,2021年第6期)

问题探究:劳动者因第三人侵权造成人身损害并构成工伤的如何维权?

工伤保险待遇制度保障了劳动者在工作中遭受事故伤害和患职业病后获得医疗救治、生活保障、经济补偿和康复的权利。依照《中华人民共和国社会保险法》《工伤保险条例》有关规定,用人单位必须为劳动者办理工伤保险并缴纳保险费。因第三人侵权造成伤残或死亡的,除医疗费等以外,对于伤残、死亡赔偿金及部分相关费用,既可以要求用人单位方面的工伤保险赔偿,也可以追究侵权人的侵权赔偿责任。该案判决停工留薪期工资和误工费劳动者可以兼得,充分保障工伤职工合法权益,既促使企业依法为劳动者投保以分散职业风险,也切实防止侵权第三人由此逃逸法律责任,对于处理因第三人侵权引发的工伤保险待遇具有重要指导意义。

二、职业院校学生实习劳动权益保护

学生参加实习是职业院校教学活动的一个重要内容,是实现职业教育培养目标、增强学生综合能力的基本环节,是教育教学的核心部分。2016年教育部等五部门联合印发的《职业学校学生实习管理规定》指出,职业学校学生实习是指实施全日制学历教育的中等职业学校和高等职业学校学生按照专业培养目标要求和人才培养方案安排,由职业学校安排或者经职业学校批准自行到企(事)业等单位进行专业技能培养的实践性教育教学活动。在实习过程中,学生有哪些劳动权益?应如何维护自己的劳动权益?

(一)劳动权益保障的主要内容

依照《职业教育法》的相关规定,职业院校必须依照自己专业人才培育的目标以及实际教学计划的需求,组织三年级学生前往企业开展实习。《职业学校学生实习管理规定》对实施全日制学历教育的中等职业学校和高等职业学校学生的实习组织、管理、考核、安全职责进行了规范。其中关于实习管理明确指出:

1. 学生参加跟岗实习、顶岗实习前,职业学校、实习单位、学生三方应签订实习协议。未按规定签订实习协议的,不得安排学生实习。

2. 职业学校和实习单位要依法保障实习学生的基本权利,并不得有下列情形:安排、接收一年级在校学生顶岗实习;安排未满16周岁的学生跟岗实习、顶岗实习;安排未成年学生从事《未成年工特殊保护规定》中禁忌从事的劳动;安排实习的女学生从事《女职工劳动保护特别规定》中禁忌从事的劳动;安排学生到酒吧、夜总会、歌厅、洗浴中心等营业性娱乐场所实习;通过中介机构或有偿代理组织、安排和管理学生实习工作。

3. 除相关专业和实习岗位有特殊要求,并报上级主管部门备案的实习安排外,学生跟岗和顶岗实习期间,实习单位应遵守国家关于工作时间和休息休假的规定,并不得有以下情形:安排学生从事高空、井下、放射性、有毒、易燃易爆,以及其他具有较高安全风险的实习;安排学生在法定节假日实习;安排学生加班和夜班。

4. 接收学生顶岗实习的实习单位,应参考本单位相同岗位的报酬标准和顶岗实习学生的工作量、工作强度、工作时间等因素,合理确定顶岗实习报酬,原则上不低于本单位相同岗位试用期工资标准的80%,并按照实习协议约定,以货币形式及时、足额支付给学生。

5. 职业学校和实习单位不得向学生收取实习押金、顶岗实习报酬提成、管理费或者其他形式的实习费用,不得扣押学生的居民身份证,不得要求学生提供担保或者以其他名义收取学生财物。

6. 职业学校组织学生到外地实习,应当安排学生统一住宿;具备条件的实习单位应为实习学生提供统一住宿。职业学校和实习单位要建立实习学生住宿制度和请销假制度。学生申请在统一安排的宿舍以外住宿的,须经学生监护人签字同意,由职业学校备案后方可办理。

7. 实习单位应当健全本单位生产安全责任制,执行相关安全生产标准,健全安全生产规章制度和操作规程,制定生产安全事故应急救援预案,配备必要的安全保障器材和劳动防护用品,加强对实习学生的安全生产教育培训和管理,保障学生实习期间的人身安全和健康。

(二)劳动权益保护的注意事项

未满 18 周岁的学生参加跟岗实习、顶岗实习,应取得学生监护人签字的知情同意书。学生自行选择实习单位的顶岗实习,学生应在实习前将实习协议提交所在职业学校,未满 18 周岁学生还需要提交监护人签字的知情同意书。实习协议应包括但不限于以下内容:各方基本信息;实习的时间、地点、内容、要求与条件保障;实习期间的食宿和休假安排;实习期间劳动保护和劳动安全、卫生、职业病危害防护条件;责任保险与伤亡事故处理办法,对不属于保险赔付范围或者超出保险赔付额度部分的约定责任;实习考核方式;违约责任;其他事项。顶岗实习的实习协议内容还应当包括实习报酬及支付方式。实习学生应遵守职业学校的实习要求和实习单位的规章制度、实习纪律及实习协议,爱护实习单位设施设备,完成规定的实习任务,撰写实习日志,并在实习结束时提交实习报告。职业学校应当会同实习单位对违反规章制度、实习纪律以及实习协议的学生,进行批评教育。学生违规情节严重的,经双方研究后,由职业学校给予纪律处分;给实习单位造成财产损失的,应当依法予以赔偿。

三、大学生就业后关于劳动合同案例的解读

大学生就业后,成为一名普通劳动者,面临劳动权益保障各种问题,要学会运用法律武器来保护自身权益,同时履行相应义务。

(一)依法建立劳动关系

《劳动合同法》规定,建立劳动关系应当订立书面劳动合同。如果单位未依法与劳动者签订劳动合同,大学生应当学会运用法律武器维护个人的劳动权益。

案例解读

··

未签劳动合同,可要求二倍工资

2018 年 3 月 7 日,大学毕业的小张入职阳光公司,阳光公司仅与小张签订了试用期劳动合同,合同到期之后未再续签。2019 年 2 月 28 日,公司以没有项目为由将小张辞退。小张认为,公司未与其签订劳动合同违反了劳动合同法的相关规定,于是对公司提起仲裁,要求公司支付未签劳动合同二倍工资差额 139 770.11 元。仲裁委员会受理后经审理,支持小张的仲裁申请。裁决作出后,阳光公司不服,向法院提起诉讼。法院经审理后认为,阳光公司

与小张签订的《试用期劳动合同》于 2018 年 6 月 7 日到期后,阳光公司未与小张续签劳动合同。阳光公司称小张未通过其公司缴纳社会保险,不构成该公司可以不与小张续签劳动合同的合法理由,故阳光公司应向小张支付未续签劳动合同二倍工资差额。

(选自《毕业求职:劳动风险早知道》,参考网,2021 年 11 月 25 日)

问题探究:单位未依法签订劳动合同,如何赔偿?

按照我国《劳动合同法》的相关规定,建立劳动关系应当订立书面劳动合同,用人单位自用工之日起超过一个月不满一年未与劳动者订立书面劳动合同的,应当向劳动者每月支付二倍的工资。劳动合同是证明劳动关系的关键依据,劳动者一定要依法与单位签订书面劳动合同,对劳动合同期限、工作内容和工作地点、工作时间和休息休假、劳动报酬、社会保险等关系到劳动者的切身利益的事项作出明确约定,用人单位如果违反合同,劳动合同可以作为维权依据。如果单位未依法签订劳动合同,可以要求单位支付二倍的工资差额,同时劳动者可随时解除劳动关系,不用承担赔偿责任。

劳动者与用人单位订立书面合同时,双方的劳动关系非常明确,但是当双方未订立书面劳动合同或对合同性质的理解产生分歧时,比如某些新业态的从业者难以与企业直接确认劳动关系,如何认定劳动者与用人单位是否建立了劳动关系?劳动关系是指用人单位招用劳动者为其成员,劳动者在用人单位的管理、指挥与监督下提供有报酬的劳动而产生的权利义务关系。事实劳动关系是指无书面劳动合同而存在劳动关系的一种客观状态,即只要客观上存在劳动关系,就可以认定为事实劳动关系。认定是否存在劳动关系的凭证中,工资支付凭证或记录、缴纳各项社会保险费的记录、用人单位招工招聘"登记表"等招用记录、考勤记录均由用人单位举证,劳动者提供印有用人单位的上岗证、工作服等凭证,可以证实双方当事人之间存在事实上的劳动关系。

案例解读

"网红"请求确认与经纪公司存在劳动关系

阿娇在某网络直播平台的直播间做主播,粉丝数近 60 万,拥有很高的人气。2016 年 1 月,阿娇与上海某网络科技中心签订《主播经纪协议》,由该公司安排其在某网站上的指定直播间主播。协议对阿娇工作内容、双方权利义务、权利归属、合作费用、收益分配、违约责任等进行了约定,约定该公司担任阿娇独家经纪公司,独家享有其全部主播事业的经纪权;公司每月向阿娇支付保底收入 5 000 元。经过经纪公司的包装宣传,阿娇在网络上具有了一定的知名度。三个月后,阿娇退出公司在某网站上的指定直播间,并以公司未按规定为其缴纳社会保险费为由向劳动人事争议仲裁委员会申请仲裁,要求确认 2016 年 1 月 1 日至 3 月 31 日期间与经纪公司存在劳动关系。同时要求经纪公司支付解除劳动关系经济补偿金 2 500 元。仲裁委员会对其请求不予支持。阿娇诉至法院,被一审法院驳回。阿娇不服判决,向上海一中院提起上诉。庭审中,阿娇认为双方签订的《主播经纪协议》实际上是劳动合同,协议规定每月保底工资 5 000 元,收益分配三七分,这属于双方对于工资的约定,可以证明双方存在劳动关系。另外,经纪公司未按规定为其缴纳社会保险费,自己有权要求其支付解除劳动关系经济补偿金。经纪公司认为,双方签订的合同为经纪合同而非劳动合同,劳动关系以人身依附性为基础,阿娇作为网络主播,工作地点自由、不受公司管理,双方不存在劳动关系亦无须支付经济补偿。

上海一中院经审理认为,本案的争议焦点为阿娇与经纪公司之间是否构成劳动关系。该份协议系双方就开展演艺活动、提供经纪服务等民事活动的权利义务约定,并非劳动权利义务的约定,不符合劳动关系的特征,故对阿娇要求确认与上海某网络科技中心之间存在劳动关系、上海某网络科技中心支付解除劳动关系经济补偿金的诉请不予支持,作出驳回上诉、维持原判的二审判决。

(选自北大法宝法律数据库,2017 年 2 月 11 日)

问题探究:如何认定是否建立了劳动关系?

认定劳动关系核心在于劳动者是否受到用人单位的管理约束。劳动关系是双方当事人通过合意由劳动者一方提供劳动、用人单位一方给付报酬所形成的具有经济人身从属性的权利义务关系。劳动关系的核心是劳动的地点、内容、方式、过程以及在即便无工作但劳动关系仍然存续的情况下,还需受到用人单位的约束,约束的方式既包括规章制度,也包括具体的管理行为。从本案中双方签订的《主播经纪协议》内容来看,双方就开展网络直播活动的权利义务进行了约定,没有订立劳动合同的合意。双方收入按三七开分配,阿娇主要工作于其家中完成,无须到被告公司办公场所上班,亦无须遵守公司规章制度。因此,双方之间对权利义务关系的约定不符合劳动关系的特征。

作为上海市首例涉及网络主播这种新业态下法律关系司法认定的案件,本案中把握的原则是对涉及新型用工形态案件的审判,既要充分保障服务提供者的基本权益,又要提供适当空间,从而更好地通过司法职能的履行确保我国互联网经济健康、有序发展。

(二)依法获得劳动报酬

劳动报酬是用人单位在员工进行一定的劳动之后给予的薪酬,依照劳动合同的约定或者依照劳动合同法规定支付劳动者劳动报酬是用人单位的法定义务。《劳动法》第四十六条规定:工资分配应当遵循按劳分配的原则,实行同工同酬。国家实行最低工资保障制度。用人单位支付劳动者的工资不得低于当地最低工资标准。工资应当以货币形式按月支付给劳动者本人。劳动者在法定休假日和婚丧假期间以及依法参加社会活动期间,用人单位应当依法支付工资。用人单位安排劳动者延长工作时间的,应当按法定标准支付高于劳动者正常工作时间工资的工资报酬。发生劳动报酬争议怎么办?当事人可以申请劳动仲裁,对仲裁裁决不服的,可以向人民法院提起诉讼。

案例解读

戴某诉某公司追索劳动报酬纠纷案

戴某担任某玻璃公司包装股课长。2015 年 11 月 18 日该玻璃公司人员配置调整办法为：课股/长年度根据季度奖考绩排名，最后 10% 予以降职处理等。该公司 2015 年度考绩汇总表显示戴某排名倒数第 5 名。2016 年 1 月 4 日该公司通知戴某，职务由课长调整为班长，职务加给由 1 500 元调整至 700 元，2 月起执行。戴某申请劳动仲裁，要求公司支付工资差额及未足额支付工资而被迫解除劳动合同的经济补偿。仲裁委驳回了戴某的仲裁请求，戴某不服，诉至法院。

法院认为，用人单位根据劳动者的工作业绩安排相对更为优秀的劳动者担任具有一定管理性质的职务，既符合用人单位对于保证和提高产品质量的要求，亦能较大程度激发劳动者的工作积极性，用人单位依据"末位淘汰制"调整劳动者工作岗位在一定条件下应予支持。故一审法院判决对戴某某要求某玻璃公司补足工资差额及支付经济补偿的诉请不予支持。戴某某不服上诉，二审法院审理后作出终审判决：驳回上诉，维持原判。

（选自《最高人民法院公报》，2021 年第 2 期）

问题探究： 用人单位依据"末位淘汰制"调岗调薪合法吗？

用人单位依据"末位淘汰制"对员工实行奖优惩劣，对排名靠后的员工采取调岗调薪等措施是企业经营自主权的重要内容。只要该调岗调薪行为是基于企业生产经营管理的合理需要，且不违反法律规定和单位依法制定的规章制度，劳动者主张该调岗调薪行为违法的，人民法院不予支持。

在我国经济进入"新常态"背景下，企业进入了愈发激烈的市场竞争格局，末位淘汰成为许多企业最大限度挖掘职工劳动绩效、强化劳动管理的创新举措。目前主流观点对"末位淘汰制"虽持否定态度，但仅针对用人单位适用"末位淘汰制"单方面解除与劳动者的劳动合同的情形，而本案对"末位淘汰制"主流观点未涉及的空白部分进行了填补，使"末位淘汰制"适用规则更加完整。在非解除劳动关系的情形下，特别是针对具有管理职能的岗位，用人单位根据劳动者工作业绩进行考核排名，并根据排名对具有管理职能的岗位人员优化调整，属用人单位的自主管理权，并未违反法律规定，应予支持。本案在维护劳动者权益同时，更加注重劳资双方利益平衡，对今后如何在法律框架内把握用人单位的自主经营权与自主管理权的范围及尺度具有一定参考价值。

（三）依法解除劳动关系

按照《劳动合同法》的规定，解除劳动合同有双方协商解除、劳动者单方解除、用人单位单方解除三种。双方协商解除是指用人单位与劳动者协商一致，可以解除劳动合同。

劳动者单方解除是指具备法律规定的条件,劳动者享有单方解除劳动合同的权利,无须双方协商达成一致,也无须征得用人单位同意。劳动者提前三十日以书面形式通知用人单位,在试用期内提前三日通知用人单位,可以解除劳动合同。用人单位有下列情形之一的,劳动者可以解除劳动合同:一是未按照劳动合同约定提供劳动保护或者劳动条件的;二是未及时足额支付劳动报酬的;三是未依法为劳动者缴纳社会保险费的;四是用人单位的规章制度违反法律、法规的规定,损害劳动者权益的;五是以欺诈、胁迫的手段或者乘人之危,使对方在违背真实意思的情况下订立或者变更劳动合同,致使劳动合同无效的;六是法律、行政法规规定劳动者可以解除劳动合同的其他情形。用人单位以暴力、威胁或者非法限制人身自由的手段强迫劳动者劳动的,或者用人单位违章指挥、强令冒险作业危及劳动者人身安全的,劳动者可以立即解除劳动合同,不需事先告知用人单位。劳动者也无须支付违约金,用人单位应当支付经济补偿。

用人单位单方解除是指具备法律规定的条件,用人单位享有单方解除劳动合同的权利,无须双方协商达成一致。主要包括过错性辞退、非过错性辞退、经济性裁员三种情形。《劳动合同法》第三十九条规定,劳动者有下列情形之一的,用人单位可以解除劳动合同:一是在试用期间被证明不符合录用条件的;二是严重违反用人单位的规章制度的;三是严重失职,营私舞弊,给用人单位造成重大损害的;四是劳动者同时与其他用人单位建立劳动关系,对完成本单位的工作任务造成严重影响,或者经用人单位提出,拒不改正的;五是以欺诈、胁迫的手段或者乘人之危,使对方在违背真实意思的情况下订立劳动合同,致使劳动合同无效的;六是被依法追究刑事责任的。《劳动合同法》第四十条规定,有下列情形之一的,用人单位提前三十日以书面形式通知劳动者本人或者额外支付劳动者一个月工资后,可以解除劳动合同:一是劳动者患病或者非因工负伤,在规定的医疗期满后不能从事原工作,也不能从事由用人单位另行安排的工作的;二是劳动者不能胜任工作,经过培训或者调整工作岗位,仍不能胜任工作的;三是劳动合同订立时所依据的客观情况发生重大变化,致使劳动合同无法履行,经用人单位与劳动者协商,未能就变更劳动合同内容达成协议的。

案例解读

因父去世请假 8 天未获批强行休假被辞

王某系上海某物业公司保安。该公司规定,员工累计旷工三天以上(含三天)视为严重违反公司规章制度和劳动纪律,公司有权辞退,提前解除劳动合同并依法不予支付经济补偿。2020 年 1 月 6 日,因其父病重,王某向主管提交请假单后回安徽老家处理丧事。因为请假未被批准,王某在第二天赶回上海,回程途中接到了父亲去世的消息。王某再次向主管请假,主管告诉他安心回家,好好料理父亲后事,王某返回了安徽老家。1 月 14 日,王某从老家回到上海,并于次日回到公司上班。1 月 31 日,公司以王某累计旷工超过三天,严重违反公司规章制度和劳动纪律为由将其辞退。王某申请劳动仲裁,仲裁委裁决公司支付违法解除劳动合同赔偿金7.5万余元。物业公司不服劳动仲裁裁决,诉至法院。

青浦法院审理后认为,用人单位行使管理权应遵循合理、限度和善意的原则。解除劳动合同系最严厉的惩戒措施,用人单位应当审慎用之。1月6日,王某请假当日公司未及时审批,该日不应认定旷工。王某回老家路途时间耗费较多,扣除3天丧假,实际只请了2天事假,属合理期间范围,公司不予批准显然不近人情,亦有违事假制度设立之目的。公司解除劳动合同,属罔顾事件背景缘由,机械适用规章制度,严苛施行用工管理,显然不当。判决物业公司支付王某工资、赔偿金等。该公司不服判决上诉至二中院。二审法院认为,王某因父去世请假回老家操办丧事,符合中华民族传统人伦道德和善良风俗,无可厚非,公司应以普通善良人的宽容心、同理心加以对待。尊重民俗,体恤员工的具体困难与不幸亦是用人单位应有之义。王某并未达到公司规章制度规定的可解除劳动合同的条件,公司系违法解除。二审判决驳回上诉,维持原判。

（选自《男子为父奔丧请假被辞退　主审法官发声:用人单位应存善意》,光明网,2021年1月27日）

问题探究: 是否只要劳动者违反公司规章制度就可以解除劳动合同?

这是一个登顶热搜引起社会热议的案例。劳动合同履行期间,用人单位及劳动者均负有切实、充分、妥善履行合同的义务。劳动者有自觉维护用人单位劳动秩序,遵守规章制度的义务;用人单位行使用工管理自主权亦应善意、宽容及合理,尊重公序良俗,既要有刚性执行的力度,也需有人性化的温度。当劳动者因具体困难请假时,用人单位对于假期审核应尽普通善良人之义务并应尊重民俗、体恤员工。为维护稳定和谐的劳动关系,在司法审查时,依法对强者以抑制,对弱者以保护,从而维持利益平衡。上海二中院在此案的判决上,尊重善良风俗,法条背后兼顾天理人情、民俗人伦,保护了劳动者的合法权益,展示了司法的温度,对构建和谐社会具有积极意义。

习近平总书记指出:"全社会都要贯彻尊重劳动、尊重知识、尊重人才、尊重创造的重大方针,维护和发展劳动者的利益,保障劳动者的权利。"[1]作为劳动者,要学习并遵守劳动法律法规,履行劳动义务。同时,也要学习劳动权益相关知识,保护劳动者自身利益,防范劳动风险。

第二节　劳动风险的防范

劳动者在劳动过程中会面临各种安全风险、法律风险等。如何防范和控制劳动风险,保护劳动者劳动权益,也是大学生需要重视的问题。

---

① 习近平.在同全国劳动模范代表座谈时的讲话[N].人民日报,2013-04-29(02).

案例解读

....

依法维护非法用工下劳动者合法权益

吴某等 21 人 2016 年 4 月至 2017 年 4 月先后入职某农家乐,入职时未与任何单位签订劳动合同,亦未购买社会保险。陈某是农家乐的实际经营者,吴某等 21 人的工资发放方式为每月 25 日现金发放上个月的工资,签名领取,工资表先后由陈某雇人保管。2017 年 11 月 16 日,农家乐停止营业,但尚欠吴某等 21 人 2017 年 10 月、11 月工资。吴某等 21 人遂起诉农家乐要求支付拖欠的劳动报酬。本案经广州市中级法院审理,2018 年 12 月 20 日,广州市中级法院判决农家乐的经营者陈某向吴某等 21 人支付2017 年 10 月、11 月的工资合计 91 534 元。

(选自《广东高院发布构建和谐劳动关系十大典型案例》,北大法宝,2019 年 1 月 22 日)

问题探究：非法用工下如何保护劳动者合法权益?

该系列案中的吴某等 21 人均没有签订劳动合同,法院根据吴某等 21 人的工作安排、管理、工资发放均由陈某实际决定这一事实,认定吴某等 21 人与陈某之间形成劳务关系,将本系列案定性为追索劳务报酬纠纷,陈某作为接受劳务一方应向吴某等 21 人支付劳务报酬。

一、劳动风险基础知识

(一)劳动风险的内涵

劳动风险是劳动用工风险的简称,是指用人单位和劳动者之间因为用工关系的存在,而可能产生在劳动关系存续期间各个环节的用工风险的总称。劳动风险存在于从招聘、入职、试用、劳动合同履行、变更、解除、终止,到离职的各个环节,必须进行事先防范和过程控制。从实践来看,职业院校学生在实习中面临着各式各样的风险,一旦出现工伤、酬薪、劳动关系和休息休假等权益方面的纠纷,有可能损害学生的人身权益,还会对学生实习期间的劳动权益,甚至社会和谐与稳定产生影响。

《职业学校学生实习管理规定》要求职业学校和实习单位要确立安全第一的原则,严格执行国家及地方安全生产和职业卫生有关规定。学生在实习期间受到人身伤害,属于实习责任保险赔付范围的,由承保保险公司按保险合同赔付标准进行赔付。不属于保险赔付范围或者超出保险赔付额度的部分,由实习单位、职业学校及学生按照实习协议约定承担责任。职业学校和实习单位应当妥善做好救治和善后工作。实习生在实习期间也有义务注意劳动安全。学习安全防护知识、参加岗位操作规程教育和培训并通过考核。

案例解读

实习中受伤的侵权责任认定

2016 年 7 月 21 日,某学院组织学生进行实习,胡某选择自主联系实习单位实习。11 月 16 日,胡某与某公司签订了《实习协议书》,约定胡某于公司操作岗位实习。2017 年 2 月 28 日晚,胡某独立进行数控技术操作,不慎被机器绞伤左手,产生医疗费、住院费等共计 69 378.02 元均由公司予以垫付。经鉴定胡某因本次事故导致损伤构成九级伤残。

(选自搜狐号"四川工会法律援助")

问题探究: 侵权责任如何认定?

胡某作为学校学生,在学校组织实习阶段自主选择到被告公司进行生产实习活动,学校作为胡某实习期间的间接管理人,在学生实习期间,依然存在管理、保护和注意义务。而学校未能与企业沟通协商实习期间安排晚班是否合理,是否能够安排实习学生独自操控设备进行工作等问题,在事故中存在一定过错,与胡某的受伤存在因果关系;其次,胡某在公司实习,学习的同时亦根据实习单位要求为实习单位提供了一定的劳务,但公司未尽到监督和管理责任,在没有实习老师带领的情况下单独安排工作,对因此造成的伤害具有重大过错,公司与胡某的受伤亦存在因果关系;再次,胡某在实习前,学校对胡某进行了大量的安全培训,使胡某具备专业操作技能,如能规范操作应能避免事故的发生,胡某对于事故发生亦存在过失,理应承担部分责任;法院酌情认定由胡某自行承担 10% 的责任,公司承担 70% 的赔偿责任,第三人学校承担 20% 的赔偿责任。

(二)相关的法律法规

劳动风险防范和控制过程中涉及的法律和法律解释主要有《劳动法》《劳动合同法》《劳动合同实施条例》《最高人民法院关于审理劳动争议案件适用法律若干问题的解释》等。劳动风险防范和控制过程中涉及的法规和部委规章主要有《就业服务与就业管理规定》、地方政府的工资支付条例、人口和计划生育条例、最低工资标准等。

二、劳动争议的解决途径

(一)劳动争议的内涵

劳动争议一般也叫作劳动纠纷,是指劳动关系的当事人之间因执行劳动法律、法规和履行劳动合同而发生的纠纷,即劳动者与用人单位之间因劳动关系中的权利义务而发生的纠纷。

劳动争议的范围在不同的国家有不同的规定。根据《中华人民共和国劳动争议调解仲裁法》和《最高人民法院关于审理劳动争议案件适用法律若干问题的解释》的规定,劳动争议的范围主要包括以下方面：因确认劳动关系发生的争议；因订立、履行、变更、解除和终止劳动合同发生的争议；因除名、辞退和辞职、离职发生的争议；因工作时间、休息休假、社会保险、福利、培训以及劳动保护发生的争议；因劳动报酬、工伤医疗费、经济补偿或者赔偿金等发生的争议；劳动者与用人单位在履行劳动合同过程中发生的纠纷；劳动者与用人单位之间没有订立书面劳动合同，但已形成劳动关系后发生的纠纷；劳动者退休后，与尚未参加社会保险统筹的原用人单位因追索养老金、医疗费、工伤保险待遇和其他社会保险而发生的纠纷；法律、法规规定的其他劳动争议。

（二）劳动争议的处理

《劳动法》第七十八条规定："解决劳动争议，应当根据合法、公正、及时处理的原则，依法维护劳动争议当事人的合法权益。"第七十七条规定："调解原则适用于仲裁和诉讼程序。"这一规定确立了处理劳动争议的基本原则，即：调解原则；及时处理原则；以事实为依据，以法律为准绳的原则；当事人在适用法律上一律平等的原则。

解决劳动争议可以采取诉讼和非诉讼的方式。"诉讼"和"非诉讼"作为化解矛盾的两大手段，都是推动矛盾纠纷纳入法治化轨道解决的重要途径。习近平总书记在 2019 年中央政法工作会议上提出要"把非诉讼纠纷解决机制挺在前面"，体现了创新社会治理、构建共建共治共享治理格局的思路。司法不能成为化解纠纷、消弭冲突的唯一、第一渠道，非诉讼纠纷解决机制破解了长期困扰老百姓的"打官司难，执行难""打官司贵，请律师贵，周期长"等司法救济环节上的难题，以便捷和低廉的优势，拓宽人民群众维护自身合法权益的渠道。同时，减少大量行政成本和司法成本，修复弥合了社会关系，"调解在前，无讼少诉"不仅定纷止争，还更可能实现"以和为贵""案结事了，事了人和"的社会效果，有助于维护社会稳定，促进矛盾和纠纷依法、有效化解。一般来说，解决劳动争议的方式主要有四种：

1. 劳动争议协商

协商是指劳动者与用人单位就争议的问题直接进行协商，寻找纠纷解决的具体方案。劳动者与用人单位通过协商解决争议，有利于促进问题的快速解决。与其他纠纷不同的是，劳动争议的当事人一方为单位，一方为单位职工，因双方已经发生一定的劳动关系而使彼此之间相互有所了解。双方发生纠纷后最好先协商，通过自愿达成协议来消除隔阂。但是，协商程序不是处理劳动争议的必经程序。双方可以协商，也可以不协商，完全出于自愿，任何人都不能强迫。劳动争议双方协商达成的和解协议具有法律效力。人力资源和社会保障部制定的《企业劳动争议协商调解规定》第十一条规定，协商达成一致，应当签订书面和解协议。和解协议对双方当事人具有约束力，当事人应当履行。

2. 劳动争议调解

调解是指劳动纠纷的一方当事人就已经发生的劳动纠纷向劳动争议调解委员会申请调解的程序。发生劳动争议，当事人可以口头或者书面形式向调解委员会提出调解申请。根据《劳动法》第八十条规定：在用人单位内，可以设立劳动争议调解委员会负责调解本单位的劳动争议。调解委员会委员由单位代表、职工代表和工会代表组成。调解员应当公道正派、联系群众、热心调解工作，具有一定劳动保障法律政策知识和沟通协调能力。除因签订、履行集体劳动合同发生的争议外均可由本企业劳动争议调解委员会调解。调解是非诉讼纠纷解决方式的核心，调解的主体包括各级行政机关、仲裁机构、行业组织的专门机构、社会组织、律师、民间人士等。《企业劳动争议协商调解规定》规定，经调解达成调解协议的，由调解委员会制作调解协议书。生效的调解协议对双方当事人具有约束力，当事人应当履行。但是，与协商程序一样，调解程序也由当事人自愿选择，当事人一方也可以不经调解直接向劳动争议仲裁委员会申请仲裁。调解协议也不具有强制执行力，如果一方反悔，同样可以向仲裁机构申请仲裁。

3. 劳动争议仲裁

仲裁是劳动纠纷的一方当事人将纠纷提交劳动争议仲裁委员会进行处理的程序。该程序既具有劳动争议调解灵活、快捷的特点，又具有强制执行的效力，是解决劳动纠纷的重要手段。劳动争议仲裁委员会是国家授权、依法独立处理劳动争议案件的专门机构。我国劳动争议处理实行"一裁两审制"，即先到劳动人事争议仲裁委员会申请仲裁，仲裁裁决可到法院申请执行；不服仲裁裁决可到法院提起民事诉讼，由法院做出审判直至终审。也就是说，申请劳动仲裁是解决劳动争议的选择程序之一，也是提起诉讼的前置程序，即如果想提起诉讼打劳动官司，必须要经过仲裁程序，不能直接向人民法院起诉。

4. 劳动争议诉讼

根据《劳动法》第八十三条规定："劳动争议当事人对仲裁裁决不服的，可以自收到仲裁裁决书之日起十五日内向人民法院提起诉讼。一方当事人在法定期限内不起诉又不履行仲裁裁决的，另一方当事人可以申请人民法院强制执行。"诉讼程序的启动是由不服劳动争议仲裁委员会裁决的一方当事人向人民法院提起诉讼后启动的程序。诉讼程序具有较强的法律性、程序性，作出的判决也具有强制执行力。调解作为处理争议的方式手段，贯穿于一裁两审全过程。劳动争议仲裁法定时限为 45 天到 60 天，法院一审 3—6 个月，二审 9 个月。从时间成本看，仲裁较为省时，所需提供的证据较少。另外，仲裁具有简便、快速、柔性化等优势，且不收费；诉讼则强制性、耗时长等特点明显。

知识拓展

....

推动诉讼与非诉机制各就其位

如果盘点反映改革开放后我国法治社会不断进步的影视作品，《秋菊打官司》无疑是一部经典。关于解决纠纷的过程，影片从当事人自行协商开始，历经人民调解、行政复议，最后再到法院行政诉讼，呈现了一个系列化的纠纷解决机制。

随着现代化进程的推进和向市场经济的转型,诉讼作为一种纠纷解决方式得到了前所未有的重视,法院受理案件的数量呈逐年上升趋势,给法院带来了巨大的压力。"凡事皆有度,过犹不及"。以诉讼为主的纠纷解决机制在实践中因过度使用而逐渐暴露出诸多弊端,法院案多人少,疲于应对,加上诉讼本身具有的周期长、程序复杂、成本高、对抗性强等特点,使得诉讼机制的功能性特点在一定程度上演变成了功能性缺陷。因此,以非诉讼方式解决纠纷的机制,再次被重视起来。

经过多年探索,形成了三道分层递进、衔接配套的纠纷解决体系,统称为三道防线。第一道防线是倡导当事人自主协商和解,或是由第三方主持调解;第二道防线是仲裁、公证、行政裁决、行政复议等;第三道防线是诉讼,这是纠纷解决的最后一道防线。三道防线层层把关设防,实现矛盾纠纷化解的纵深布局。对一般矛盾纠纷,尽量劝导、引导当事人通过自主协商和解、人民调解、行政调解进行化解;对特殊类型的矛盾纠纷则引导尽可能走仲裁、公证、行政裁决、行政复议等程序;对经过层层过滤后的尖锐复杂、不可调和的矛盾纠纷,先安排司法调解来平息纷争,最后才是司法判决。总之,就是要把必须通过司法裁判来辨是非、明曲直的程序放在最后。前两道防线属于非诉讼纠纷解决机制,在性质上属于自主、民间、团体、行政,存在着一方当事人向另一方当事人适当让渡权利的空间或可能。只有经过诉讼,没有也不允许存在这样的让渡,法律成为唯一的底线,才赋予执行判决结果以真正的国家强制力。

习近平总书记站在促进国家治理体系和治理能力现代化的高度,要求"把非诉讼纠纷解决机制挺在前面",不仅体现了对国家治理体系的再调整和大布局,也为推动多元纠纷化解体系建设指明了方向,提供了遵循。从诉讼与非诉讼纠纷解决机制角度看,秋菊基本上走完了从非诉到诉讼的全部过程。考虑到秋菊的诉求中包含着情感等其他多种因素,显然是以非诉讼的方式解决为最佳,而诉讼的方式因为没有了让渡的空间,其结果就显得有点冷冰冰。

(选自《人民法院报》,2019 年 6 月 3 日)

三、大学生就业常见的劳动风险

大学生就业存在着一定的风险,如遭遇试用期陷阱,用人单位为了降低用工成本混淆试用期和实习期,导致毕业生一直被试用;此外还有合同陷阱,押金、保证金陷阱、虚假招聘等。大学生要提高警惕,加强对劳动政策和法律法规的学习,依法保护自己的劳动权益。

(一)入职常见的法律风险

1. 试用期不规范

第一,试用期期限不符合劳动合同法规定。超出法定期限的试用期不具有法律效力;劳动者可以要求支付违法约定试用期的赔偿金;用人单位在超出法定期限的试用期后,仍然以劳动者"不符合录用条件"为由辞退的,可能被认定构成"违法解除劳动合同",此时需要向劳动者支付赔偿金。第二,试用期内没有依法购买社会保险。劳动者可以依法解除劳动合同,并要求支付解除劳动合同的经济补偿金。第三,只签订"试用期合同",没有签订劳动合同;或者签订了劳动合同,但只约定了"试用期",没有约定劳动合同的其他期限。此种情况下试用期不成立,双方约定的"试用期",法律上视为劳动合同的期限。第四,约定两次试用期。法律只允许约定一次试用期,第二次约定的试用期被认定无效。第五,试用期内不签订书面劳动合同。试用期内要依法签订书面劳动合同,不签订劳动合同属于违法行为;用人单位没有在1个月内依法签订书面劳动合同的,需要承担支付双倍工资的惩罚性法律责任。

2. 劳动合同签订不规范

最常见的是没有及时签订书面劳动合同。口头约定极易引起争议,毕业生一定要签订规范的劳动合同。没有签订书面劳动合同的,从第二个月起至第十二个月,用人单位每月需要支付二倍工资;没有签订书面劳动合同持续1年的,法律上视为双方已经签订无固定期限劳动合同。

(二) 合同履行常见的法律风险

劳动合同依法订立即具有法律约束力,当事人必须履行劳动合同规定的义务,合同履行环节也要注意防范风险。

1. 注意合同在履行阶段存在约定变更、实际行为变更、单方变更等情形,对于涉及合同主要条款的变更需要双方协商一致并签订相关的协议。

2. 用人单位平时要做好考勤记录、休假记录、加班记录、业绩考核记录,做到工资发放及时、社保缴纳及时、提供相应劳动保护条件,劳动者要收集保管相关的证据材料。

(三) 离职常见的法律风险

劳动合同终止、解除阶段是劳动争议高发阶段,劳动者要了解离职期间的相关法律规定,降低离职风险。

1. 试用期内的合同解除

劳动者可以提前三天告知用人单位即可单方解除;用人单位只能在劳动者不符合录用条件的情形下才可以合法解除劳动合同,并负举证责任,否则承担支付经济赔偿责任。

2. 劳动合同期限内的解除

劳动者的解除权有:劳动者提前30天通知用人单位解除劳动合同无须特别理由(服务期除外);用人单位存在违纪违法的情形下可以即时解除。用人单位的解除权有:劳动者存在严重违纪违法的情况下可以解除;合法裁员;协商一致解除;用人单位解散等。

3. 劳动合同终止

到期后双方不续签合同。劳动者提出的在维持或提高劳动合同约定条件情形下不续签的单位不付补偿金;用人单位提出不续签的需支付经济补偿金。

习近平总书记指出:"推进全面依法治国,根本目的是依法保障人民权益。"①劳动者的劳

---

① 习近平.习近平在中央全面依法治国工作会议上发表重要讲话[DB/OL].新华社,http://www.gov.cn/xinwen/2020-11/17/content_5562085.htm.

动权是人民权益的重要组成部分。新时代的中国社会发展日新月异,企业组织形式和劳动者就业方式正在发生深刻变化,新业态从业人员数量大幅增加,构建和谐劳动关系,补齐劳动者权益保障短板,增强劳动者抵御风险的能力和底气,加强劳动者职业技能培训及普法教育,及时化解劳动关系矛盾纠纷,切实维护劳动者合法权益,对于将要踏入社会的大学生来说都具有重大现实意义。

本章小结

劳动关系是劳动者与用人单位在实现劳动过程中建立的社会经济关系,是最基本、最重要的社会关系之一。我国对劳动者权益的保护,以《劳动法》和《劳动合同法》为主,规定了对劳动者享有的各项劳动权益的保护。大学生参加实习是职业院校教学活动的一个重要内容,《职业教育法》《职业学校学生实习管理规定》对实习过程中学生的劳动权益保障和学生的义务做出了规定。劳动者在劳动过程中会面临劳动风险。解决劳动争议,可以采取诉讼和非诉讼的方式,依法保护自己和他人的劳动权益。大学生就业存在着一定的风险,毕业生要提高警惕,加强对劳动政策和法律法规的学习。

拓展思考

实习生与用人单位是否存在劳动关系,是否受《劳动法》保护?

周某等三人均系湘南学院体育教育专业在校大三学生。2019 年 5 月 15 日,周某等到某健身俱乐部实习,担任私人教练工作,工作期间双方未签订劳动合同,口头协商达成协议:工资 1 500 元/月、私教课 80 元/节、加操课 70 元/节,月业绩超过 8 000 元,底薪按 1 800 元计算。从 2019 年 9 月 1 日开始至 10 月 10 日,俱乐部共拖欠周某等工资几千元不等。10 月 10 日因学校要求回去实习,周某等提前向俱乐部经营者阳某申请离职,阳某同意他们离开。因阳某未支付周某等的拖欠工资,周某等向劳动争议仲裁委员会提出仲裁申请,请求裁令俱乐部支付周某等工资 5 200 元、解除劳动关系经济补偿金半个月工资 750 元、周某未签劳动合同二倍工资 20 000 元。仲裁委员会审理后认定,驳回周某等仲裁请求。

思考题:周某作为在校大学生是否具有建立劳动关系的主体资格?是否具备《劳动法》规定的独立劳动者身份?双方构成劳动关系还是劳务关系?

实习生在实习单位是否受到《劳动法》的保护?《劳动法》是调整劳动关系的法律,如果实习生与用人单位具有实质劳动关系,则属《劳动法》调整范围,但实践中如何界定实习生与用人单位是否具有劳动关系是个难题。《劳动法》中的劳动者是指达到法定年龄、具有劳动能力、以从事某种社会劳动获取收入为主要生活来源的自然人。一般认为,在校大学生不具有建立劳动关系的主体资格,不具备《劳动法》规定的独立劳动者身份。这意味着学生在实习过程中受到的伤害,一般不能按照劳动关系处理,而是按一般民事侵权纠纷处理,根据有关侵权的法律规定,由学生、学校、企业按过错程度承担相应的责任。

在校生与用人单位之间建立的关系主要分为两种情况。一种是在校生作为民事主体与用人单位之间建立勤工俭学等民事法律关系。原劳动部《关于贯彻执行〈劳动法〉若干问题的意见》第 12 条规定,在校生利用业余时间勤工俭学不视为就业,未建立劳动关系,可以不签订劳动合同。可见,在校学生利用假期打工与用人单位之间不属于劳动关系,在身份认定上不是劳动者,不受《劳动法》《劳动合同法》调整,因此周某等主张由俱乐部支付解除劳动关系经济补偿金、未签劳动合同二倍工资的仲裁请求,依法不予支持。周某等请求俱乐部支付拖欠的劳动工资属于劳务费,依法不予支持。另外一种是在校生在用人单位进行社会实践或者专业实习,这是实习人员出于学习需要在单位进行社会实践的行为。如大学生的毕业实习,在校学生在学校安排下或者利用课余时间到单位进行实习,在此时全日制学生还是学生身份而不受《劳动法》调整和保护。由于学生不是劳动法调整的对象,学生和实习单位之间发生的争议不能作为劳动争议来处理。

如果用人单位以在校生不受《劳动法》保护为由,在双方建立有效的法律协议并且在校生按照协议提供了劳务的前提下,拒绝依法支付劳动报酬,在校生可以向劳动主管部门举报或向法院起诉。劳务关系是劳动者与用工者根据口头或书面约定,由劳动者向用工者提供一次性的或者是特定的劳动服务,用工者依约向劳动者支付劳务报酬的一种有偿服务的法律关系。劳务关系是由两个或两个以上的平等主体,通过劳务合同建立的一种民事权利义务关系,其适用法律主要是《中华人民共和国合同法》。

(选自《在校学生在用人单位实习是否存在劳动关系?》,湖南民生网,2020 年 11 月 16 日)

 实践项目 ::

同学分成小组,通过网络查阅资料,以视频方式进行劳动场景的情景模拟,以便了解大学生入职和签订劳动合同的相关知识,规避风险,保护好自身的劳动权益。

知识链接 :::

1.《中华人民共和国劳动法》

2.《中华人民共和国劳动合同法》

3.《职业学校学生实习管理规定》

第七章
劳动精神的弘扬

📍 **学习目标**

1. 理解和掌握劳模精神、劳动精神和工匠精神的科学内涵与逻辑关系；

2. 理解劳动成果的概念与特征，自觉珍惜劳动成果；

3. 自觉培育和践行劳模精神、劳动精神、工匠精神，树立热爱劳动、劳动光荣的价值观，涵养深厚的劳动情怀。

📑 **内容导读**

"盾构机"守护神陆凯忠： 从一名技校生到全国劳模

陆凯忠读技校时，一位被同学们奉若神明的教授级高工教师说自己只掌握30%的电气知识。时间飞逝，当陆凯忠已成为"盾构机"行业领军人物时，他却感到自己只了解20%的行业知识。因此，人生有限、学海无边的意识始终影响着他。

一台日本进口盾构机在上海地铁8号线掘进过程中，频频报警停机。日方束手无策，陆凯忠凭借丰富经验，反复检查研究，确定油压设定过低，却拿不出有力的论证。日方拒绝承认设备有问题，并认为操作说明书也不会有错误。陆凯忠经专家协助算出数据后，日方终于承认操作说明书上的参数有误，并立即做了更正。陆凯忠成为更改日本厂商设备说明书的第一人。通过这件事，他意识到自己理论知识的不足，后考入上海理工大学和华东理工大学学习深造。

一次冬季施工，盾构设备泥浆搅拌机的搅拌棒掉落并卡在了1米深的泥浆池中，设备停止了运转。日方抢修方案既影响工程进度，又造成环境污染。陆凯忠以企业利益为先，当着日方技术人员的面，果断地跳进了冰冷的泥浆池中进行维修，完全凭着手感与经验，在冰冷黏稠的泥浆中进行一个多小时排摸、故障处理，恢复了设备的运行。他用实际行动给对方上了一堂生动的爱岗敬业教育课。

在福州地铁1号线施工过程中，机器出现重大故障，被称为"世界级难题"，可能会带来巨大经济损失和不良社会影响。陆凯忠反复研究，采取临时措施，整整一个多月没日没夜地边施工边修理，双手接触泥浆、油液的时间比接触空气的时间都长，有时候机器修理一小时，运行几分钟。陆凯忠硬是靠着不达目的绝不罢休的精神为项目挽回了巨大的经济损失，顺利完成施工。

　　陆凯忠与陆凯忠劳模创新工作室以"为工程服务、破解难题、技术创新"为主基调,累计技术创新、发明创造 16 项,设备方面的技术改进和技术改造 26 项,解决各类施工技术难题 54 项,给企业带来直接经济效益 3 200 余万元,生动地体现了辛勤劳动、诚实劳动、创造性劳动的理念,荣获 2004 年全国"五一"劳动奖章,以及 2004、2005 年全国劳动模范和 2006 年上海市劳动模范称号。

　　问题探究: 陆凯忠如何从一位一线技术工人锤炼为引领行业发展的全国劳模?

　　陆凯忠一方面始终坚持终身学习的理念,不断学习创新,刻苦钻研,修炼内功;另一方面他心怀职业敬畏和对企业的热爱与忠诚,在岗位上勤勤恳恳,精益求精,一丝不苟,实现自我突破和技术创新,为盾构机行业的技术创新屡立新功,为国家事业做出奉献。他用实际行动呈现了一位普通人 31 年来不断超越自我、开拓创新,蜕变成为行业领军人物的成长历程。他从一名技校生到一名本科生,从单打独斗到创建劳模创新工作室,从技术工人到行业领军人物,成为国内盾构机技术的"最后一扇门",在小岗位上展现大智慧,在平凡的岗位上做出不平凡的成就。

第一节　弘扬劳模精神、劳动精神和工匠精神

　　习近平总书记在 2020 年全国劳动模范和先进工作者表彰大会上指出:"大力弘扬劳模精神、劳动精神、工匠精神……劳模精神、劳动精神、工匠精神是以爱国主义为核心的民族精神和以改革创新为核心的时代精神的生动体现,是鼓舞全党全国各族人民风雨无阻、勇敢前进的强大精神动力。"系统阐述了劳模精神、劳动精神和工匠精神的丰富内涵,体现了党中央对劳模工匠群体、对劳动人民的充分肯定、高度重视和深切关怀。青年大学生们要坚持、发展和弘扬劳模精神、劳动精神和工匠精神,培育与践行社会主义核心价值观,激发劳模先进、高技能人才、产业工人和全体劳动者的劳动热情和活力,讴歌劳动创造,礼赞劳模精神、劳动精神和工匠精神,在全面建设社会主义现代化强国新征程中努力奋进。

知识拓展

劳模精神的产生

　　劳模是劳动模范和先进工作者的简称,经职工民主评选,有关部门审核和政府审批后被授予的荣誉称号。劳动模范分为全国劳动模范与省、部委级劳动模范,有些设区的市和一些行业也评选劳动模范。企业和单位为了表彰本集团、本单位做出突出贡献的职工和劳动者,激发劳动热情,启发劳动智慧,推动生产发展与技术创新,也会组织内部的"劳动模范"评选。

中共中央、国务院授予的劳动模范、先进工作者为"全国劳动模范""全国先进工作者",是我国最高的荣誉称号。我国劳模运动起源于土地革命时期的苏区劳动竞赛,获胜者得到褒奖,新中国成立以后,劳模评选制度一直沿袭下来。1950年进行了第一次全国劳模评选与表彰,1982年把"奖励劳动模范和先进工作者"的劳模评选制度写入了宪法,劳模评选表彰逐步成为一种常态机制,1989年以后我国每五年评选一次全国劳模,评选和表彰在社会主义建设事业中成绩卓著的劳动者。劳模评选标准、评选范围与宣传示范等随着时代的发展不断变化,劳模被赋予不同的精神内涵,成为力量的化身。每年"五一"国际劳动节,全国都会开展各种活动向劳模们致敬。

一、劳模精神、劳动精神的内涵与意义

劳动模范、先进工作者是新时代高素质劳动者大军的时代楷模和价值观引领者。青年大学生要深刻理解劳模精神、劳动精神的科学内涵和逻辑关系,这是大力弘扬劳模精神、劳动精神的必然前提。

（一）劳模精神的科学内涵与时代意义

劳动模范是社会主义事业的卓越劳动者代表,如"铁人"王进喜、"两弹元勋"邓稼先、"光学专家"蒋筑英、"当代愚公"李双良、"新时代铁人"王启民、"抓斗大王"包起帆、"杂交水稻之父"袁隆平等都是著名全国劳模。通过评选和表彰不同时代成绩卓著的劳动者,劳模精神被赋予不同的特点和内涵。

1. 科学内涵

劳模精神是指劳动模范和先进工作者在劳动中作出卓越的业绩所彰显的基本信念、价值追求、人生境界以及整体精神品质和精神风貌。劳动模范是劳模精神的承载者,其身上体现的"爱岗敬业、争创一流,艰苦奋斗、勇于创新,淡泊名利、甘于奉献"的劳模精神,是伟大时代精神的生动体现,也是我们宝贵的精神财富和强大的精神力量。

"爱岗敬业、争创一流"是劳模精神的本质特征,是热爱工作、敬畏职业的职业品格和不甘人后、永争第一的进取精神。爱岗敬业是本分,争创一流是追求,劳模精神体现了劳模对国家、社会、职业的高度责任感、使命感和舍我其谁的主人翁精神。

"艰苦奋斗、勇于创新"是劳模精神的品质体现,是不怕艰难困苦、努力拼搏的奋斗精神和勇于突破、敢于超越的创新精神。艰苦奋斗是作风,勇于创新是使命,劳模精神体现了不怕困难、奋发图强、勇于挑战、敢为人先的精神风貌,和积极践行辛勤劳动、创造性劳动的理念。

"淡泊名利、甘于奉献"是劳模精神的价值追求,是不求名声财利的思想境界和为国为民甘愿奉献牺牲的人格境界。淡泊名利是境界,甘于奉献是修为。劳模精神彰显了劳模先进心甘情愿、默默坚守、身心投入,不追求声名和个人私利的奉献精神。

劳模精神内涵的三个方面相辅相成、互为补充。虽然内涵随着历史变迁、语境变化会被

赋予相应的时代元素,但劳模精神所体现出的理想信念、价值追求和精神指向,却始终如一、从未改变。劳动模范心中有信仰、眼中有光芒、脚下有力量,能把不可能变为可能,把平凡变为卓越,是每一位劳动者的榜样。

2. 时代意义

2015年4月29日,习近平总书记在庆祝"五一"国际劳动节大会上指出:"劳动模范和先进工作者是坚持中国道路、弘扬中国精神、凝聚中国力量的楷模,他们以高度的主人翁责任感、卓越的劳动创造、忘我的拼搏奉献,为全国各族人民树立了学习榜样。"[①]立足于中华民族五千年文明,劳模是"民族的精英";立足于中国近现代史,劳模是"人民的楷模";立足于中国共产党的百年历程,劳模是"共和国的功臣"。在他们身上,集中体现了劳动光荣、知识崇高、人才宝贵、创造伟大的时代精神。1950年,毛泽东同志在第一次全国劳模代表大会上,赞颂全国劳动模范"是全中华民族的模范人物,是推动各方面人民事业胜利前进的骨干,是人民政府的可靠支柱和人民政府联系广大群众的桥梁"[②]。2014年4月30日,习近平总书记在乌鲁木齐接见劳动模范和先进工作者时强调,劳动模范和先进工作者、先进人物不仅自己要做好工作,而且要身体力行向全社会传播劳动精神和劳动观念,让勤奋做事、勤勉为人、勤劳致富在全社会蔚然成风。[③]

(1)是中国精神的生动体现,极为宝贵的精神财富

习近平总书记指出,劳模精神"丰富了民族精神和时代精神的内涵,是我们极为宝贵的精神财富","是伟大时代精神的生动体现"。劳模精神是以爱国主义为核心的民族精神和以改革创新为核心的时代精神的生动载体和集中体现,与社会主义核心价值观均具有高度的契合性和一致性。[④]

(2)是社会主义核心价值观的时代践行,强大的精神力量

劳模精神是社会主义核心价值观的重要组成部分和时代典型,劳模精神与社会主义核心价值观在政治导向、思想传承、文化引领、价值取向、道德示范等方面高度契合,相辅相成,是社会主义核心价值观在不同场域的生动鲜活阐释。

(3)是巨大的物质财富,伴随着新中国成长

劳模和劳模精神是"与祖国同成长""与时代齐奋进"的卓越代表。在中国共产党引领中华民族从站起来到富起来的伟大历史进程中,劳模先进发挥了中流砥柱作用。同样,在中国共产党引领中国人民从富起来到强起来、建设社会主义现代化强国的历史征程中,劳模先进也同样是重要的依靠力量、骨干力量、支撑力量和精神力量。

---

① 习近平.庆祝"五一"国际劳动节暨表彰全国劳动模范和先进工作者大会隆重举行 习近平发表重要讲话[N].人民日报,2015-04-29(1).
② 毛泽东.代表中共中央在全国战斗英雄和劳动模范代表会议上的祝词(1950年9月25日)[N].人民日报,1950-09-26.
③ 习近平.习近平在乌鲁木齐接见劳动模范和先进工作者、先进人物代表 向全国广大劳动者致以"五一"节问候[N].人民日报,2014-05-01(1).
④ 中国共产党第十九次全国代表大会文件汇编[M].北京:人民出版社,2017:85.

（4）树立了职业榜样和社会榜样，体现社会责任与时代担当

劳模之所以能够扛起社会责任与时代担当，在于其具有卓越的专业能力和职业素养，秉持强烈的主人翁意识、岗位意识、发展意识、创新意识领跑于时代，同时具有为他人、社会、国家贡献牺牲的高贵品质和奉献精神，彰显劳动的体面性、荣誉感和幸福感。他们从平凡成就伟大、从普通成就卓越，成为青年大学生的行动楷模和精神向导，为其成长成才提供智慧与方法。

（5）是应对重大风险、关键领域攻坚克难的中流砥柱

从革命年代到新时代，哪里有困难、灾难，哪里就有积极能干、敢于拼搏、不怕牺牲的劳模们的身影，他们逆行，他们担当，他们为社会扛起责任，为民族挺起脊梁。如新冠肺炎疫情发生以来，大批医护人员、党员干部、人民子弟兵等迎难而上、勇于担当，出现了像钟南山、张伯礼、张定宇、陈薇这样"坚决顶上"的劳动模范、时代楷模、共和国勋章获得者和人民勋章获得者，充分彰显了劳模智慧、劳模精神、劳模力量、劳模担当，也生动彰显了劳模先进"信仰坚定、忠于祖国、立足本职、胸怀全局"的精神内核。正如习近平总书记所说："在这场抗击疫情的雄壮斗争中，产生出一大批劳动模范和先进工作者，他们同全国各族人民一道，铸就了生命至上、举国同心、舍生忘死、尊重科学、命运与共的伟大抗疫精神，不愧为新时代最美奋斗者！"

案例解读

工人发明家包起帆

1981年，包起帆亲眼目睹了3名工人兄弟死于港口木材装卸，朴素的工人兄弟间的情感使包起帆强烈地感受到，要靠自己的科学文化知识把工人兄弟的生命从虎口中夺回来。那时，包起帆对抓斗是一窍不通，面对重重困难，他日夜待在码头上做实验，不上工的时候就去图书馆、情报所查阅资料。经过近三年的艰难攻关，克服无数困难，包起帆终于在码头上完成了一套完整的木材抓斗装卸工艺系统。从此以后再也不需要工人下船舱用人力去捆扎木材了，再也没发生过一起重大伤亡事故，装卸效率也提高了2.67倍。

进入新世纪，码头发展的数字化、智能化、自动化成为趋势。为了适应码头发展的需要，包起帆带领研发团队实现了港口从传统装卸功能向现代物流服务业的转型，使上海罗泾散杂货码头实现了一条岸线同时供公共码头、钢厂和电厂灰场共用的方案，做到了公共散杂货码头和大型钢铁企业的无缝物流配送。由此，包起帆获得了世界工程组织联合会在科威特颁发的2009年"阿西布·萨巴格优秀工程建设奖"，成为第一个获此殊荣的中国专家。

包起帆和同事们以敏捷物流系统设计、系统监控与决策分析为主要技术手段，创新了具备汽车分拨、零部件配送、一站式增值服务等滚装物流服务新模式，构建的汽车滚装码头营运与物流一体化信息服务平台，实现了汽车限装码头（外高桥六期）从单一的装卸功能向客

户定制化增值服务延伸,已完成汽车滚装业务 61.9 万辆,成为我国首个最大规模的汽车物流港区。

凭借持续创新、不断突破,包起帆成为中国工人发明家的一面旗帜。他说:"我相信,'包起帆'能够被复制,你可以没有学历、没有资历、没有背景,现在还从事着平凡的劳动,但只要努力学习,爱岗敬业,用心做事,就能够在创新的道路上取得成功。"

问题探究:从"工人发明家"包起帆身上我们可以感受怎样的劳模精神?

包起帆从朴素的工友之情和职业责任激励自我不怕困难地钻研技术,忘我地创新开发和应用转化,从一名码头工人走上了世界工程技术的最高领奖台,让世界对中国创造竖起大拇指,彰显了其爱岗敬业、忘我劳动、无私奉献的主人翁意识和劳模精神。

(二)劳动精神的科学内涵与时代意义

劳动是人类特有的一种有意识有目的的社会实践活动,是人类生存发展的前提基础。劳动精神伴随着劳动实践而产生,是关于劳动的理念认知、价值追求、劳动状态和行为实践的集中体现。在长期实践中,人们培养了"崇尚劳动、热爱劳动、辛勤劳动、诚实劳动"的劳动精神。

1. 科学内涵

"崇尚劳动"是指树立推崇提倡劳动的正确价值观。崇尚劳动就是充分认识到"劳动最光荣、劳动最崇高、劳动最伟大、劳动最美丽"的价值理念,从而因尊重而推崇提倡劳动,实现劳动者渴望劳动、"想干"劳动。

"热爱劳动"是指培养强烈喜爱劳动的劳动态度。促进劳动者能够自愿自觉、积极主动地参加劳动、"爱干"劳动。

"辛勤劳动"是指坚持勤劳而努力的劳动状态。是对劳动过程及其强度的充分肯定,表明充分遵循劳动的客观规律以及要达到的劳动强度。功崇惟志,业广惟勤。无论是体力劳动的辛劳和汗水,还是脑力劳动的智慧和心血,都是"苦干"劳动的体现。

"诚实劳动"是指对劳动者诚信踏实的劳动品德的客观要求。体现在劳动过程、劳动态度和成果中,即遵纪守法、遵循道德,遵守公序良俗和良知的前提下,以良善与"实干"的劳动态度和劳动行为进行劳动。

劳动精神包含了劳动价值观、劳动态度、劳动过程、劳动品德四个方面的丰富内涵,提倡正确的劳动观、劳动态度、劳动过程、劳动品德,实现"想干"劳动,"爱干"劳动,"苦干"劳动和"实干"劳动有机统一。

2. 时代意义

劳动创造了人、创造了人的本质,也创造了物质财富与精神财富。"劳动是推动人类社会进步的根本力量。"[1]无数历史证明,劳动精神是中华民族赖以生存与发展的精神纽带,也是推进党和国家事业兴旺发达的精神动力,弘扬劳动精神具有时代价值。

---

[1] 习近平.在同全国劳动模范代表座谈时的讲话(2013 年 4 月 28 日)[N].人民日报,2013 - 04 - 29(2).

（1）全面认识劳动，树立正确的劳动观

高尔基说："我们世界上最美好的东西，都是由劳动、由人的聪明双手创造出来的。"怎样看待劳动、怎样对待劳动者标志着一个社会的文明程度。劳动精神是中华优秀传统文化的赓续传承和创新转化，植根于民族血脉之中，是中华民族奋斗不息、顽强进取的强大精神动力。劳动精神又升华于马克思主义劳动观的科学指引。根据马克思主义历史唯物主义，从历史维度看，劳动创造人，劳动创造人类社会和历史；从政治经济角度看，劳动是价值的唯一源泉，与自然界一起创造了物质财富；从社会文明和价值论视域看，劳动创造了精神财富，并形成了劳动传统、劳动理念、劳动精神。青年大学生要热爱劳动、尊重劳动、崇尚劳动，因为劳动在整个人类社会和社会历史的发展中处于关键性地位，是人类社会生存和发展的最基本、最重要的实践。

（2）促进人的本质呈现，推动人的全面发展

人只有在劳动中才能自由地彰显和发挥自身智力和体力、意志和情感，从而实现自我价值的印证和发展。劳动形成并呈现人的本质，人的本质是经由劳动不断展开的过程。马克思第一次把人的本质与生活世界这一人类活动产物统一起来。人的本质就是"实际生活过程"的展开，这其中的社会关系总和也将随着人实践的扩大和丰富而呈现一种社会性和历史性。

生产劳动对于个人具有决定性的意义。劳动与人的关系是一种未完成的过程关系，人的本质也是未完成的、具有发展性和指向未来的动态可能性，劳动本质就是人的主体力量的外化过程。马克思认为："个人怎样表现自己的生命，他们自己就是怎样。因此，他们是什么样的，这同他们的生产劳动是一致的，既和他们生产什么一致，又和他们怎样生产一致。"①恩格斯在《致康·施密特》中指出："谁肯认真地工作，谁就能做出许多成绩，就能超群出众。"在劳动过程中，劳动者能够增进友谊、培养感情，能够体会到生命的真实感、价值感，能够感受到人生真谛，在劳动中发挥才能和激发潜力，不断提升自我，实现个人价值，并得到全面的发展。

（3）体验劳动幸福，引领劳动风尚

中华民族自古以来就以热爱劳动、崇尚劳动、辛勤劳动、吃苦耐劳闻名于世界之林。新时代背景下，中国人民将源远流长的传统劳动与改革开放、现代化建设的伟大实践相结合，实现劳动的传统民族性、时代创新性、劳动丰富性相融合。把握和理解劳动精神的科学内涵，营造劳动光荣、创造伟大的时代风尚，让辛勤劳动、诚实劳动、创造性劳动观蔚然成风。

辛勤劳动是中华民族的传统美德。中国人有着浓郁深厚的劳动情怀和辛勤劳动的优良传统。中国古代以农耕劳动为主，勤劳、苦干、坚韧不拔，是农耕文明最宝贵的品格，是延续几千年来中国民族精神内核最为生动的象征。老子的"天地不仁，以万物为刍狗"，说的就是

---

① 马克思、恩格斯.马克思恩格斯文集(第 1 卷)[M].北京：人民出版社，2009：520.

要生存就得靠自己,不能靠苍天。这比"神爱世人"更现实。每个文明在初期都是有神论,但唯独我们的文明不畏惧神,所以我们的祖先从不把生存的希望寄托于神的眷顾,5 000年的中华民族信仰"劳动"。人生在勤,不索何获?千百年来,中国人民延续了劳动致富和创业致富的传统美德。这不仅是一种朴素的美德和简约的真理,更是中华民族优秀品质的传承。

诚实劳动是社会规范的基本要求。诚实的劳动回报合法合理合情,合理是道德公认程度,合法是制度规范尺度,合情是符合情感接受与常情规则。诚实劳动得到全社会的认可、评价,甚至是鼓励。通俗说,劳动中不投机取巧、不要奸溜滑、不破坏劳动工具、遵守劳动纪律。诚实劳动就是不造假、不喧哗,是踏实行动、注重品质与服务。

创造性劳动是新时代底色。改革开放深度达到一定阶段,生产从粗放型向集约型发展、绿色经济转型发展,劳动从简单劳动向复杂劳动、智能化劳动转变,从体力劳动主导向精英式现代化劳动转换,从"差不多"先生向劳模工匠精神提升,而创造性劳动就是转换的内驱力。

大学生们要深刻体会劳动精神的科学内涵与时代意义,认识到劳动是手段和目的的统一。享受劳动成果和劳动创造的过程是享受幸福的过程,劳动创造才能获得最真实的幸福和最美好的未来。

案例解读

80后公厕管理员辛勤劳动获全国"五一"劳动奖章

李影17岁从徐州丰县到上海打工。2005年10月,她成为沪太路1170弄(龙潭小区)29号公共厕所管理员。在这片被常人认为又脏又臭的小天地里,干出了一番"大事业",使管理的小区29号公共厕所成为传说的"全上海最好的厕所"。她从大家关注的环境入手,自创"跟踪式"保洁法,即每来一位客人,就进行一次打扫,把墙角、地面、蹲位、挡板全部擦干净。这种保洁方式劳动强度很大,除了勤快地随时保洁没有别的捷径。为了不耽误工作,李影的中饭、晚饭大多是在厕所门厅里吃的。她自掏腰包在公厕设置了很多便民设施,点起檀香,贴起"小心地滑"提示,摆上了洗手液,添置了大鱼缸、书报架、饮水机、花瓶、医药箱,为残疾人铺上红色"防滑垫",厕所门口设置了休息长椅,使原本人们印象中脏臭、呆板的公厕变得生动温馨。看到市民自行车、电动车停放不便,就自己动手把公厕门前的一片泥地改造成停车点,公厕50米外是龙潭小区居委会便民输液点,常有老人举着吊瓶来上厕所,她就经常主动迎上去,将老人扶进厕所。她的"望一下、问一声、扶一把、送一程"的服务程序,得到输液老人的交口称赞。多年来,李影以热心、细心、虚心、耐心、诚心管理公厕,靠着勤劳与努力在上海扎下了根。在她的带领下,"智慧公厕"在上海静安区逐渐普及,她的服务法也在全市推行。先后被评为全国服务明星、全国首批优秀农民工,荣获全国"五一"劳动奖章。2009年6月,经上海市人民政府批准李影获得了上海户籍。目前,李影担任上海静安城市发展(集团)

有限公司作业三部厕所总监理,但她始终认为自己仍是一名普通的一线环卫工作者。

问题探究: 80 后公厕管理员李影的辛勤劳动体现了怎样的劳动精神?

李影是社会中亿万个默默付出、辛勤劳动者的一个缩影,也许工作岗位不同,却都是社会不可或缺的一分子,都是在为社会的发展进步做贡献。他们以勤劳善良、朴实坚毅的劳动品格日复一日地努力着,尊重并珍惜自己的工作,在平凡中让生活充满快乐,也为社会与他人带来温馨。

二、工匠精神的内涵与意义

工匠精神也体现着一种劳动精神,是对生产技艺的大胆革新、对行业技艺的突破性贡献,是生产技艺水平提升的生产过程和精神面貌。新时代大力弘扬工匠精神,建设一支重知识、善技能、创新型的产业大军,对于社会主义现代化强国建设具有重大意义。

(一)工匠精神的科学内涵

工匠精神是指在从业过程中执着专注、精益求精、一丝不苟、追求卓越的职业精神,体现了从业者在从业过程中形成的职业素养与职业品质,是优秀传统文化在物质生产中的转化与创新,展现劳动者独特的精神风貌和独有的技艺。

"执着专注"是精神状态,是时间上的坚持、精神上的聚焦。"心心在一艺,其艺必工;心心在一职,其职必举",执着专注凸显劳动者全身心投入、认真尽责的做事态度和行为习惯,选准方向,聚焦用力,很多工匠是一生仅投身一个工艺。

"精益求精"是品质追求,是技术上的极致、质量上的完美。将"手中活"练得更精,把"必杀技"练得更强。重细节、求完美是工匠精神的关键要素,也对劳动者素质提出更高的要求。如大国工匠高凤林是我国火箭发动机焊接第一人,能把焊接误差控制在 0.16 毫米之内,焊接停留时间从 0.1 秒缩短到 0.01 秒,是精益求精的突出代表。

"一丝不苟"是自我要求,是注重细节精度的严谨,是追求完美的坚守。天下大事,必做以细,精准原则源自消灭"一丝一毫的偏差""一分一秒的疏忽""一举一动的失误"的一丝不苟的好习惯,小事做细,大事出彩。可见,一丝不苟是着眼于细节、执着、坚持的精神特质。

"追求卓越"是理想信念,是理想上的远大、目标上的高远。"出手必出色,完成即完美"的高标准和高要求,以创新精神为核心,"于细微之处彰显卓越",是"山登绝顶我为峰"的高远追求,是锲而不舍地迈向目标,做最好的"螺丝钉"的坚定选择。

"执着专注、精益求精、一丝不苟、追求卓越"包含了精神态度、品质追求、自我要求、理想目标四个方面的丰富内涵。通俗地讲,就是会干、巧干、干好、干得完美,把品质的好坏看作自己人格和荣誉的象征。

(二)工匠精神的时代意义

不同时代和地域的工匠精神虽各具时代特征、民族特色和表现形式,但古今中外的工匠精神也具有相通之处,即都具有促进个人的全面发展,提高经济竞争力以及传承和发展民族文化等重要作用。

1. 增强国家综合竞争力的精神资源

工匠精神对产业、职业、专业的专注与创新要求,推动了行业的发展与技术升级,推动实体行业从"制造"到"智造"的转变,精益求精、自主创新能力推动经济可持续发展。在中国进入高质量发展、新发展格局和创新驱动阶段的关键期,从从业者的高素质能力到产业结构的高品质升级,再到国家从制造大国到制造强国的升级,工匠精神是推动我国制造品质与水平提升的重要环节,加速推进社会主义现代化建设新步伐。

2. 坚定民族文化自信的精神纽带

民族发展的血脉和传承通过民族文化体现出来。文化自信是指对自身文化价值的充分肯定,对自身文化生命力的坚定信念,对既有文化优良传统的肯定与坚持。工匠精神是中国优秀传统文化的重要组成部分,是中华民族的精神传统。如庄子的"庖丁解牛"、秦国李冰父子修建都江堰、鲁班工艺等,弘扬工匠精神有利于推动中华优秀传统文化的传承、社会主义核心价值观的培育和践行、文化的交流和传播,有利于推动对中华民族的文化认同,增强社会责任担当意识,进一步坚定文化自信。

3. 培育高素质劳动者的助推器

工匠精神是一种职业精神,包含着职业信念和职业目标。增强个体的职业认同感和使命感,以勤学苦练、精益求精、久久为功的专业知识积累和职业素养训练,铸就劳动者的全面发展和高素质人才培育。职业态度层面养成的持续专注、精益求精的坚守与习惯也推动着劳动者"大国工匠"的基本素养和信仰型人格的形成。

案例解读

··

大国工匠陈行行: 无数次向技艺极限冲击

陈行行,1989年出生于一个农民家庭,曾就读山东技师学院机械工程系,10年破茧成蝶,现为数控机械加工领域的青年巧匠。

"光说不练假把式,又说又练真功夫"。比赛是技能人员的一个快速成长通道,是国家选拔人才的最好渠道。正是一次次的比赛和高强度训练的压力,帮助陈行行迅速提升了技术水平。比赛让他有幸进入核武器科技事业中从事高精尖产品的工作。对于操作着价值数百万、性能精良数控加工设备的新一代技能人员来说,其能力和贡献已经不再单纯是传统意义上的吃苦耐劳、加班加点,也不仅仅是技艺水平的高低,更多的是能够在产品加工中,综合运用多领域的专业技术知识,融会贯通,充分发挥设备的技术优势,挖掘设备的性能潜能,通过创新性的工作提升生产力,优质高效完成任务。陈行行能做到用比头发丝还细0.02毫米的刀头,在直径不到2厘米的圆盘上,打出36个小孔,这比用绣花针给老鼠种睫毛还难。没有人能做到的事情他却做到了,在高速旋转的刀具作用下,36 个小孔精确成型。同时他还具备了数控车技师、高级制图员、二级模具设计师等 8 项职业资格,被评为 2018 年"大国工匠年度人物"。

问题探究: 青年工匠陈行行如何从一个农家孩子蜕变为大国工匠?

陈行行心怀强国梦、强军梦,投身核武器科技事业中,秉承着"知识今天不学,明天就缺"的学习理念,刻苦训练,通过技能比赛自我施压,专注于数控机械加工,干一行、爱一行、专一行、精一行,厚积薄发,把一个个不可能变成现实,也正是这种近乎苛刻的责任意识,才让他啃下了一个又一个"硬骨头",成为研究所新型数控加工领域的领军人才。

一个有希望的民族,英雄不会缺位,一个有前途的国家,先锋必将冲锋在前。青年大学生们要深刻理解并深度认同劳模精神、劳动精神和工匠精神的科学内涵和时代价值,让它们的价值绽放时代光芒,引领青年昂首奋进现代化强国新征程。

三、劳模精神、劳动精神和工匠精神的弘扬

2021 年 4 月 30 日,习近平总书记在致全国广大劳动群众的节日祝贺中提出:"劳动创造幸福,实干成就伟业。希望广大劳动群众大力弘扬劳模精神、劳动精神、工匠精神,勤于创造、勇于奋斗,更好发挥主力军作用,满怀信心投身全面建设社会主义现代化国家、实现中华民族伟大复兴中国梦的伟大事业。"要大力弘扬劳模精神、劳动精神和工匠精神,需要将劳模工匠精神具体化、生活化、行业化,使劳模工匠精神更能贴近现实生活。虽然不是每个人都能成为劳模工匠,但每个人可以努力学习劳模工匠,培养与弘扬劳模工匠的精神品格和职业敬畏,要充分发挥劳模工匠的榜样引领和劳模工匠精神的价值导向作用。

(一)讲好劳模故事、劳动故事和工匠故事

劳模精神、劳动精神、工匠精神是民族精神和时代精神的生动表达,彰显在一个个实践的、创新的、鲜活的和具体的劳模工匠故事和劳动故事中。了解并讲好劳模工匠故事、普通劳动者的故事是培育劳动精神、劳模工匠精神的重要载体与途径。青年大学生要以历史轨迹为线索了解和致敬革命战争年代的"人民英雄"、建设时期的"劳动模范"、改革开放时期"时代榜样",和中国特色社会主义新时代的"大国工匠"和"时代楷模",礼赞他们的创造与奉献,向时代、世界和社会讲好、讲精彩他们的故事,致敬其奉献,认同其价值,弘扬其精神。

正如 2020 年 11 月 27 日,习近平总书记在全国劳动模范和先进工作者表彰大会上的讲话中指出:"全社会要崇尚劳动、见贤思齐,加大对劳动模范和先进工作者的宣传力度,讲好劳模故事、讲好劳动故事、讲好工匠故事,弘扬劳动最光荣、劳动最崇高、劳动最伟大、劳动最美丽的社会风尚。"劳模工匠是如何炼成的,理解劳模工匠精神的科学内涵和时代特征,通过影视作品、纪录片、大型庆祝活动、劳动教育平台、社会实践等形式,认识到劳模工匠原本也

是普通劳动者,却成就于辛勤劳动、诚实劳动、创新性劳动的叠加与更新。从最初的"老黄牛"式的埋头苦干型,到知识型技术型的各行各业的技术专家和管理精英,再到新时代的互联网一代、信息化的科技创新与人工智能,每一位劳动者都在不断修炼提升自我,都在续写着成为更优秀的自己和社会人的故事。

（二）培育劳模精神、劳动精神和工匠精神

劳模精神、劳动精神和工匠精神具有相辅相成、相互促进的内在关系。从外延来看,劳模精神、工匠精神和劳动精神的外延逐渐扩大,工匠精神和劳模精神本身体现着劳动精神,工匠精神和劳模精神是劳动精神向更高层次、更高阶段的发展和跃升。从内涵上而言,工匠精神更加侧重职业素养与职业精神,劳模精神是以工匠精神为基础,同时突出无私的奉献精神,更具有政治性和社会性。因此,在学习和实践中,可进阶培育劳动精神、工匠精神和劳模精神,具体路径可分为三个层次:第一层次是劳动精神的普遍阶段,这个阶段作为一个合格的劳动者应该具备"崇尚劳动、热爱劳动、辛勤劳动、诚实劳动"的精神品格,具备想干、爱干、苦干、实干的基本劳动素养;第二层次是劳动精神提升的具体阶段,这个阶段作为一个专业的劳动者,也就是工匠,应该具备"执着专注、精益求精、一丝不苟、追求卓越"的精神特征,具备"懂技术、会创新"的专业劳动素养,突出职业素养,怀匠心、增匠能、修匠德、铸匠魂;第三层次是劳动精神再提升的具体阶段,这个阶段作为一个模范的劳动者,也就是劳模,应该具备"爱岗敬业、争创一流、艰苦奋斗、勇于创新、淡泊名利、甘于奉献"的精神特征,具备"有理想守信念、懂技术会创新、敢担当讲奉献"的卓越劳动素养。劳模精神除了具备基本劳动素养、专业劳动素养之外,还要兼具价值性劳动素养,即具有信仰坚定、胸怀全局、担当奉献、引领示范等精神品质。培养新时代社会主义建设者和合格接班人,就意味着从具有劳动精神的普遍劳动者,升级为具有工匠精神的"专业型"劳动者,升华为"楷模型"的劳动者的发展过程。

（三）践行劳模精神、劳动精神和工匠精神

劳模精神、劳动精神、工匠精神呈现了中国劳动者的整体精神面貌。劳动模范、先进工作者、高级技工、科研精兵等大国工匠都是知识型、技能型、创新型劳动者的典型代表。青年大学生要用劳模的崇高精神和高尚品格鞭策自我,把奋进社会主义现代化强国新征程作为自己的人生奋斗目标,承担民族复兴的重任,将劳模精神、劳动精神、工匠精神转化为精神动力。

劳模精神、劳动精神、工匠精神是社会主义优秀文化的重要组成部分。大力弘扬劳模精神、劳动精神、工匠精神,是建设知识型、技能型、创新型劳动者大军,迈入全面建设社会主义现代化国家新发展阶段、推动中华民族伟大复兴中国梦伟大事业的必然要求。尊重劳动精神,大力弘扬劳模精神和工匠精神,以劳动模范和大国工匠为学习榜样和典型示范,同时更要尊重每一位劳动者,尊重劳动者的劳动过程和劳动成果,这同样是弘扬劳动精神的重要体现。

第二节　尊重劳动成果

世界上最光荣的事情是劳动,世界上最体面的人是劳动者。大学生们要尊重劳动者及其劳动,尊重其智慧与汗水的结晶即劳动成果。劳动成果凝结了大量的物化劳动,对劳动者的劳动成果作出及时评价和尊重,即表达出对劳动者及其劳动过程的尊重与认可,是对劳动行为的及时反馈和精神激励。

一、劳动成果的内涵与分类

劳动成果是人自我本质的印证。劳动成果既是目的也是结果。有的劳动成果当下就能衡量,有的劳动成果则需要一定时间的积累方能显现;有的劳动成果是有形的,看得见摸得着;有些劳动成果是无形的,看不见摸不着却依然存在,并一直发挥着作用。

(一)劳动成果的内涵

劳动成果主要是指人们在认识世界和改造世界的过程中,通过劳动而创造的丰富的物质财富或精神财富产品,多指工作或事业上、生活中的收获。劳动成果是人类征服改造自然、社会和思维的实际程度和实际能力的具体体现,既是本人的劳动结果与收获,也是个人对社会的贡献与付出。如职业人的优良工作业绩,科研工作者的技术专利,厨师准备的一桌美味佳肴,建筑师设计的一幢漂亮的建筑,农民收获的庄稼,清洁工打扫干净的街道等,都是劳动者汗水与智慧的结晶,体现着劳动者辛勤的、创造性的劳动和劳动品格。世界本是一个命运共同体,社会中的个人是具体的现实的个体,是世界的一员,是世界分工的一个"螺丝钉",每个人都在为这世界付出,不管是农民、工人、服务人员,或是老师、医生、司法人员等,分工虽有不同,但都在各自的职业领域劳动并创造劳动成果。因此,如何认识和对待劳动成果是劳动者劳动观和价值观的重要体现。

(二)劳动成果的分类

根据不同的分类标准,劳动成果的分类不同。按照劳动类型,劳动成果一般分为脑力劳动成果和体力劳动成果;按照劳动形式,劳动成果可以分为传统劳动成果和创新劳动成果;按照呈现方式,劳动成果可以分为有形劳动成果和无形劳动成果(感受型、情感型)等;按照劳动主体数量,劳动成果可以分为个人劳动成果和集体劳动成果;按照社会形式差异分类,劳动成果可以分为商品类劳动成果和非商品类劳动成果。我们主要介绍脑力劳动成果与体力劳动成果的分类。

1. 脑力劳动成果

脑力劳动成果即智力成果,是指主要依靠人类脑力劳动所创造的劳动成果,即这些劳动成果的获得依靠占主要比例的脑力劳动。通常意义上,我们所说的脑力劳动是脑力劳动占主要比例的复合型劳动。脑力劳动成果主要表现为科学技术成就、发明创造、专利商标、新技术转化、文学艺术作品等。试想一下，一项科技成就的获得只有脑力劳动没有体力劳动吗？当然不是，只是这项劳动中脑力劳动占有主要比例和主导地位。

2. 体力劳动成果

体力劳动成果是指主要依靠人力来实现的劳动成果，即这些劳动成果的获得依靠占主要比例的体力劳动。体力劳动成果包含农民生产的粮食、棉花等农产品，工人建造的房子与建筑、公路、铁路等。试想一下，农民种地只靠体力劳动吗？难道没有经验学习、技术积累、自我反思和问题处理等问题吗？当然不是，只是在这个劳动过程中，相比脑力劳动，体力劳动占据相对更为重要的地位和主导。

可见，任何劳动成果都是脑力劳动和体力劳动相结合的复合型劳动的结果，不存在纯脑力劳动或纯体力劳动，只是占比和呈现形式不同而已。

3. 劳动成果的差异对比

劳动成果的差异是客观的，其差异性体现在呈现形式、使用价值、社会交换价值等方面。从道德层面说，只要是通过自己的辛勤劳动、诚实劳动、创新智慧劳动而获得的劳动成果，而非通过欺诈、不法侵占、损害他人利益、违反道德伦理等方式获得劳动成果都应该得到社会认可和尊重，没有高低贵贱之分。从经济意义层面说，劳动成果的市场价值却存在差异，不同的劳动类型和劳动数量在某些时代、某些层面确实体现了劳动社会价值的大小和劳动效率的高低，即体现其市场价值大小。社会对创造性劳动的需求越来越大，劳动意义和劳动价值不再仅仅以"体力劳动"的简单"量"化为计算标准，更取决于劳动创造性的大小，这一社会衡量标准影响最大、价值观形塑力量最强。人们不懈地积极探寻着提升劳动成果价值和劳动意义的途径和方法。他们捕捉到了专业技术的劳动回报率的提升和持续性，主动从体力劳动向脑力劳动换挡，从简单劳动向复合劳动过渡。为了提升经济效益，劳动者持续加强理论学习、专业研究、技术钻研、经验积累、工作方法改进等方面的投入。精耕式劳动备受关注和推崇，有志青年应以行业领军人物、行业工匠和劳动模范作为行业标杆和时代榜样。因此，尊重劳动成果既要体现为尊重劳动成果类型的公平性，也体现为尊重劳动成果效果的差异性。

课堂互动

....

体力劳动成果和脑力劳动成果的价值是否存在绝对差异性？

二、尊重劳动成果的重要意义

对劳动成果的认可和尊重是为劳动者颁发一座闪耀着"劳动光荣"的荣誉奖杯，点赞劳动者，认可其劳动过程，赞扬其劳动贡献。无论奖杯大小形状如何，都会散发出激励的光芒，照耀到劳动者的内心深处,激发劳动热情,启迪劳动智慧。

(一)尊重劳动和劳动者

尊重劳动成果看似是对劳动结果的态度,其实是对劳动者、劳动过程和劳动结果的认同、赞扬、鼓励的劳动态度和劳动价值观的表达。尊重劳动成果是尊重知识、尊重人才、尊重创造的根本体现。

从劳动主体看,珍惜劳动成果是对创造劳动成果的劳动者的尊重。劳动成果属于劳动者,珍惜劳动成果在一定意义上就是认可、保护劳动者的劳动结果,认可劳动正义、多劳多得、劳动光荣等劳动态度与价值观的重要体现。从劳动过程看,尊重劳动成果是对劳动过程的尊重,是对劳动者在劳动过程中奔波的身影、留下的脚印、勤劳的双手、钢铁般的意志、聪明的智慧、撑起人生的理性与信念、挥洒的汗水等有形与无形、脑力与体力的劳动付出的尊重。尊重劳动成果就是认同了劳动的艰辛与劳动者的智慧。从劳动结果看,尊重劳动成果是对劳动者成就的点赞和社会贡献的认可,劳动结果凝集了劳动者的辛勤付出和体力脑力的耗费,同时也为社会贡献了价值。

(二)为后续劳动奠定基础

劳动成果是劳动者个人或集体通过一定的时间、花费一定的精力,在物质消耗、精神转化等方面的结果体现。劳动成果是实际劳动的结果,既包含了"原材料"的劳动产品的物质转化,也包含了劳动者的智慧、知识经验、心理素质、专业能力、职业素养等方面的无形劳动成果的升华。因此,尊重劳动成果是对劳动的艰辛付出的珍惜,也是对劳动能力边界的客观接受,更是为后续劳动奠定了必不可少、不可超越的物质起点和精神财富。无论是个人、集体,还是民族、国家,其发展壮大都具有连续性和基础性,前一步是后一步的基础,后一步是前一步的发展结果,一步步踏实迈进,才能行稳致远。每一次的劳动成果无论大小,都为下一次的生产发展提供有形的物质基础和无形的精神能量,奠定下一次劳动成就。改革开放四十多年来,我国经济的持续蓬勃发展就是每一代中国人、每一次劳动的积累与叠加。因此尊重每一次的劳动成果就是为后续劳动奠定基础。

(三)弘扬优良传统美德

尊重劳动成果是一种优良传统美德。劳动成果包含着劳动者在劳动过程中所形成的劳动智慧、坚强的意志力、顽强的拼搏精神和奋斗精神等精神品质。珍惜和使用好自己的、他人的、社会集体的劳动成果是一种优良的传统美德,也是一种智慧。勤俭节约、保护知识产权、付费使用等方式,是尊重劳动成果的优良文化传统,也是新时代社会要求。

三、充分尊重劳动成果

尊重什么样的劳动结果,如何尊重劳动、珍惜劳动成果,既是劳动意识的体现,也是劳动价值观的现实转化。青年大学生要珍惜劳动成果,利用好劳动成果的物质基础保障,发挥好珍惜劳动成果的精神引领作用。

（一）尊重有效的、建设性的劳动成果

劳动成果有价值定量的指向，也有价值定向的倾向。是不是所有的劳动结果都值得我们尊重、保护呢？显然不是，劳动结果不等同于劳动成果。不是所有的劳动结果都具有经济价值、社会价值、时代价值和政治价值等。劳动成果是指对个人、社会、国家、人类具有贡献性和传承性的劳动结果，体现了有效性、建设性等特点。

1. 尊重有效性劳动成果

有效性劳动成果就是从经济视角考察劳动具有经济效益和经济利益。当劳动成果具有品质、数量和市场价值，进入市场交易环节，实现其成本与价格的差异性，即实现经济盈利，实现其使用价值和市场价值，就可以判定劳动成果是有效性劳动成果，反之，称为无效劳动结果。在经济社会中，无论是个人、企业还是社会组织，都必须提供有效性劳动，实现经济效益，甚至是依托科学技术实现高经济效益（高附加值），满足自身的生存与发展需要，客观上也推动社会发展。劳动成果的经济效益不仅有大小，还有时间限制，有的劳动成果即刻呈现其经济价值，有的劳动成果需要一定时间方能呈现经济价值。就国家、地方与行业而言，有效劳动成果促进经济发展，国家考核地方政绩、企业考察员工业绩，应注重有效性劳动，把经济发展与资源、环境、社会效益等因素相结合。

2. 尊重建设性劳动成果

劳动成果的综合层面包含了除直观的经济效益外的社会效益、环境效益、社会公共利益、政治效益、生态效益、文化效益等方面的综合体现，突出其正向性、建设性价值导向特征，称之为建设性劳动成果，反之，成为破坏性劳动结果。建设性劳动成果是指既能满足社会需要和市场需求，又能实现经济效益、社会效益、环境效益、文化效益等方面的统一，从而符合社会公共利益和可持续发展的要求。这样的劳动成果才是真正能够造福于人类与个人的劳动成果。如推行公益事业、抗震救灾、研发环保材料、科学知识推广、社会公德普及、法律法规完善等。

破坏性劳动结果是指仅仅满足个人或一部分社会成员的需求，这种满足是以牺牲自然资源、生态环境、社会公共利益、他人合法利益等为基础，以公开的或隐蔽的市场去实现的。该劳动结果的生产、交换和消费造成了有害的社会后果，并不属于造福于人民的劳动。此类劳动结果可大致分为两种：一种是对自然资源进行掠夺性开发和对生态环境造成严重污染的破坏性劳动，这种劳动结果可以使一部分社会成员得到暂时的、狭隘的经济利益，却是以对人类的生存条件和国家民族的前途命运造成威胁为代价；另一种是通过隐蔽的、非法的地下市场生产、销售对社会有害的、法律禁止的、道德批判的产品，如毒品、赌具、黄色书刊、迷信用品、邪教物品等，以及进行色情、聚赌、吸毒等堕落型的经营活动，这种生产和经营活动可以满足一部分社会成员的畸形消费需求，却是对社会公共利益包括对社会文明、社会安全、社会进步等利益的严重破坏。

案例解读

"鸟巢"纪念柱背面刻上建设者名字

2008 年 6 月 28 日,北京奥运会主体育场——国家体育场("鸟巢")正式落成,作为第 29 届奥林匹克运动会的标志性建筑,被称作"第四代体育馆"。建设时间长达 5 年,参与建设这座承载着中国人百年奥运梦想的建筑奇迹的劳动者,人数高达两万多,最多时工地上有 7 000 多人。他们平凡而伟大！其中吴竞军、谭晓春、李久林……等起到关键作用的 113 个人,他们的名字分 29 列排刻在国家体育场落成纪念柱的背面。"鸟巢"建筑面积 25.8 万平方米,永久座席 80 000 个,临时性座席 11 000 个。作为北京奥运会的主体育场,奥运会期间的开、闭幕式以及田径等一些重要的比赛项目在此举行,同时它还可以承办体育赛事、演唱会、文艺演出等活动。2022 年北京冬奥会和冬残奥会的开、闭幕式也在此举行,同时"鸟巢"也成为北京著名的景点和标志性建设。

"鸟巢"纪念柱的背面刻满了建设者的名字
（图片来源：京华时报）

问题探究：尊重有效性、建设性的劳动成果有什么样的积极成效？

从"鸟巢"的建设中可以看到劳动者的劳动、企业的经营方向、国家民族的未来发展都是以有效性、建设性的劳动为基础的,积极创造有效的、建设性的劳动成果是每一个公民的责任,如此才可以确保国民经济和社会发展处于积极健康状态,造福于民,实现民族复兴,避免陷入无效的破坏性的劳动结果的误区。

（二）尊重自己、他人、社会集体的劳动成果

由于劳动的艰辛性和劳动成果的重要性等因素,我们提倡尊重和保护劳动成果,不仅要注重保护个人的劳动成果,推己及人,也要保护他人和社会集体的劳动成果。

1. 尊重自己的劳动成果

劳动成果归劳动者所有,即归属于劳动者个人或集体所有,因此劳动者对劳动成果具有所有权、使用权和处置权,即所谓的"为己私有"的正当权利与利益。尊重自己的劳动成果是对自己的劳动和自己本身的认同与赞扬,因此要树立珍惜自我劳动成果的意识,培养保护和使用好劳动成果的能力。从职业发展来看,尊重自己的劳动成果表现为节约性、可持续性发展。每一份劳动成果,或大或小,或多或少,都是劳动者用时间、精力、物质资料等消耗换来的,甚至是日日夜夜的苦思冥想和专业训练换来的一朝顿悟,因此,珍惜劳动成果、使用好劳

动成果也是对自己劳动的认可与尊重。

（1）例行节约，杜绝浪费

勤劳节俭是中华民族的宝贵基因。劳动成果是劳动者已经获得的劳动成就，要有效利用，杜绝浪费。如果是工资，应该注重节俭，多多储蓄投资；如果是知识，应该不断积累，不中断不废弃；如果是食物，要倡导不挑食浪费，以"光盘"为荣，以"剩宴"为耻；如果是专业技术，应注意转化市场价值和社会价值，服务社会与人类；如果是荣誉，更加要慎独自律，激励自我，示范社会。

（2）持续发展，更迭升级

劳动成果是劳动的已有结果和获得，也是再次劳动的生产资料基础和"生产力"水平，体现其积累性和传承性。每个人的时间、精力、财力、物力等资源都具有有限性和稀缺性，随着社会分工的精深化、信息化、数字化，每一位劳动者想创造出更多成就，必须付出更多劳动时间，深挖细耕专业素养，积累丰富的职业经验，因此，锁定具有优势或天赋基础的专业发展方向持续深耕细作方能事半功倍，充分利用好每一次劳动成果的资源叠加，才能实现阶梯式上升。

2. 尊重他人的劳动成果

爱迪生说："世间没有一种具有真正价值的东西，可以不经过艰苦辛勤劳动而能够得到的。"劳动是伟大的创造，无论是准备一顿饭还是制造一艘航母都是为他人和社会提供服务，我们尊重自己劳动成果的同时，推己及人，也要尊重他人的劳动成果。

（1）是对他人优点与贡献的认可

当一个人提供劳动为他人、社会服务时，他人或社会得到满足，给予劳动成果的肯定与赞扬，就是对劳动者的专业水平、服务能力和职业态度的肯定，劳动成果中映射着劳动者的能力、贡献和品质。

（2）是自我修养的体现

优秀的人懂得尊重别人，也更愿意给他人的劳动成果点赞。别人保护你的劳动成果不仅仅是因为你的劳动付出，也因为他人的优良品质与修养。仓央嘉措说："我以为别人尊重我，是因为我很优秀。慢慢的我明白了，别人尊重我，是因为别人很优秀。"尊重他人劳动成果是一种潜在的礼仪，也是一种修养。你看到了别人劳动中的辛劳付出，尊重别人的劳动，同时也尊重了自己。如果你无视他人劳动成果，看不到别人的巨大艰辛，站到某种制高点，横加指责、鄙视嫌弃，那么你还没有学会尊重他人，也没有学会尊重自己，尊重自己是从尊重他人开始的。

3. 尊重社会集体的劳动成果

劳动成果可以属于个体劳动者，也可以属于集体劳动者。随着社会分工的精细化，很多大型工程和系统工作需要更多的人协作完成。而这些团队、集体甚至国家所创造的劳动成果也要细心呵护，珍惜保护。我们作为团队一员，要维护集体劳动成果；作为社会一员，要保护社会为我们提供的良好服务；作为国家公民，要倍加珍惜国家取得的成就，不侵害不伤害不拖后腿。对社会集体和国家民族劳动成果的保护是美德,也是必须履行的义务。

案例解读

开　锁

一对深夜归家的夫妻,开门时才发现怎么也找不到钥匙,无奈之下只能花150元钱找开锁师傅帮忙。5分钟之后,师傅很快打开了门锁。看到这一幕,妇人便觉得之前谈好的价钱太贵,竟只给50元,一副爱要不要的样子。开锁师傅无奈地与妇人理论,谁知,此时一阵风刮过,门"哐当一声"又给关上了。开锁师傅见状,带着工具径直离开了。留下这对夫妻在门口一脸茫然,不得不重新找人来开锁。可打了无数个电话,就是没有一个开锁师傅肯接单。最后,这对夫妻无奈之下只能花400元去宾馆住了一晚。

问题探究:为什么劳动的"价值"认可要受到尊重和保护?

一分耕耘,一分收获。没有哪份职业是容易的,你认为的毫不费力,其实可能是别人的十年功力。及时清理马路上的宠物粪便是对环卫工人最大的敬重;遵守交通规则是对交警工作最大的支持;光盘行动是对厨师最美好的回馈。尊重他人的劳动成果既是对他人贡献的认可与赞扬,也是自我修养与正确劳动观念的表达。职业无高低贵贱之分,每个人的劳动和劳动成果都值得被尊重。

(三)坚守法律底线、道德规范和行业规范

尊重劳动成果要以法律为准绳坚守法律底线,基于伦理道德的劳动和对劳动成果的占有要遵守道德规范,基于契约精神的和谐分配与交换要遵守行业规范。

1. 坚守法律底线

尊重和保护劳动成果要以法律为底线,依法获得和保护劳动成果。法律是国家意志,是全体公民的底线,法律红线不可逾越,否则将受到法律制裁。法律禁止的劳动方式和对劳动成果的侵占,要坚决拒绝。做到不偷盗他人财物、不沾染黄赌毒、不侵害他人知识产权等。知识的积累、创造转化过程属于劳动过程,知识凝结了大量的物化劳动。如一幅书法作品创作所消耗的劳动量,绝不单是在创作此幅作品时片面的劳动量,作者多年的习练构思、训练等也是生产价值的过程,即使是一时的创作灵感,也是厚积薄发的体现。知识产权保护既是保护个人利益以实现社会长期的创新积极性,也是保护社会利益以实现知识产权的社会效应,二者相辅相成,努力构建一种"平衡"。行业内的不当竞争也应受到法律约束,如加多宝与王老吉的"广告之战",加多宝公司在商业竞争中以虚假宣传引起他人的误解,从而谋取不当得利,侵害广药集团的合法权益和知识产权,广药集团胜诉并获得赔偿,其创造性劳动成果得到充分尊重和保护。

2. 遵守道德规范

尊重劳动是对劳动者的劳动权利和劳动利益的尊重与保护,科学规范劳动成果的道德

规范是社会主义社会道德的基本要求。在思想观念和社会生活中,只有将尊重劳动成果作为基本的道德规范,才能体现尊重劳动和劳动者,才能符合社会主义社会的性质和要求,保障社会生活的有序健康开展。在社会生活中,劳动成果的权益归属树立权利与义务、公平与正义的道德底线。社会主义的社会公德和职业道德都体现对劳动成果的保护,以社会公德和职业道德为标准,归属清晰,分享自愿,不浪费,非己不占,分享有馈,共享有度,失德有责。具体表现为珍惜和爱护公共设施,归还遗失物品,规范分享他人劳动成果,规范引用他人知识成果等。

3. 遵循行业规范

行业规范是指对没有国家标准而又需要在全国某个行业范围内统一的政治素养、职业道德、技术要求等方面所制定的标准。行业规范往往以"自律公约"等行业自律规范形式进行行业规范和监管,是国家法律法规和社会道德的有效补充。行业规范将以践行社会主义核心价值观、追求职业理想、遵守法律法规、倡导行业良好风尚作为统领,对从业人员职业道德进行自律,建立约束机制和门槛机制。如注重信用档案体系的建立;科学研究要遵守科研职业道德,尊重他人的知识产权及成果,遵守学术引文与注释的规范性;专利权使用的规范性;踏实肯干,在职业集体中不搭便车,不侵占他人劳动成果;不进行恶性竞争等。如果违反了行业规范,会受到行业协会等机构的共同抵制或处罚,甚至跨界联合抵制。

案例解读

郭敬明、于正抄袭事件

作家郭敬明在《梦里花落知多少》等著作中存在抄袭现象,导演于正拍摄的电视剧《宫锁连城》侵犯了原剧的改编权和编制权等,琼瑶、高群书、汪海林等 111 位编剧、导演联合发布公开信,正式宣布与郭敬明、于正划清界限,并在行业内联名抵制二人。包括中国电视艺术交流协会、中国电视剧制作产业协会等行业协会,爱奇艺、腾讯视频等视频平台,正午阳光、华策影视等影视公司在内的 70 余家单位发布联合声明,进行集体抵制。大量公众账号生产运营者,未经权利人授权,将影视作品任意剪辑、切条、搬运、传播等,引发一系列盗版侵权问题和纠纷,严重侵犯影视作品权利人合法权益,甚至损害影视作品的完整性、曲解影视作品内容的主旨原意,影响了影视行业长远发展。行业内出现违规和失德现象,行业协会有权依规启动行业道德自律评议程序,对失范者进行道德申斥,拉入行业"黑名单",要求会员单位和个人对其进行从业抵制。

问题探究:"二次创作"是否侵害、侵占别人的劳动成果?

由于影视剧剪辑和网络小说的动漫视频制作技术门槛低、制作成本低、出品速度快,又吸粉效果好,为视频运营带来丰厚的红利,但无授权剪辑、搬运行为的"二次创作",无授权小说转动漫的丰厚盈利,都侵害了原剧、原著的版权。守法守德守纪是对他人的保护,也是对自我和社会的保护。我们要保护劳动者的劳动成果的合法合理合情所得,抵制、打击对他人劳动成果的毁坏和骗偷抢占的行为,保障劳动者的合法权益。

劳动成果凝结了大量的物化劳动,是劳动者自我本质力量的印证,在认知劳动成果的内涵与分类的基础上,积极践行尊重劳动成果的行为,努力做到对有效的、建设性的劳动成果的定向尊重,全民尊重自己、他人、社会集体的劳动成果,做到坚守法律底线、遵守道德规范和遵循行业规范。

习近平总书记指出:"要激励更多劳动者特别是青年一代走技能成才、技能报国之路,培养更多高技能人才和大国工匠。"提高劳动者素质是弘扬劳模精神、劳动精神、工匠精神的题中应有之义。劳动模范和大国工匠在平凡的岗位上创造了不平凡的业绩,他们辛勤劳作、挑战困难、革故鼎新、创新发展,勇于担当、乐于奉献,挑起了民族脊梁,加快了民族复兴进程。青年大学生要以劳模工匠为榜样,自觉珍惜已有的发展成就,充分尊重劳动成果,大力弘扬劳模精神、劳动精神和工匠精神。

本章小结

劳模精神、劳动精神、工匠精神是以爱国主义为核心的民族精神和以改革创新为核心的时代精神的生动体现和强大精神动力。要讲好劳模故事和劳动故事,培育和践行劳模精神、劳动精神和工匠精神;劳动成果是劳动者智慧与汗水的结晶,要尊重劳动成果,这是对劳动者和劳动本身的尊重。

拓展思考

19 岁宋彪逆袭摘第 44 届世界技能大赛冠军

阿尔伯特·维达尔奖,是一个享有盛名的奖项,堪称"技能界诺贝尔奖"。我国 2010 年正式加入世界技能组织,而首位摘得阿尔伯特·维达尔奖的中国人却是一位中专生。

1998 年 11 月,宋彪出生于安徽蚌埠的一个普通农村家庭,因为父母常年在外打工,他成为了一名留守儿童,从小和爷爷奶奶住在一起,日子过得并不富裕。

没有父母在身边,宋彪在学习上不是很优秀,一直属于中等水平。上初中后,刚开始他的成绩还算可以,但是看到其他同学玩游戏,他也玩。很快他就迷上了网络游戏,有时候为了打游戏,他不吃饭,甚至还打通宵。任由父母和老师怎么劝说,也无济于事。

而最后这让他付出沉重的代价,学习成绩一落千丈。老师对他不再抱有希望。中考成绩出来,宋彪也彻底放弃了自己,对自己的将来没有任何计划,想着不读书,刚好有大把时间玩游戏了,这岂不美哉!

但有时候,偏离正轨的命运总是在关键时刻,被人拉一把。而拉宋彪的这个人,正是他那伟大的父亲！得知儿子中考成绩不理想时，父亲觉得有必要回家一趟，于是从外地连夜赶了回去，和儿子好好谈了一谈。最后，父亲说："彪儿，如果没拿好笔杆，就拿好工具吧！"

父亲的良苦用心，最终让他醒悟，虽然读不好书，也要学好一门技术，为自己的人生负责。和父亲商量后，宋彪选择了一所技校——江苏省常州技师学院。

从那以后，宋彪像变了一个人一样，他不再为游戏着迷，而是以学习为主。可是，尽管他斗志满满，但是这个求学之旅并不是那么顺畅。因为自己的基础知识不牢固，就算努力认真听课，也很难听懂老师讲的内容，尤其是一些专业知识。但是，他没有气馁，而是利用课后时间进行查漏补缺，不懂就问老师。慢慢地，他掌握了理论知识，跟上了老师的讲课进度。

不过，新的问题又出现，虽然懂得了理论知识，但是宋彪对实践操作还是很生疏，根本跟不上老师的节奏，甚至在前2个月的技能考试中，他的成绩一度垫底。他不甘心，于是拼命努力。他把所有能够利用的时间，都用在学习上。在别人吃饭休息的时候，他一个人在操作车间里加班练习。自己搞不懂，他就虚心请教专业老师指导实操。

所有的努力，都会在某一个时间得到回馈。宋彪的努力，老师看在眼里，慢慢也喜欢上他这个勤学好问的学生。于是在省第一届技能节活动开始征集选手报名时，宋彪被老师推荐进入了只有三年级才能参加的名单里。通过半个月的备战，宋彪顶着压力，最终在比赛中拿到了第二名的好成绩。从此以后，他走向了学习的快车道，常常是学校里特等奖学金得主。

2016年是宋彪人生中重要的一年。在这一年6月里，他有幸被老师选中，参加第44届世界技能大赛江苏省选拔赛。得知这个消息时，学校已经准备放暑假，但是宋彪丝毫没有休息的意思，他心里盘算着正好利用这个暑假好好检验一下自己技能水平。

说干就干，从那时起，他每天都要在闷热的车间里面练习技能十几个小时，因没有做好防护，还弄伤了脖子，但是他依然坚持练习。一个多月后，宋彪果然没有辜负老师的期盼，以第一名的好成绩，顺利进入全国选拔赛。之后在两个多月的时间里，宋彪得到了专业老师的特别培训，加强训练图纸阅读和装配调试等薄弱知识点。最终，他以第三名的成绩，毫无悬念地进入国家集训队，将代表国家参加第44届世界技能大赛。原来，他只是想学好一门技术，能够以一技之长改善家人的生活，没有想到如今这门技术竟然能够为国争光，让他拥有了使命感。接下来，宋彪和国家队成员将要面对68个成员国家和地区的1260多名选手，进行52个项目的激烈角逐。

2017年10月21日上午，第44届世界技能大赛中国代表团载誉回国，宋彪以各项总分779分，摘得世界大赛唯一技能最高奖——"阿尔伯特·维达尔"奖，他也成为中国首位获得该奖的人。

19岁的宋彪勇夺第44届世界技能大赛工业机械装调项目金牌后，省政府还为他记个人一等功、授予"江苏大工匠"称号，并奖励80万元；省人社厅认定他为副高级专业技术职称、晋升高级技师职业资格，优先推荐他评选省有突出贡献中青年专家、享受国务院政府特殊津贴人员。

如今，他已经成为江苏省常州技师学院智能装备学院的一名教师，不仅仅是教会学生各种技能,他还用自己的励志事迹感染学生,让学生也可以通过一门技术改变自己的人生。他告诉学生:"要从技术方面开始,重新定义属于自己的'成功',学好技能,一样可以改变人生!"

是的,读书是改变人生的最好方法,但是读书并不是改变人生的唯一方法,只要你能够练就到一门精湛的技术,一样可以把人生过得多姿多彩。

而宋彪的故事也告诉我们一个道理,不怕读书不好,就怕一个人连学一门技术都懒得学;要知道这个世界有无数的困难和挫折,但最怕就是肯努力的人;只要一个人肯努力,不管他做什么,都有成功的希望。

(选自搜狐号"米酱读书")

思考题:一位曾让老师产生放弃的学生,选择读中专,是如何实现逆袭成为世界技能大赛冠军的? 宋彪的故事对你有怎样的人生启迪?

 实践项目

以人物访谈的方式,探寻和采访身边的劳动模范、大国工匠,梳理他们成长成才、发展贡献的职业发展路径,深入思考劳模工匠是如何"炼"成的? 形成不少于800字的调研报告。

知识链接

1.《大国工匠》,央视网。

2. 中华劳模网。

3. 全国劳模网上展馆。

第八章
未来劳动的展望

学习目标

1. 了解未来劳动的形态、特征和内涵；
2. 明确未来劳动对劳动者素质的要求。

内容导读

    2020年12月，日本野村综合研究所对现有的601种职业进行分析，推断出在未来10年到20年后，智能工具将作用于235个职业门类。事实上，不用等到10年后，现如今智能工具已经开始逐步进入寻常家庭。在美国加州硅谷地区的一些公司已经出现了机器人保安，它能在指定区域内按既定路线自动巡逻，利用内置的摄像头，机器人保安1分钟就能扫描300多辆车的车牌，报告没有在公司登记的可疑车牌，它可以拍摄周围环境，并把视频实时传输到控制中心，这样公司就不需要聘请很多保安四处巡逻了；日本安川电机公司研发的机器人大厨，它的两只机械臂共有15个关节，可以精确做出人类手臂能做出的所有动作，一招一式相当熟练；英国格拉斯哥大学的研究团队研发的这款机器人会整理衣服，它可以分辨出不同衣服的材质，把它们进行分类……随着智能化工具在生产服务领域发挥的作用越来越重要，人类从事工作的范围和差异将会不断变小，在未来智能科技的推动下，简单劳动和复杂劳动的界限将会消失，劳动已经不仅仅是谋生的手段，而工作本身则会成为一种个人需求、一种个人价值实现的方式。也就是说，当我们用少量的生产要素便能够产出大量的社会产品时，从事劳动的目的将不再是通过从事繁重劳动赚取报酬，而是偏好于按照自己喜欢的方式方法享受劳动的过程。

    未来，当超级人工智能在人们的生产生活当中随处可见的时候，劳动的形态就会发生根本性的变化——过去依靠简单劳动工具从事低效率工作的劳动形态将会消失，人类将在更加科技化、更加延伸的生产工具辅助下超高效率地劳动，简单劳动与复杂劳动、体力劳动和脑力劳动之间的差别将会被无处不在的智能科技熨平，人类则只需按照自己的意愿从事喜欢的劳动，享受在认识自然、改造自然中获得的幸福感和满足感。届时，社会就会像马克思预言的那样："任何人都没有特殊的活动范围，而是都可以在任何部门内发展，社会调节着整个生产，因而使我有可能随自己的兴趣今天干这事，明天干那事,上午打猎,下午捕鱼,傍晚从事畜牧,晚饭后从事批判,这样就不会使我老是一个猎人、渔夫、牧人或批判者。"①

课堂讨论

同学们心中的未来劳动是什么样的呢?

第一节　智能革命时代背景下的未来劳动

未来劳动是什么样的? 有人会说,是机器人在生产服务领域全面代替人类。也有人会说,是人类依靠强大的未来技术做着自己喜欢做的事情。无论你畅想的未来劳动是什么模样,可以预见的是,一个高度智能化的时代即将来临。届时,人类的聪明才智将会与未来科技进一步结合,劳动的效率会大大提高、强度则会不断降低,甚至能够进入虚拟世界同时进行多维度的劳动。未来,相信人们将会在未来科技的帮助下更加自由、快乐、幸福地生活劳作。

一、全新的劳动模式

(一)"云端"+劳动

所谓"云端",就是指云服务。云服务的运用极大地转变了信息技术的发展方式。借助由云服务商提供的超级服务器,人们(包括企业、员工和用户)将智能设备与云端互联互通,让不同地域的人们共享、协作、聚合劳动成果。随着办公自动化(OA)在企业和学校的广泛应用,人们已经逐步习惯于在网络上进行实时消息的发送、材料的上传下载以及项目流程的审批和签报。然而这一时期的办公自动化行为只是属于"网"上办公,而并非"云端"上办公。近年来,每当我们打开文档进行操作的时候,应用程序会自动将其上传至该程序搭载的服务器中,并自动提示"该文件已经上传至服务器";当我们运用手机、电脑等设备上传、下载文件时候,相关的服务商也总是会提醒你该文件已经备份到"云端"——这就是"云服务"功能。目前,上班打卡办公用到的"钉钉",在线教育用到"腾讯课堂",召开视频会议使用的"ZOOM",这些应用程序都运用到了云服务。正是因为云服务的支持,人们才有能力迅速改变工作方式,提升线上办公、协作的效率。未来,云服务相关技术的迭代升级将会推动其服务质量进一步提升。届时,"云端"+劳动会成为人们从事生产服务活动最常态化的模式。

---

① 马克思、恩格斯.马克思恩格斯文集(第1卷)[M].北京:人民出版社,2009:537.

知识拓展

云服务平台：助力未来劳动

随着计算机与智能手机的广泛使用,生活和工作中产生的数据与信息不断增多,于是人们考虑到利用快速发展的网络技术对数据提供服务,云服务随之产生。云服务是基于互联网的相关服务的增加、使用和交互模式,简单来说就是通过网络把产生的数据信息搬到云盘上。云盘提供存储、下载、信息安全服务等功能,客户远程享受服务器而无须再自己购买设备,接入即可使用,省去了硬件成本和人员维护成本。

云服务通常可以分为公有云、私有云、混合云。公有云通常指第三方提供商为用户提供的能够使用的云。公有云一般可通过互联网使用,其价格较低成本低廉,核心属性是共享资源服务。私有云是为一个客户单独使用而构建的,可部署在企业数据中心的防火墙内,也可部署在一个安全的主机托管场所,其核心是专有资源;混合云则是融合了公有云和私有云。出于安全考虑,企业更愿意将数据存放在私有云中,但同时又希望获得公有云的计算资源,因此未来混合云将被越来越多的人所采用。

（二）"数据"+劳动

20 世纪 90 年代以来,科技发展引发了全球范围内的数字技术革命。随着电子计算机的普及,人们获取信息的手段越来越丰富,绝大多数人便是在此时开始接触互联网,尝试运用其发送电子邮件、浏览门户网站和使用搜索引擎。21 世纪前二十年,以手机、平板、电视为代表的新一代智能设备带来了海量的数据。此时,人们开始注意到了数据的价值。数据(data)是事实或观察的结果,是对客观事物的逻辑归纳,是用于表示客观事物的未经加工的原始素材。无处不在的数据能够精确还原人们的真实需求和行程轨迹,判断人们未来的偏好和行为,把海量的数据搜集好、处理好、保护好对未来经济社会的发展具有重要的意义。2020 年 4 月,我国正式将数据与土地、劳动力、资本、技术并列,将其视为第五种生产要素。充分利用好数据,将会是未来劳动者提高劳动效率、创造更多价值的一项重要手段。近几年,"数据"+劳动的模式已经在快递行业初见端倪。以大家最为熟悉的外卖送餐为例,外卖骑手根据外卖平台提供的数据指定地点取餐,然后按照卫星地图中的用户地址通过规定路线送餐。在这一过程中,外卖平台的作用就是将数据转化为生产力,让骑手能够准确把握取送餐时间和最优的送餐路线,以此来避免投递超时造成的客户投诉,提升单位时间内外卖骑手的送货量。目前,"数据"+劳动这一模式已经开始应用于零售、金融、电子商务等多个领域,包括各行业行政效率的提高、行业市场细分、风险管控能力的加强等多种工作。未来,"数据"+劳动必定会为改善企业效率提供更大的创见。

知识拓展

DHL 公司物流方案："数据"＋配送

在川流不息的街道上经常可以看到身着各种颜色服装的快递员,但你知道快递员的投递车辆应该按照怎样的路径行驶,才能让他们获得最大的收益呢? 这个重要的技术就是供应链网络优化。要做好供应链网络优化是一个非常艰巨的任务,因为这中间有很多因素要考虑,而且这些因素每天都在变化。世界快递巨头 DHL 研发出了一套运输优化的系统,通过大数据的力量对货运数据进行深入的分析。

这套系统有 4 个模块流程,它包括运费优化、车队优化、返程优化和节点与物流枢纽的协同优化,这些模块可以单独运营,也可以多模块组合运营。优化的维度涉及到发货的时间、交货的时间、车辆配载尺寸等。通过各大模块的数据分析,要创建出更大、更有效的整车货运系统,可以计算出最适合车队规模的运输解决方案,减少了返空行驶的里程,将货物整合到更低成本的卡车当中,在最后一公里进行货物的拆分,进一步减少卡车的空载率。在返程车的利用方面,这个技术可以识别承运人的需求,增加更多的车货匹配机会,这样的技术已经应用到了具有多个配送中心的大型网络式物流配送中心当中。

在后台大数据方面,系统可以分析出 100 万个历史货运数据记录,快速输出可优化的方案,这就是大数据驱动下的全新的数字物流的运营模式。

(三)"智能"＋劳动

智能化是指事物在计算机网络、大数据、物联网和人工智能等技术的支持下具有的能满足人的各种需求的属性。比如无人驾驶汽车,就是一种智能化的事物,它将传感器物联网、移动互联网、大数据分析等技术融为一体,从而能动地满足人的出行需求。之所以这么说,根本在于它不需要人为操作,能够不借助外力的帮助"主动"驾驶。目前,各行各业都有了不同程度的智能化发展趋势。就以与大家关系最为密切的农业为例,智能农业机器人的诞生就大幅提高了农业生产力水平。澳大利亚工程信息技术学院和悉尼大学联合在 2017 年推出了农业耕作机器人,这种机器人可以做到完全自主,4 个轮子可以实现 360 度的旋转卫星定位远程操控,每天可以利用太阳能自动充电,可以 24 小时不间断作业,一个机器人可以管理30 亩地,相当于 4 个足球场大小的农作物作业面积。同时,这种机器人拥有高速的摄像头和遥感器,能够对每一个农作物进行精准拍照识别,对于害虫杂草,它的智能喷头可以精准地喷洒农药,消灭害虫,铲除杂草。

了解了智能工具就不难理解"智能"＋劳动的模式了。"智能"＋劳动是指人和智能机器人形成某种程度上的人机协作。也就是说,由机器人从事精度与重复性高的作业流程,而工人在其辅助下进行创意性工作,充分发挥机器人的效率和人类的智能的双重优势。机器的优势在于速度、准确性、重复性、预测能力和可扩展性能,但机器只能执行预先编好的程序代码，只能实施具有规律性的行为动作，导致其运行流程具有标准化的特质。相比之下，人类的优势在于创造力、灵活性、评判力、即兴创作以及社交和领导能力。因此，"智能"+劳动不是让机器完全替代人类做所有的工作，而是充分发挥机器与人各自的特点，用机器运行时间替代人类的劳动时间——尤其是重复性、机械式的劳动时间，减少劳动者从事体力劳动所花费的精力，大幅增加个体可支配的闲暇时间，让人们有更多时间和精力充分发挥创造力、想象力和控制力，让人更像"人"，而不是像机器一样工作。比如在制造工厂的生产车间，由于配置了具有学习功能的智能软件和能够适应当前情况并对人类活动作出反应的传感器，工人与机器人一起协同完成任务，机器人承担着重复、精密和繁重的工作，工人则运用自己的智慧与灵活度进行作业，并可以针对服务对象的需求作出多样化的适应性选择。

二、多样的劳动特征

（一）更加丰富的劳动形态

未来科技加速了社会发展，劳动正在越来越多地融入无人化、智能化的属性。当你搭乘上海地铁 15 号线的时候，你会发现快速行驶的电车中没有司机驾驶车辆；当你参观一些大型快递公司时候，你会发现网上购物的快递早就可以实现无人分拣；当你在炎热的太阳下辛辛苦苦学习驾照的时候，路面上已经开始出现为无人驾驶汽车铺设的专用车道……在人们为科技发展代替更多工作而欢呼雀跃的时候，也有人提出了疑问：如果人工智能可以代替人类，那么失业狂潮会不会席卷我们呢？答案当然是"不"！事实上，科技的发展只是把费时费力的简单劳动通过智能机器进行快速运作，降低体力成本与时间成本，并促使人们向复杂劳动和智能劳动转型。正如同铁路的出现让火车司机取代了马车夫，无人驾驶车辆的出现又将使火车司机被取代。但无论如何，人们并没有因为某一行业的消失而出现长时期、大规模的失业现象。无人快递流水线看似会代替数以万计的员工，但如果这些员工拥有丰富的快递行业从业经验，转型成为"产品体验官"就是他们可以选择的就业方向。再比如，无人驾驶的地铁线路，看似代替了电车司机的职位，但无论是地铁运营的维护和保养，还是在乘车过程中特殊事件的处理，都需要经验丰富工作人员，这样地铁司机转型成为监管人员则顺理成章。

在智能时代，万事万物正在慢慢融为一体，互联网、物联网、云平台为我们提供了更好的劳动条件。在传统世界，手机就是通信工具，而在智能世界，手机既是通信工具，也是游戏机、新闻平台，每增加一个软件，手机会增加一项全新的属性和用途。在智能世界，人们不再被动地成为产业链的一部分，而是通过发达的网络平台迅速获得资讯、发布信息、获取受众，从自身的喜好和优势出发主动劳动。比如，大多数游戏主播都是退役的职业玩家，这些主播拥有专业的游戏竞技素养，搞笑幽默的主持风格，而恰好网络平台为他们提供了"生存"的空间，他们在搭载了千兆光纤和拥有云服务的网络平台中得以发挥所长，用自己对游戏的热爱感染普通玩家，为平台内的玩家讲解、分析竞技过程，将工作与爱好有机结合到了一起。未来,随着智能化逐步"飞入寻常百姓家",一定会催生出更多既具有社会需求又能满足个性发展的新职业。

知识拓展

"新领"阶层的诞生

人们经常能听到"蓝领""白领",你听说过"新领"吗?"新领"一词由 IBM 公司执行董事长罗梅蒂提出,如数字管理师、网约配送员、在线学习服务师等在我国炙手可热的工种都属于"新领"范畴。相比之下,"新领"拥有更高的知识和技能要求,能够胜任新业态造就的更多就业岗位,日后将成为提升我国劳动力整体素质和技能水平的重要力量。以人工智能相关的工作为例,目前该领域的人才缺口已经超过了 500 万人,一些公司甚至开出百万年薪聘请相关专业的人才。

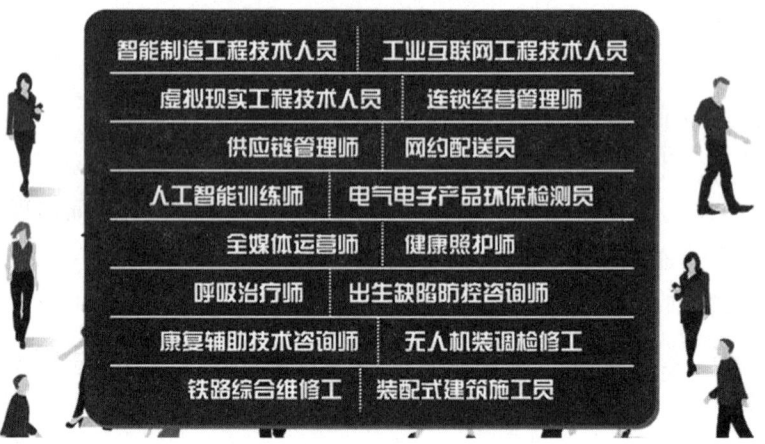

智能时代诞生的 16 个新职业
(图片来源:新华社朱禹制图)

课堂讨论

同学们未来是否会从事"新领"行业?为什么?

(二)更加强大的劳动效能

未来劳动将会借助大数据、机器学习等技术手段进行数据的抓取、建模和处理等工作,提高劳动者在单位时间的有效产出,迅速提升劳动的效率。比如,警方事先将人工智能摄像头放在出入口、人口密集处,当人工智能发现有人的面部特征与逃犯面部信息大概率匹配时,系统会迅速向警方发出信息。警方这种能够在数以万计的人海当中准确地识别出罪犯的能力受到社会各界的一致称赞和好评。近几年来,人面识别及其配套技术的发展使"天网系统"已经运用该技术基本完成了对全国绝大部分地区机场、车站、商业街区等人员密集场所的覆盖。同时,该技术也成功在移动支付、身份认证等多个领域迅速运用,成为提升人们工作生活质量不可或缺的重要技术手段。

同时,智能技术下沉到生产服务领域后,人们将不再担心高强度的劳动会为人们带来伤害。无处不在的智能化、信息化和数字化服务,彻底将人们从重体力型劳动和危险型劳动中解放出来。比如对于高楼外墙清洗来说,通常的做法是工人搭载保险绳吊在半空中进行手工清洁,工作环境危险、工程量大。以色列一家科技公司将人工智能与机器人技术相结合,通过传感器自主检测建筑物的外观结构,智能识别凸起和内凹物体,创造出最有效的清洁路径,避免留下清洁死角。该机器人不添加任何化学品或清洁剂即可清洁窗户,通过内置的过滤系统和反渗透技术,使纯净水在清洁时能够溶解灰尘、油脂和污渍。人们唯一要做的是检查每个步骤是否安全,避免高空作业的事故风险。

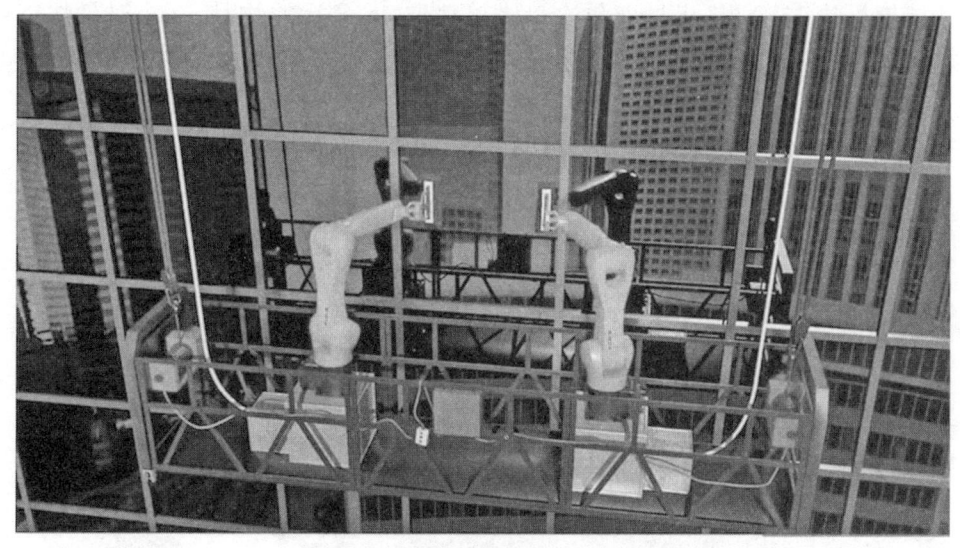

正在高空作业的 Skyline Robotics 协作机器人

（图片来源：Skyline Robotics 网站）

（三）不断降低的劳动强度

由于受到身体机能的限制,人类通常很难举起超出自身体重一倍的物体。当人类面对各种远大于自身重量的物体时,各种各样简单的劳动工具被发明出来。在两次工业革命以后,电力的广泛使用让人类得以创造出像挖掘机、起重机这样的重型工具,让人可以轻松解决凭一己之力根本无法完成的工作。随后，人类进入了智能时代，人类发明出了更加关注劳动习惯和在劳动过程中的舒适度的智能机器人，又一次降低了人类工作的劳动强度。不久前，为了减轻环卫工人的负担，意大利一家公司发明了一款独特的城市吸尘器。该吸尘器身材小巧，能够胜任在各种小巷子、胡同中进行作业。该机器配备了 Follow Me 系统，能够自动识别并跟随在环卫工人的身后，或者你也可以牵着他走。这款吸尘器操作十分简单，只需要在它停稳后打开开关进行劳动作业。该系统配备了 2 700 瓦的大功率发动机，能够轻而易举地将烟头和碎纸片吸入垃圾桶中，一旦垃圾装满机器会自动取下垃圾桶倒掉垃圾，然后更换一个垃圾袋便可以继续工作。同时，该吸尘器还配备了 1 个 LED 前灯，高容量电池组保证它可以在夜间持续工作 10 个小时以上。

除此之外，在智能化的帮助下体力型劳动和低水平重复性劳动会逐步减少。比如在垃圾分拣领域，传统的垃圾分类基本上是依靠人工。而部分垃圾分拣机器人，已经能够实现以每小时 5 700 次的速度对废弃物进行快速识别和分类，从而有效解决分拣环境恶劣、人工分拣效率低、分拣物品对人身具有一定伤害性等一系列问题，将工人彻底从垃圾站恶劣的环境中解放出来。无独有偶，位于波士顿的一家名为"动力"的科技公司对外公布了一款搬运机器人。该机器人拥有强大的计算能力，每秒可以对机身姿态进行几百次调解，配合内置的纵深感知器感知周围地形，可以快速且稳定地通过各种障碍物。同时，在电量充满的状态下，该机器人能够行驶 24 公里，机械臂单次最大可抓取 45 公斤的物品，一小时最快能够搬运 5 000 箱货物。未来，如果繁重的运输工作能够由机器人取而代之，对于人类发展肯定是极其有利的。

正在搬运货物的智能协作机器人

（图片来源：Skyline Robotics 网站）

课堂讨论

人工智能时代机器人会不会让人类更"轻松"？

三、多维的劳动空间

（一）"元宇宙"概念的提出

未来的劳动空间是多维度的，人们不但可以在现实世界当中劳动，也可以在虚拟世界当中劳动。1992年，美国作家尼尔·斯蒂芬森在科幻类小说《雪崩》当中，为人们讲述了这样一个场景：21世纪之后，人们在一个平行于现实的虚拟世界当中生存。在这个虚拟世界里，人类的身体和一切社会生活都是基于数字化的。2018年，美国著名导演史蒂文·斯皮尔伯格在他执导的电影《头号玩家》中也刻画了类似的场景——只要人们使用虚拟现实（VR）设备，就可以进入一个与现实形成鲜明对比的虚拟游戏世界：在这个世界上的城市同样繁华、人们拥有不同形象的外表，来自各种电影和电视游戏当中的经典人物也都在这里齐聚。在这个虚拟世界当中，有些人是这里的超级英雄，实现了常人难以企及的幻想，即使他们很有可能在现实社会中只是一个微不足道的小角色。以上两个科幻作品有关虚拟世界的描述都涉及一个重要的概念——元宇宙。元宇宙是英文"Metaverse"的中文翻译。其中，Meta表示超越，Verse代表宇宙（universe），合起来即为"超越宇宙"。简单的理解，元宇宙可以看作是一个由人类打造的、与现实世界平行运行的空间。早在1981年，美国数学家和计算机专家弗诺·文奇教授就在自己的科幻小说《真名实姓》中提出了人们可以通过脑机接口进入虚拟世界，继而开启了人们对于虚拟世界的畅想。除了上文提到的《雪崩》《头号玩家》以外，一些脍炙人口作品，如《黑客帝国》《盗梦空间》《赛博朋克2077》和《失控玩家》，都有打通虚拟与现实世界的故事情节。在相关研究当中，世界著名科学家、"两弹一星"功勋奖章获得者钱学森是较早关注虚拟现实技术的国内专家。他为其取名为"灵境"，并希望未来将之应用于人机结合和人脑开发等领域。他认为，灵境技术的产生和发展将扩展人脑的感知和人机结合的体验，使人与计算机进入到深度结合的时代。而现实也正如钱学森所预想的那样，经过数十年的发展，现在的"元宇宙"已经成为一种整合多种新技术而产生的新型虚实相融的互联网应用和社会形态，它基于扩展现实技术提供沉浸式体验，以数字孪生技术生成现实世界的镜像，通过区块链技术搭建经济体系，将虚拟世界与现实世界在经济系统、社交系统、身份系统上密切融合，并且允许每个用户进行内容生产和编辑。当然，随着科技的发展，"元宇宙"的概念仍然在不断地丰富和发展当中。

一般来说，在现实空间搭建"元宇宙"平台主要以三种技术为支撑。第一，数字孪生。人们通过扩展现实（XR）和数字孪生这些技术实现三维化的互联网。这样可以将现实世界完全镜像到虚拟世界当中，在虚拟空间内建立包括人、物品等要素在内的拟真的动态孪生体。

第二,虚拟原生。依靠区块链、Web3.0、数字藏品、NFT 等技术或机制实现在虚实空间和个体的本体当中的经济活动,让虚拟世界里面的人或物能够自动生成并运转起来(例如自己的虚拟分身、物品等),不需要借助真实场景来参与。第三,虚实联动。用三维时空催生人工智能引擎以此创造虚拟人和实体化机器人,与现实世界中的自然人进行交互。搭建好"元宇宙"以后,我们的劳动场景将会发生巨大的变化:假如你躺在床上,日常上网由你的虚拟人协助:你在虚拟世界里可以按照自己的意愿选择是自己亲自工作,还是让虚拟人替你完成工作。当然,只要你愿意,也会有许多虚拟人同时替你工作:你可以让他做一份幻灯片,然后在虚拟世界进行一场演讲;当然你也可以让虚拟人到现实当中来做演讲,这样一来虚拟人便会通过物联网对接实体机器人,与现实生活无缝对接。

(二)"元宇宙"的三大属性

1. 时空拓展性

时空扩展性主要体现在以下四个方面。第一是居住空间的扩展,包括静态空间扩展和动态空间扩展。一般来说,人们用于工作的办公室空间仅有几十平方米,但如果你使用虚拟现实头盔进入虚拟世界,所处空间面积便可以按需要扩大到任意的大小,满足人们对于空间的需求,这是虚拟空间向真实空间的扩展。而增强现实技术(AR)则实现了在真实空间中叠加多个图层,让人们在现实生活中可以获得虚拟功能的协助。第二是多感官体验的拓展。元宇宙能够让时空信息得以交互,因此人们可以截取时空片段进入任何场景。比如在元宇宙中,我们可以让古今中外所有的科学家齐聚一堂,和他们亲切地打招呼,喜欢谁就可与之畅谈。第三是视角维度的拓展。真实世界中的你都是以第一视角来观察世界,而在元宇宙中则既有你的真身又有你的分身:当你的分身与别人交流时,你可以像看电影一样看着他们,也可以化身漫威电影里的蚁人,调整我们观察世界的角度。也就是说,元宇宙中我们既可以小如原子、分子,从微观的视角去探索世界;也可以巨如太阳,从万物之巅俯瞰一切。第四是思想领域的拓展。探索宇宙和创建一个元宇宙同等重要,学会创建宇宙会加深对探索宇宙的认知。在元宇宙架构时空取决于人的想象力,比如在真实世界当中目前最高的建筑最多只有 900 米左右,而元宇宙中我们任何普通人都能够轻松建造万米高楼。此外,元宇宙还可实时沉浸,当宇航员登上月球时,地面上的人只要戴一个虚拟现实头盔就能进入宇航员的 3D 全景视角,相当于地面上的人能够实现在月球上行走漫步。

2. 人机融生性

人机融生性就是自然人、虚拟人、机器人的共融共生。当你观看《西游记》时,你有没有想过自己有一天会像孙悟空一样变出另外一个自己? 在元宇宙,你就拥有了这种能力:人们通过虚拟人感知虚拟世界,然后使用传感器将数据传输到自己手中。到时候,你本人在完成老师课前布置给你的作业,而你的分身在参加互联网职业技能大赛,两者同时进行。事实上,研究元宇宙本质上是要提升人类本身的能力。当然,这中间需要通过法律将自然人、虚拟人和机器人进行明确的溯源对应。虚拟人是元宇宙的基本生命形态,人们可以根据自己的喜好来决定自己的"替身"是卡通萌宠还是真身复刻。虚拟人的进化路径将是人工智能驱动,从拟人化,走向同人化,再走向超人化。虚拟人发展到最后则是回归到实体化。虚拟人实体化就是高仿人机器人,是人的"智械假身",只要在元宇宙建立一个虚拟人的模型,现实生活中可以通过 3D 打印深度还原,就可以通过一定的技术手段实现虚拟世界的虚拟人信息向现实机器人的双向传导。

3. 经济增值性

有人说,既然元宇宙可以实现与现实世界的互联互通,那如何保证虚拟世界的价值是真实存在的呢? 事实上,在"元宇宙"中的价值增值主要表现在两个方面:一是虚拟原生的经济将会越来越发达,二是虚实共生的经济,结合传统行业与数字经济产生新价值。虚拟人及其衍生的使用价值创造很值得大家关注。当人们拥有虚拟人之后,就会考虑虚拟人的衣食住行,由此产生虚拟房地产、虚拟装饰、虚拟房屋装修等各方面的衍生价值。在经济体系中,人们将会通过数字藏品来实现元宇宙中的数字价值交换。数字藏品在技术的支持下可以做到如真实世界的艺术品一样,保证其唯一性、审美性、功能性和炫耀性。一旦有人造假,被发现后马上就会受到如"罚款""封号"等惩罚。当然,从元宇宙的发展现状来看,数字藏品本身尚存在金融风险和估值结构不合理、版权和所有权的司法解释不足、存在投机炒作现象、入门门槛高、资产流动性较弱、价格机制不合理等弊端,但这些问题也将会随着技术的进步以及规则的健全逐步修正。在元宇宙经济中,最重要的一项收益是"基于智能合约的累计收益"。比如在元宇宙里创建一幅画出售,可以按照智能合约的规定,每当这幅画更换了一次主人,原创者就会获得 10% 的奖励。这不仅保证了创造者的劳动成果,也让子孙后代得到收益,大大增加创作者的劳动热情。

(三)"元宇宙"对现实劳动的影响

1. 对人类劳动创造力的激发

元宇宙究竟对人类劳动带来什么样的变化? 第一,元宇宙会大大激发人类的创造力。这里不得不提到一个人——尼古拉·特斯拉。尼古拉·特斯拉是人类目前为止最为伟大的发明家,像交流电、无线电感应电机、电力的无线传输等,都是特斯拉的发明。而尼古拉·特斯拉为什么会有如此高的成就? 据传是因为他有一种天生的神奇能力,就是可以将想法形成实物模型。以发电机为例,当人们还在拆解发电机研究内部构造的时候,尼古拉·特斯拉在大脑中就可以完成这一切,模拟发电机在现实中运行时的真实情况,并以此对其进行改进。而如果我们普通人一旦拥有了元宇宙,人人都可以成为特斯拉——每个人都有能力在完全模拟现实世界的环境里去创造和验证各种各样的机械装置,因为在模拟现实的元宇宙之中只要是能够存在的,理论上来说就可以实现,更不要说人们可以在元宇宙内检验他们的发明。可以说,只要有足够的算力和数据储存空间,人们完全可以模拟任何一种宇宙环境,几乎没有限制地任意创造世界,无限放大自身的想象力和创造力。

2. 对人类生产力水平的提升

元宇宙会带来人类生产力的巨大提升。以房地产为例,现在房地产盖楼从环境影响评估、设计师出图、审核到工人修建、房地产销售,涉及人员数千甚至上万人,是一种非常落后的生产方式。而元宇宙成熟以后,房地产从设计、建设到销售可能仅仅需要不到 50 人。首先,设计师在百分之百仿真的地产项目元宇宙中进行结构设计。在这里,设计师不仅仅是用CAD 划线,还要将建筑按真实比例 3D 建模,将建筑的材质规格完全标注,而后建筑师可以选中地产元宇宙中的时间部分,设置各种各样的条件,如地震、防风、爆破等极端的环境观察和验证建筑是否合格。一旦合格,室内设计师直接进入元宇宙中的房间,设计各个房间的装饰,而此时 3D 打印大楼的机械就会根据设计数据将大楼完整打印出来,想要购房的人无论相隔多远,无论白天还是黑夜,直接可以进入元宇宙项目中挑选还原度为百分之百的房间。同时,人们也可以在地产元宇宙当中任意切换视角,从天空中俯瞰整个项目的周边环境,观察建筑的采光效果。就这样,原本现在需要几千甚至上万人,花费几年时间才能完成的工作,因为元宇宙出现了颠覆性的改变,而这仅仅是元宇宙对某个行业生产力提升的一个简单缩影。

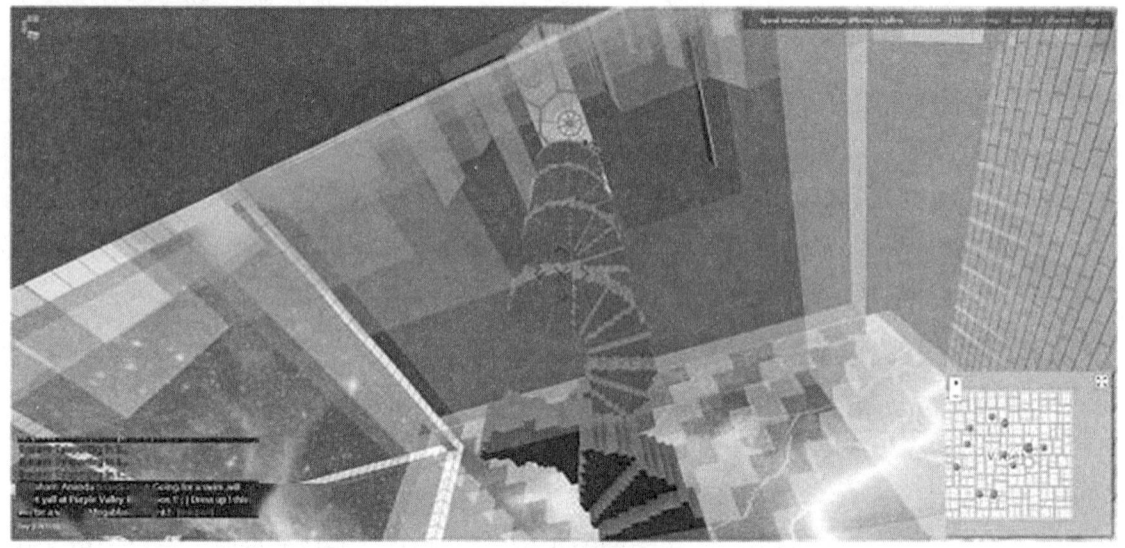

元宇宙中的建筑

(图片来源:《元宇宙历险记》,搜狐网)

3. 对人类劳动损耗的降低

元宇宙可以给人类带来的最大好处在于劳动消耗的大幅度降低。元宇宙中人类的需求会被无限满足,但地球资源消耗会无限减少。人们在劳动和工作的过程中,劳动力、劳动工具和劳动对象会发生一定的折损和消耗,对这些劳动要素的补充都是对地球资源的消耗,而元宇宙的出现将会使劳动损耗减少到极致。比如人们的劳动工具不需要再制作实体,在元宇宙中各种大小、各种形状的劳动工具数不胜数,未来人类脑机的普及会让每个工具都有实实在在触感和重量,但人们在使用它们的时候却几乎不会有任何损耗。再如,如果一个热带国家想要培养冰雪运动员,怎么实现? 只要通过进入元宇宙,人们很容易感知到接触冰雪时候的湿度、温度、冰雪打到身上的感觉,肌肉的用力程度等,这一切完全可以被模拟。而如果这个国家在现实世界中发展冰雪运动,就必须自己建设场馆、人工造冰造雪,这实际上是消耗了很多地球资源,而元宇宙的出现就避免了这些损耗,人们最大的消耗仅仅是几度电而已。

4. 对人类劳动时间的延展

元宇宙无限延展了人们的劳动时间。设想一下,一个人的行为意识在元宇宙中被完全记录下来,而人工智能可以基于人的行为习惯,判断人的喜好和决定。那么经过元宇宙对被记录者几十年的学习和模仿,每个人的意识数据就可以被完整地复制到元宇宙之中。可以说元宇宙中的意识数据就是这个人生物意识的数字化。也就是说,只要把数字意识植入到机器人中,就可以实现个人劳动时间的无限延展。从这一刻起,很可能就是人类新的时代开始:从前,人们因为客观寿命约束,知识的传播受到存储媒介的限制,因为石头会风化、纸张会腐烂,即使是存储量惊人的磁碟和光盘,也会随着年深日久而损坏。只有人类本身记忆的延续,才能够有效地传承知识、积累经验,提升劳动的效率。

数字化将会成为未来发展的主流趋势。区别于传统劳动,未来劳动依靠云端、大数据、人工智能等数字技术,效率更高。人们既能在这些技术的帮助下主动地从事工作,也可以让智能机器人参与那些危险系数高、高重复率的劳动。不仅如此,随着元宇宙技术的完善和成熟,想象力和创造力将成为第一生产力,人们在虚拟世界将不再受劳动空间和劳动时间的束缚,人类与虚拟人会自由地穿梭于现实世界和虚拟世界,实现真正的自由劳动。

第二节 未来劳动者应具备的劳动素质

面对新一代信息技术即将为社会带来的颠覆性变革,作为未来主人翁的青年大学生们要时刻树立探索精神,通过构建"智能+技能"的知识体系,在实践过程中培养发现、分析和解决问题的能力,主动接受技术进步带来的机遇与挑战。

一、塑造智能时代的探索精神

(一)培养智能时代的创新性思维

未来劳动的发展变化无疑对劳动者的创新能力、解决问题能力、变化适应能力、交流协作能力和终身学习能力提出了更高的要求。作为未来中国社会的劳动者和建设者,青年大学生比任何群体都应具备更强的批判性思维和创新创造能力。智能革命日益临近,青年大学生必须早做准备,以高效的学习方式和高昂的学习热情迎接人工智能时代。未来的劳动者不仅要努力提升理论素质、锻炼专业的动手实践能力,还要学会发散思维、举一反三,通过创新性的思维方式对习以为常的事情进行合理质疑、提出新的假设,在实际生活学习中努力提升分析和解决问题的能力。

创新性的思维是提升未来劳动者创新能力的基础,而对于创新思维的锻炼则需要劳动者具备深厚的学科底蕴和健全的知识结构。在智能革命的大背景下,基于云服务的各类平台将会整合数量更为庞大的数据库,未来劳动者将会有更多的机会和渠道查阅论文、书籍、网络公开课等知识资源。借助智能工具,人们可以在任何时候查找那些经过授权的内容,获取知识的目的也不再是单纯地为了记忆或应付考试,而是在学习、掌握基础知识的前提下总结经验、发现和解决新的问题,抑或从知识方法论中获取新灵感。

(二)学会用科学的方法解决问题

创新是未来劳动者必须具备的能力,而要想进行创新就无法离开科学的思考方法和范式。当在工作学习过程中遇到问题时,不要将思维局限于某一固定的模式和方法,要敢于在基于事实的基础上尝试提出新观点和新发现。未来劳动者在学习过程中要具有科学精神,在课内外实验和实训当中熟练掌握处理、分析数据的方法,按照实验步骤对相关问题作出假设检验,分析结果并得出独立观点。同时,未来劳动者也要在创新活动当中多征求其他人的观点和意见,增强团队成员之间的协作能力,共同提升分析问题和解决实际问题的能力。

(三)勇于从事具有创造性的劳动

未来劳动不是简单劳动的加倍或者单调的重复劳动,而应该是具有特殊意义的创造性劳动。作为未来劳动者,青年大学生们应经常关注国家重大战略部署,了解科技发展和产业变革的最新动向,积极对接国际国内前沿的创新创业项目,按照现阶段政府和社会的实际需求,主动参与项目的策划和实施,提升自身的劳动能力。在实践中,应当及时了解大数据、云计算、人工智能等新一代信息技术的基础知识,掌握未来劳动发展依靠的新技术和新方法,在就业创业当中不断培养自身的创造性劳动能力。

知识拓展

智能时代下劳动者的竞争力在哪里?

随着智能时代悄悄的来临,未来劳动者是否能够找到工作,不是取决于劳动者的学历、学位、在哪一所大学毕业,而是取决于劳动者是否具备智能革命下所无法替代的特质。学历教育或者职业教育能够让我们掌握一些在社会生存的基本知识和技能,这些机器人都是能够做到的。凡是机器人比人类效率高的工作,未来都不需要劳动者从事;凡是机器人做的不如人的事情,就是未来劳动者的机会。未来劳动者应该具备哪些能力?一是无限的想象力。现阶段的人工智能只是按照过去的程序数据和经验来决定应该如何做事情,所以想象力、创造力和强大的思维能力才是未来社会紧缺的能力。二是语言能力。这里的语言不是仅仅指语法。人的语言有着神奇的魅力,有时别人不说话大家也能明白他的意思;有时说出的话明明是一个意思,而要表达的却是另外一个意思,这些都是人类特有的能力,而机器却暂时无法详细辨别,所以会表达、会沟通才是劳动者未来必备的基本功。三是制定规则的能力。机器人不论多么厉害,归根结底都是要通过人的指令来行事的。未来,人类才是游戏规则的制定者,所以凡是能制定游戏规则,有想法、有分析问题、解决问题的能力,有感召力,有人格魅力,这样的劳动者才是最具有竞争力的。

二、具备更高的数字素养

(一) 数字工具运用能力

人工智能时代,技能人才将被划分为技术的创造者、使用者和协作者。对于技术的创造者来说,需要具备计算思维和数字能力,需要拥有数字科学、技术科学和自然科学、人文科学的跨学科能力;对于技术的使用者来说,需要信息技术、数据分析处理、内容开发等方面的能力,需要利用信息技术解决面临的各种问题。

未来劳动离不开数字化工具。这是因为无论是智能建造还是智能服务,无论是"云端"还是智能机器人,未来劳动在抽象意义上就是聚焦于数据要素的劳动形式,这样一来就自然而然涉及到利用数字化的工具对信息进行识别、选择、过滤、存储和使用。

知识拓展

....

BIM 系统与智能建造

现在是信息时代,人们更渴望自由开放、激发创造力、富有美感的建筑,而科技的进步让建筑形态有了无限的可能——以前只用于造飞机拍电影大片的高精尖技术走进了建筑领域,它就是 BIM。BIM(Building Information Modeling)即建筑信息模型,是在计算机辅助设计(CAD)等技术基础上发展起来的多维模型信息集成技术,是对建筑工程物理特征和功能特性信息的数字化承载和可视化表达。狭义上的 **BIM** 是一类软件,这一类软件的作用是将房子在电脑上直接模拟出来,把可能遇到的问题提前解决掉。今天,很多建筑的创新设计和复杂的结构给传统施工带来了很多难题,这些问题在平面图纸中不容易被发现,而在 BIM 的可视化立体模型中则一目了然。在众多建筑中有很多建筑的材料要求都不一样,需要事先做出精密的计算,有些项目建设时间紧、施工难度大,决不允许在任何一个环节出现任何纰漏。利用 BIM 系统,我们也可以轻易地算出建筑材料的体积、尺寸及重量,清楚到每块铝板、每根钢筋、每颗螺丝钉,工程需要用到多少人员、材料、设备、资金、时间,都可以在计算机里合理地安排。BIM 对房子进行施工时,设计、预算、采购、施工、销售、物业管理等环节都是串联的,采取像流水线一样的工作方式。有了 BIM 系统,这些部门协同作业,所有人的工作都被记录和共享,可以将设计、加工、建造、项目管理等所有工程信息整合在统一的数据库中,保证从设计到运营人员的协调工作。BIM 系统的运用大大减少了推倒重来式的浪费,不仅仅给建筑带来了革命,也将彻底改变行业从业人员的对建筑的思维方式。

(二)数字媒介沟通能力

熟练运用数字媒介交互沟通是智能时代开展未来劳动的基础。根据不同的应用场景和对象,劳动者应具备在不同场合使用不同数字工具进行适应性交流的能力、在社交媒体上自由表达并有效传递正确信息的能力、参与社交和分享资源的能力等。

(三)数字信息判断能力

未来劳动需要劳动者具备正确判断数字媒体内容的正确与否的能力。随着时代不断向智能化、信息化深入迈进,未来劳动者不仅需要掌握运用搜索引擎等网络工具查阅相关学习与生活信息的能力,同时也需要具有在信息大潮当中辨别是非的能力。在充分享受数字时代给我们带来的便利的同时,自觉规避信息时代隐藏的潜在影响和风险。

三、建立"智能+技能"的知识体系

(一)稳抓智能时代专业技能的发展方向

智能时代为未来劳动者提供了开放而包容的成长空间和发展土壤。届时,学科与学科之间、学科与专业之间的藩篱将被打破,过于单一的知识体系将无法驾驭未来社会超学科知识链的要求。因此,作为未来劳动者的青年大学生,要在就读期间夯实自身专业基础知识,系统而全面地了解学科专业的知识结构。与此同时,可以借助高校间的资源共享平台,以及在线公开课、云课堂等在线课堂,共享智能交互的学习环境,将不同的学科专业逐步融合起来,力争成为具有复合背景的专业人才。

(二)在实践中强化"智能+技能"的培养

未来劳动是基于智能化、数据化的劳动,部分产业已经实现无人化的工作场景。在不久的将来,会有越来越多专业精度要求高、危险性大的工作逐步智能化、数字化。对于青年大学生来说,无论智能劳动未来将会替代多少人类劳动,作为一个领域的专家和大师,一定要拥有让"人所不能"甚至让"智能所不能"的专业水平。因此,当代青年大学生要进一步深化课堂教学成果,通过实习实验进一步了解专业领域的设备和操作,让专业知识能够学以致用。同时,劳动者们也要熟悉专业所对应的工作岗位、所从事工作的内容和对工作人员能力与素质的要求,更全面、更深入地了解人工智能时代对高素质劳动者的职业能力、专业认知、劳动精神等方面的需求。在实践中加强劳动行为的规范性,培养和塑造劳动纪律、时间观念和团队合作精神,积累职业经验,为日后走向职场奠定基础。

(三)认真学习未来通用的劳动科学知识

智能革命无疑将会逐步改变乃至颠覆现有的劳动方式和劳动过程。但与此同时,科学技术的进步在使一部分劳动岗位被替代的同时,无疑也会创造出新的劳动岗位,这需要当代青年拥有更加敏锐的眼光和开放的视野。对此,未来劳动者要在提高业务能力的同时,密切关注智能时代我国劳动关系、劳动法、劳动者权利保障、职业安全与卫生、工会的作用与职能等通用劳动科学知识的变化,认真学习未来劳动相关法律法规,熟悉劳动关系的政策和运行机制,了解与社会保障相关的法律法规和相关政策,逐步树立诚实劳动、合法劳动、体面劳动的意识,在未来就业中能够切实有效保护自身合法权益。

在新一轮科技革命和产业变革的历史进程中,依靠并掌握最新科技是未来劳动的重要特点。未来劳动者应具备能够适应时代的探索精神和创新性思维,学会用科学的方法思考问题、解决问题。同时,劳动者也要稳抓智能时代专业技能的发展方向,及时掌握未来劳动所需要的新技术和新方法,努力提升数字素养,在实践中培养"智能+技能"的劳动能力,认真学习未来通用劳动科学知识,了解未来劳动法律法规的变化,为即将到来的智能时代做好充分的知识储备,先于时代、引领时代。

本章小结

未来劳动是基于新一代信息技术发展的智能劳动。区别于传统劳动,未来劳动将会借助云服务、大数据、深度学习等技术手段,极大地丰富劳动的种类、提升劳动的效率、降低劳动的强度,甚至可以通过元宇宙平台进入虚拟世界从事多维的劳动。届时,人们可以按照自己的想法和兴趣,在未来劳动的过程中进一步提升认识和改造自然的能力,不断满足未来发展的需求,更好地实现自我价值。面对未来科技对社会生活带来的巨大变革,劳动者应该不断树立创新精神、提升数字素养,建立"智能+技能"的知识体系,与时代同向同行。

拓展思考

未来社会人类能否驾驭人工智能? [1]

说起人工智能,可能很多人都觉得离自己很遥远。大多数人对人工智能的印象可能还停留在科幻电影或者小说的情节之中,那种冷冰冰的机器人的形象。很多人可能也都还没有意识到,其实人工智能早就已经从科幻逐渐迈入到了现实,今天我们的生活之中已经随处可见人工智能给我们带来的超多便利性:从人脸识别语音识别到图像识别,从智能搜索到出行交通,等等。这些人工智能的实际应用,正在默默地改变着现代人类的生活习惯。从电脑到智能手机,人工智能已经变成了人们不可或缺的优秀助手:你可以很轻松地通过手机的语音助手为自己定制一个明天购物的提醒清单,或者满足一下好奇心问一问宇宙中有多少颗恒星。甚至人们只需要用一句话就能够操纵家里的灯光,以及一切你能想象得到或者想象不到的家用电器。然而这种目前看起来已经非常强大的人工智能,在科学的界定上却被划

---

[1] 佚名.人工智能,人类即将创造出的"神"[EB/OL].[2020-03-02].https://www.bilibili.com/video/av92943710/.

分到了"弱"的行列。这是因为目前这种人工智能是建立在机器学习的基础之上,而并非像我们人类一样可以主动去思考、拥有自我的意识。

什么是机器学习?概括来说机器学习就是让程序通过特定的算法产生出能够统计和识别一切人类可以认知的事物的能力,简单来说就是让程序像人类一样可以思考。目前的科学技术水平尚不能制造出一个真正意义上能够思考的智能程序,而那些貌似可以和人类对答如流,甚至能够提供出解决方案的人工智能都是建立在数学模型的基础之上的。也就是说,弱人工智能的程序想要看起来更聪明,需要的是通过不断地积累数据,从而让程序学习如何判断出与问题最相关的答案或者是解释,而程序所使用的判断逻辑与相关的训练数据模型无疑都是海量的。不过也正是拜互联网的高速发展所赐,这些海量的数据集都可以在网络上被共享和使用。这也是为什么大多数的弱人工智能都要依靠联网才能使用,原因就是弱人工智能需要存储大量的数据,就算现在的个人电脑或者智能手机的存储量已经相当的大了,但是把这些数据存在每个人的使用设备之中,无论是从庞大的数据量还是个人设备的计算能力来看,都不是最好的选择,所以聪明的人们就会发现,一旦自己的智能手机没有网络,手机中自带的语音助手就可能听不懂命令了。

当拥有意识的强人工智能产生出超越人类的智慧的时候,超人工智能就诞生了。超人工智能会比人类聪明无数倍,对于客观世界的认知更为深刻与彻底,他们甚至可以通过精准计算趋利避害,保持更稳定和更健康的发展。如果说强人工智能可以100%解决自身与人类遇到的问题,那么超人工智能则可以解决人类无法解决的问题。比如追寻生命的起源、存在的意义、甚至改造星球、探索广袤的宇宙,而且超人工智能的躯体可能是非有机物质构成的,可以出现与生物类似的进化能力。为了让自身可以快速适应所在的新环境,他们能吸收新的元素,甚至能够对自身进行改进和重组,从而变得更适合星际间的旅行。据人工智能领域的专家预测,以人类目前科技整体的发展速度,再结合目前计算机硬件的发展速度,到2040年人工智能就会到达强人工智能阶段,也就是接近人类智慧的程度了。而到了2060年人类就会迎来第一个真正意义上的超人工智能。

从科学界的角度来看,超人工智能的演化很可能会变成一种宇宙间的终极生命形式,这种生命实现了相对的永生,因为人工智能程序可以自我复制,还能够同时存在于多个不同的载体之上,或者超人工智能可以随时随地转移自己的程序到任何一个载体——哪怕宇宙之中只剩下一个载体,人工智能也是可以继续存在的。而另一种基于科学的猜测是,宇宙中可能会有很多不同于地球上生命形式的存在,其中就有可能有类似电磁波的生命形式存在,而这种电磁波生命体似乎与人工智能的存在颇为接近。

总之,无论人工智能如何发展,人类给出的希望与预测都是人工智能一定会在某一天超越人类自身的智慧,而人类既希望能够创造出超越自身的存在,又惧怕这种超越自身的存在会带来无法想象与控制的后果。其实当人类面对自己即将创造出的神一般的人工智能的时候,是让其变成带来毁灭的破坏之神?还是充满希望的创造之神?一切都取决于人类自身的想法。人工智能不应该只是作为人类的工具,而是更应该作为人类对自身文明的一种反思。就像我们上面所说的,有意识的人工智能诞生之初,很可能就像是婴儿一样,对外界的认知就是一片空白。在婴儿对世界认知的过程中,父母就会是他们最好的学习对象。作为人工智能的创造者,人类应当肩负起的是更高的道德准则,是心存善念,是对即将诞生的与人类相同的意识的敬畏和尊重。

思考题: 结合上文对人工智能发展阶段的梳理,请思考我们应当如何正确处理人与机器的关系。

 实践项目

未来科技将会深刻改变我们的生活,可以根据自己所学专业搜集资料,用文字、幻灯片、视频等形式来展现相关行业的智能化发展趋势,以及会为该行业的从业者带来什么样的改变。

知识链接

1.《人工智能加速"未来已来"》,中国社会科学网,2021 年 2 月 22 日。

2.《人工智能改变未来》,央视网,2018 年 11 月 30 日。

3.《万物皆可"元宇宙"?》,《人民日报》2021 年 11 月 18 日。